暨南大学本科教材资助项目（普通教材资助项目）

普通高等院校旅游管理系列规划教材

电子商务案例分析

E-Commerce Case Analysis

景秀丽 ◎ 主　编

暨南大學出版社
JINAN UNIVERSITY PRESS

中国 · 广州

图书在版编目（CIP）数据

电子商务案例分析/景秀丽主编．—广州：暨南大学出版社，2023.10
普通高等院校旅游管理系列规划教材
ISBN 978－7－5668－3585－7

Ⅰ.①电…　Ⅱ.①景…　Ⅲ.①电子商务—案例—高等学校—教材　Ⅳ.①F713.36

中国国家版本馆CIP数据核字（2023）第014837号

电子商务案例分析
DIANZI SHANGWU ANLI FENXI
主　编：景秀丽

………………………………………………………………………………………………

出 版 人：张晋升
策划编辑：潘雅琴　潘江曼
责任编辑：潘江曼　梁念慈
责任校对：刘舜怡　陈慧妍
责任印制：周一丹　郑玉婷

出版发行：暨南大学出版社（511443）
电　　话：总编室（8620）37332601
营销部（8620）37332680　37332681　37332682　37332683
传　　真：（8620）37332660（办公室）　37332684（营销部）
网　　址：http：//www.jnupress.com
排　　版：广州良弓广告有限公司
印　　刷：佛山市浩文彩色印刷有限公司
开　　本：787mm×1092mm　1/16
印　　张：12
字　　数：300千
版　　次：2023年10月第1版
印　　次：2023年10月第1次
定　　价：48.00元

前　言

在全球新一轮科技革命和产业革命中，电子商务活动以其开放性、全球化、低成本、高效率的特点，广泛渗透到生产、流通、贸易、消费及民生等领域，成为不可阻挡的时代潮流。随着数字化新型基础设施的不断完善，5G、千兆光网等新型信息基础设施的建设覆盖和应用普及全面加速，大数据、云计算、AI 等新兴数字技术深度融入社会发展进程，用户规模持续扩大，人们的消费习惯发生变化，移动支付、线上消费成为生活所需；农村数字化转型加速，农产品滞销等问题通过电子商务得到解决；元宇宙、数字孪生与数字空间的链接和互动，虚拟主播、数字货币等应用场景愈发丰富，内容电商和直播电商等新范式为商家和企业逆势谋生提供了强大的消费支撑力；跨境电商、互联网金融以及数字化相关的服务业态在贸易自由化和便利化的影响下迎来发展机遇。

在技术与场景的双轮驱动之下，电子商务作为我国数字经济的重要组成部分，与实体经济之间的关联日益紧密，更新迭代进一步加速，持续不断地向产业链和价值链的上下游延伸，新技术、新应用、新业态、新模式不断涌现。本书从丰富多样的电子商务案例入手，分析面对不断更新迭代的技术，电子商务各个细分领域是如何转型以适应市场需求并紧跟时代发展节奏，探寻这些案例成功抑或困顿的商业模式逻辑，总结新兴技术与商务场景的融合发展规律。结合对《“十四五”电子商务发展规划》的解读，完成本书的构思与编写。

全书共 3 篇 11 章，书中根据电子商务的不同类型，对 11 类电子商务模式进行了系统梳理，总结了相应模式的电子商务实践案例，并分析了其商业模式与技术模式。具体编排如下：

第一篇为传统电商类，包括第 1 章至第 4 章。主要介绍了 B2B 电子商务、B2C 电子商务、O2O 电子商务和跨境电子商务四种电子商务模式，其中第 1 章选取 1688 平台和思贝克作为 B2B 电子商务的典型案例；第 2 章选取蕉下和网易严选作为 B2C 电子商务的典型案例；第 3 章选取盒马鲜生和星巴克作为 O2O 电子商务的典型案例；第 4 章选取考拉海购和全球速卖通作为跨境电子商务的典型案例。

第二篇为行业场景类，包括第 5 章至第 8 章。主要介绍了旅游电子商务、农村电子商务、互联网金融和互联网医疗四种电子商务模式，其中第 5 章选取携程旅行和马蜂窝旅游作为旅游电子商务的典型案例；第 6 章选取京东扶贫馆和邮乐购作为农村电子商务的典型案例；第 7 章选取招商银行和数字人民币作为互联网金融的典型案例；第 8 章选取阿里健康和平安好医生作为互联网医疗的典型案例。

第三篇为新业态电商类，包括第9章至第11章。主要介绍了内容类社交电子商务、直播电子商务和电子商务的数字化转型三种电子商务模式，其中第9章选取“黎贝卡的异想世界”和小红书作为内容类社交电商的典型案例；第10章选取抖音和淘宝直播作为直播电子商务的典型案例；第11章选取深圳巴士集团和三只松鼠作为电子商务的数字化转型的典型案例。

与同类教材相比，本书具有以下特色：

（1）电子商务模式介绍体系化。依据“知识框架图—学习目标—先导案例—拓展思考—模式介绍—案例分析—拓展阅读—思考题”的逻辑设计内容，为读者介绍了11种电子商务模式，在教材内容及体系编排上充分考虑电子商务从业者和相关专业学生的知识基础与学习需要，从易于理解且符合认知规律的角度出发编写，内容全面、案例翔实。丰富的商业案例以“发展历程—商业模式—技术模式”为核心进行扩展与深入，使读者对11种电子商务模式有更具象的了解。

（2）突出实践性与思政特色。与行业发展同向而行，与电商企业同频共奏，选取最新和具有代表性的实践案例，结合任务赋能模块。每章开篇以先导案例结合拓展思考的方式引导读者学习，章节中结合商业实例，帮助读者提升理论联系实际的能力，掌握对各类电商模式的应用分析。除了介绍电子商务的典型案例，每章结尾设计了“拓展阅读”和“思考题”板块，提高读者分析问题、解决问题和提炼观点的能力，进一步探讨场景化商业模式创新路径，以更好地把握经济全球化背景下我国电子商务发展的时代使命、政策支撑、文化传承与技术创新，展现电商人的初心使命和时代担当。

本书由景秀丽总体设计并任主编，吴鑫颍参与了章节编写与编辑工作。魏智纯、林润歆、刘煜昊、张千禧、彭佳艺、邵嘉浩、陈熳莉、杨斯颖、陈观婷等参与了一部分章节的编写工作，赵薪媛和陈融参与了一部分章节的编辑工作。感谢大家的努力，使得书稿顺利完成。

本书在编写过程中参阅和引用了国内外学者的相关论著，引用了优秀企业案例，限于篇幅，本书只列出了主要部分，在此一并表示诚挚的感谢。本书出版得到了暨南大学高水平大学建设经费资助及暨南大学本科教材建设项目资助，在此深表感谢。

在不断变化的电子商务环境中，信息与数字技术持续迭代，电子商务发展方兴未艾，各种新业态应用不断涌现。由于编者能力所限，书中难免有纰漏和不足之处，敬请广大专家与读者批评指正。

2023年1月

于暨南大学深圳校区

目 录

第一篇

传统电商类

1　B2B 电子商务

【知识框架图】

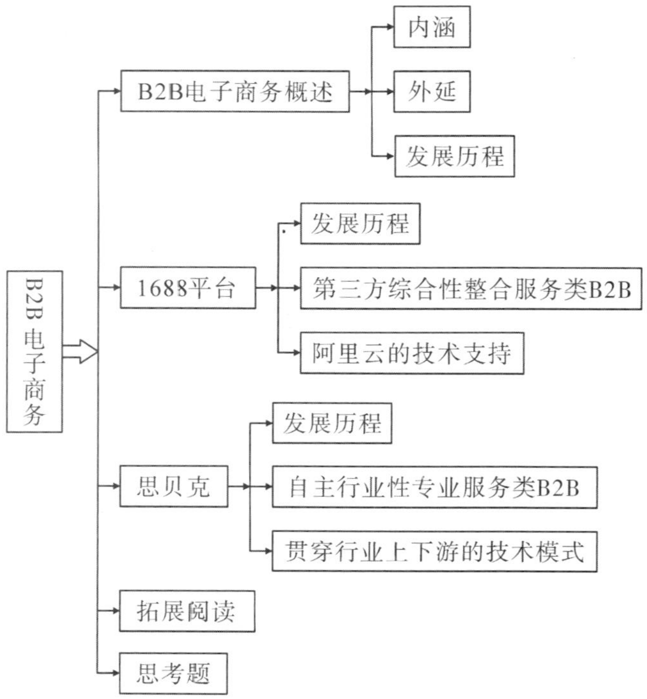

【学习目标】

知识目标：

掌握 B2B 电子商务的定义及特点。

区分 B2B 电子商务企业的类别。

理解 1688 平台、思贝克的商业模式与技术模式。

了解 B2B 电子商务的发展历程。

技能目标：

具有 B2B 电子商务平台店铺开设及运营的实践能力。

具有 B2B 电子商务平台商品信息发布的能力。

情感目标：

认识发展 B2B 电子商务对扩大国内市场、畅通国内大循环的重要意义。

了解国内B2B电子商务平台为推进中国数字产业化和产业数字化、推动数字经济和实体经济深度融合所作出的贡献。

【先导案例】

慧聪集团的“三驾马车”

2020年10月18日，是慧聪集团28周年生日。公司董事会主席刘军给全体“慧聪人”写了一封亲笔信，总结过去三年慧聪取得阶段性胜利的重要策略，及对全体“慧聪人”未来的期许。信中写道：“过去三年，如果问我有没有什么满意之事，有两件：一是大批的优秀人才加入慧聪；二是我们活下来了！这也给了我更大的信心和动力去不断推进、优化各个业务板块的人才招募和机制建设。”

慧聪集团于2018年1月17日正式确立了致力于成为中国领先的产业互联网集团的愿景，明确了用互联网和数据赋能传统产业的使命，并树立了“成为千亿市值公司”的目标。

而自2020年3月以来，公司将重心放在“慧聪网（hc360. com）+中关村在线(zol. com. cn)+兆信股份”的“三驾马车”的驱动模式，其中“慧聪网”及“中关村在线”仍作为主要业务，兆信股份未来的目标是登陆A股。由此，慧聪集团将“慧聪网+中关村在线+兆信股份”作为核心资产运营，并利用上市公司平台和资金优势，进一步清晰相关产业链进行布局之后的结构。作为慧聪集团的三大核心业务板块，“慧聪网+中关村在线+兆信股份”持续扩张增值，成为驱动公司增长的战略驱动核心。

其中，慧聪网作为慧聪集团的核心资产，该中小企业经营服务平台服务B端（企业商家端）已有28年，目前覆盖63个行业，累计注册用户超2 700万，日均分发采购线索10万条。2020年9月，公司对慧聪网首页进行了改版，突出慧聪网核心服务，赋能中小企业和采购用户。据悉，此次改版升级搭建了慧聪网实时—智能—连接的优商优品平台，通过超线性的全新增长模式，进一步提高了站内流量的活跃度。

一方面，据慧聪网预判，B2B平台进化到了3.0时代，商机—供应—采购的链接将越来越紧密和深入，突出社交属性将成为未来B2B发展的主流。由此，在此次官网升级中，慧聪网在众多B2B平台中率先推出了社交化服务产品——商圈。

另一方面，在坚持用户导向的原则下，慧聪网首页基于商家需求重新布局，为商家打造了一个巨型的行业关系网，使平台成为商家精准交易的突破口。其中，新的布局使得商家得以共享资源，拓宽销售渠道，进一步提升了平台价值。自2020年第一季度公共卫生事件后，慧聪网迎来全面恢复。公开数据显示，慧聪网在2020年第二季度实现PV（访问量）、UV（独立访客）环比增速均超过50%，注册数环比增长81%，SKU（库存量单位）当月发布量环比增长92%，实名认证量环比增长75%。

作为公司的另一核心资产，中关村在线曾于2019年获得2.5亿元融资，估值达25亿元。自重组之后，中关村在线充分运用直播营销新途径，加快新零售模式变现。中报显示，2020 年上半年通过联手家电一线品牌进行直播，实时直播零售商逾万家，订单数超 30 万，售出商品超百万件。其中，“618 大促”GMV（商品交易总额）突破 2 亿元，同比大增近三倍。

除此之外，兆信股份作为国内最大的商品数据身份管理服务商，在资本市场中亦表现不俗。今年 5 月，兆信股份（430073.OC）成功进入新三板创新层，预示进入 A 股从而提升流动性的预期升温。在今年公共卫生事件期间，兆信股份为紧急物资生产企业免费提供防伪标签服务，展现出其在防伪溯源行业的专业实力；在技术研发方面则通过了“软件企业 + 软件产品”的双认定，不仅成为兆信法律重点保护的依据，还是税收减免的重要依据。

资料来源：智通财经网．即将步入而立之年　慧聪集团（02280）长期价值增长如何布局？[EB/OL]．（2020 - 10 - 28）[2021 - 11 - 10]．https：//www.zhitongcaijing.com/content/detail/353131.html．（有改动）

【拓展思考】

根据案例分析慧聪集团发展 B2B 电子商务的优势。

1.1　B2B 电子商务概述

1.1.1　内涵

企业对企业（Business to Business，简称 B2B）电子商务，是电子商务按交易对象分类中的一种，即指企业与企业之间通过网络技术或各种网络平台进行产品、服务及信息的交换。B2B 电子商务作为典型的双边市场经济组织①，其参与者是指一般意义上的企业，如供应商和采购商，但排除了最终的个人消费型客户，运营过程中一般涉及信息发布、沟通交流、下单订购、签订合同等经济活动。

B2B 电子商务是电子商务中最重要的一种模式。在各行业高度专业化的今天，大部分企业主要依赖于外部的供应商提供产品。在 B2B 电子商务诞生以前，一个产品制造商往往连接几层供应商结点，但在 B2B 电子商务出现之后，各个采购商可以在最短的时间内、以最方便的形式获取较为全面的信息，从而选择最佳的产品和最佳的供应商。B2B 电子商务大大缩短了采购商与供应商达成“双赢”的时间，同时加快了资金及物流的周转，促使企业进行有效的采购管理和成本控制，最终提高企业的市场竞争能力。② 根据前瞻产业研究院研究，2019 年我国电子商务主要细分市场结构：B2B 电商占比 66.74%、B2C 电商占

---

① 曹俊浩，陈宏民，石彼得．基于双边市场理论的 B2B 垄断平台自网络外部性分类及其强度研究［J］．上海交通大学学报，2010，44（12）：1661 - 1664.

② 裴学亮，邓辉梅．基于淘宝直播的电子商务平台直播电商价值共创行为过程研究［J］．管理学报，2020，17（11）：1632 - 1641，1696.

比 16.48%、C2C 电商占比 12.33%、生活服务电商占比 4.44%。

B2B 电子商务有以下三个特点：

（1）交易金额较大。

B2C、C2C 电子商务以普通消费者为交易对象，单次交易的商品数量及金额都较小。而对于以企业为服务对象的 B2B 电子商务来说，交易次数虽少，但单次交易数量与金额都相对较大。

（2）交易覆盖面广。

B2C、C2C 电子商务平台多集中于日用消费品、休闲娱乐、餐饮等方面，而 B2B 电子商务可以在以上领域的基础上，继续覆盖工业、金融、制造业等行业，服务更多类型的企业。

（3）交易过程复杂。

B2B 电子商务活动的开展一般涉及企业内的多个部门，因此信息交流较为频繁、沟通对象较多。同时，由于企业对提高工作效率、降低经营成本的需求高，B2B 电子商务的交易操作需要相对规范化、流程化、标准化，这增加了交易过程的复杂性。

1.1.2　外延

中国 B2B 电子商务的分类标准可以从其内涵得出。一方面，从参与者角度来看，它是表示 B2B 电子商务活动中参与者角色及各角色之间相互关联的一种描述形式；另一方面，从服务角度来看，可理解为表示 B2B 电子商务所提供的电子服务内容及其如何实现盈利的一种描述形式。[①] 因此，可以综合参与者角色、服务盈利模式这两个角度对现有 B2B 电子商务平台进行分类。

从参与者角色角度来看，可以把 B2B 电子商务平台分为自主平台与第三方平台。自主平台是指企业在为其他企业提供服务的同时，为自身搭建了开展交易的平台。而第三方平台则指平台服务于所有交易商，企业本身不生产或采购产品，也不直接参与交易过程，仅为供应商和采购商提供服务。

服务盈利模式角度又可细分为服务范围与服务能力角度。服务范围是指 B2B 电子商务平台所面向的服务对象范围，分为面向所有交易商的综合性平台和面向行业内企业的行业性平台两种类型。[②] 服务能力主要是以 B2B 网站的信息量、服务的整合性和定制性、各种功能的全面性和易用性等方面来衡量 B2B 服务能力的高低[③]。基本服务类平台一般以信息和咨询服务费、广告费、搜索排名费等为主要盈利来源，所提供的功能较少。专业服务类平台则主要从交易、营销等活动的佣金中获取利润。整合服务类平台由于能够提供的功能较多，盈利方式更为多元化，可以从全方位的服务中获利（见表 1－1）。

① 奚伟，荣芳. 从价值链角度分析 B2B 和 B2C 电子商务模式——兼谈我国企业的电子商务发展策略［J］. 清华大学学报（哲学社会科学版），2000（4）：72－76.

② 傅翠晓，黄丽华. 我国 B2B 电子商务服务模式的分类探讨［J］. 中国科技论坛，2010（10）：100－106.

③ OLIVEIRA P. An empirical investigation of the antecedents and consequences of B2B e-service capability［D］. Chapel Hill：The university of North Carolina，2004.

表 1－1　电子商务平台服务模式

基本服务	专业服务	整合服务
信息量一般	信息量较大	信息量丰富
提供基本服务	提供专业化服务	提供整合服务
应用功能较少	应用功能较多	功能全面且易用

综上，B2B 电子商务平台服务类型如表 1－2 所示。

表 1－2　B2B 电子商务平台服务类型

基本服务	自主综合性基本服务	第三方综合性基本服务
	自主行业性基本服务	第三方行业性基本服务
专业服务	自主综合性专业服务	第三方综合性专业服务
	自主行业性专业服务	第三方行业性专业服务
整合服务	自主综合性整合服务	第三方综合性整合服务
	自主行业性整合服务	第三方行业性整合服务

1.1.3　发展历程

中国 B2B 电子商务在 20 多年的发展中，完成了三个阶段的进化：从 1.0 阶段的信息服务平台到 2.0 阶段的交易服务平台，再到 3.0 阶段的交易闭环平台。如今，借助技术的快速进步，我国 B2B 电子商务即将迈向 4.0 阶段的以大数据为核心的服务平台。

（一）1.0 阶段：信息服务平台（1999—2002 年）

主要事件：阿里巴巴等公司成立。

自 1999 年阿里巴巴开启了中国 B2B 电子商务后，涌现了一大批 B2B 电子商务平台。在该阶段，B2B 电商平台主要为企业提供信息服务，消除企业交易信息不对称的问题，依靠收取会员费实现盈利，尚未深入供应链、交易过程等主要环节。

（二）2.0 阶段：交易服务平台（2003—2016 年）

主要事件：阿里巴巴推出“关键词竞价”服务、撮合交易的 B2B 交易平台快速发展。

随着市场和技术的发展以及大量资本的涌入，我国 B2B 电商平台不断在供应链整合、在线交易、SaaS（软件运营服务）等方面获得突破性发展。除了提供信息服务之外，B2B 电商平台开始引入交易的主要盈利模式，由提供信息服务收取会员费转变为促成交易后收取交易佣金。

（三）3.0 阶段：交易闭环平台（2017—2019 年）

主要事件：京东新通路物流体系覆盖超 300 个地级市、阿里巴巴零售通完成基础建设。

在该阶段，B2B 电商平台在原有的基础上加强了对上游供应链的控制、对下游需求方的触达，强调打造“信息—交易—金融—物流—信息”的交易闭环，实现线上、线下交易一体化。平台通过为企业提供交易数据、仓储货运或金融信贷等服务实现盈利。

（四）4.0 阶段：以大数据为核心的服务平台（2020 年至今）

主要事件：直播带货兴起、数据中台技术出现。

经过 20 余年的发展，中国 B2B 电子商务呈现出行业专业化、功能多元化、数字化的发展趋势。随着数据中台、互联网二级节点等技术的不断突破，物流体系更加完善，成熟的 B2B 电子商务平台将凭借优势向行业上下游继续深入，不断优化价值链，力争为中国经济发展作出贡献。

1.2　1688 平台

1688 平台是阿里巴巴集团 B2B 电商平台中集中服务国内贸易的中国交易市场，其凭借多年 B2B 电商平台的运营经验、对优势资源的把控，形成了以批发和采购业务为核心，通过专业化运营完善客户体验，全面优化企业电子商务的业务模式（见图 1－1）。

图 1－1　1688 平台网页版首页

1.2.1　发展历程

1688 平台所属的阿里巴巴集团由以马云为首的 18 人于 1999 年在中国杭州创立。从一开始，阿里巴巴集团就致力于让小企业通过创新与科技扩展业务，在参与国内或全球市场竞争时处于更有利的位置。目前，除了领先业界的批发平台和零售平台，阿里巴巴集团还经营云计算、数字媒体和娱乐等其他业务。

1688 平台作为阿里巴巴集团最早经营的 B2B 电子商务平台，经历了起步期、调整期与集团发展期三个阶段。

（一）起步期（1999—2002 年）

1999 年，阿里巴巴集团诞生伊始，其 B2B 业务（1688 平台前身）便盯准了中小企业市场，要做“中国中小企业贸易服务商”。而在国内起步的同时，阿里巴巴制定了非常明确的未来战略：迅速进入全球化，成为全球性电子商务企业。这也为后续阿里巴巴集团的腾飞指明了方向。最初，阿里巴巴主要为中小企业提供网站设计与推广的服务，受到了不少风险投资商的青睐。尽管在 2000 年全球互联网公司进入“寒冬”，阿里巴巴依旧能够不断引进投资，深耕国内市场。2001 年，阿里巴巴获得软银 2 000 万美元投资，网站实现“百万会员”。2002 年，推出“诚信通”“关键词”等开流项目，积极探索不同的盈利模式，实现全年正现金流入。

（二）调整期（2003—2010 年）

随着 B2B 业务的逐步成熟，阿里巴巴创始人马云开始寻求新的增长点。B2C 业务淘宝、淘宝商城（后改名为“天猫”）以及第三方支付软件支付宝的诞生，使得彼时的阿里巴巴 B2B 平台加快了前进的脚步，不断调整自身的定位。平台能够提供的功能也不再局限于设计与推广，还加入了在线交易、协助营销、信用体系等附加服务，服务费与广告费逐渐成为阿里巴巴 B2B 业务的主要利润来源。

（三）集团发展期（2011 年至今）

事实上，阿里巴巴的集团布局从 2008 年的“大淘宝”战略便初见端倪。“大淘宝”战略是指用户在淘宝平台上的支付、营销、物流以及其他技术问题都能得到顺畅解决。2011 年，阿里巴巴将“大淘宝”战略升级为“大阿里”战略，意在融合阿里巴巴集团旗下的所有应用，包括专注于 B2B 电商领域的 1688 平台，做到和所有电子商务的参与者充分分享阿里集团的所有资源，包括所服务的消费者群体、商户、制造产业链，整合信息流、物流、支付、以提供数据分享为中心的云计算服务等，为中国电子商务的发展提供更好、更全面的基础服务。

1.2.2 第三方综合性整合服务类 B2B

1688 平台的目标是建立国内最大、最活跃的网络贸易市场，具备明确的市场定位。1688 平台的商业模式遵循中国 B2B 电商平台的发展规律，在发展初期，1688 平台体现了较为典型的信息服务 B2B 电商平台特征，仅为客户提供各行业的信息，但随着技术的进步以及市场的逐渐成熟，1688 平台适时地介入了在线支付、供应链等环节，实现了功能的拓展，不断拓宽收入来源。1688 平台商业模式如图 1－2 所示。

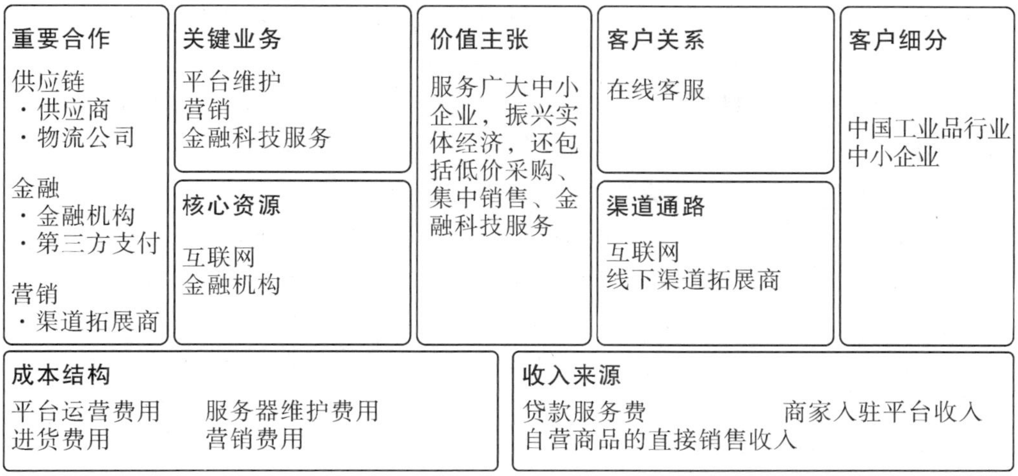

图 1－2　1688 平台商业模式

（一）客户细分

1688 平台自成立伊始，便以“为千万中小企业服务，让天下没有难做的生意”为企业愿景，旨在助力国内中小企业变革营销和经营的方式，降低成本，提高效率。

1688 平台的客户分为采购商和供应商两类。在发展初期，1688 平台以服务供应商为主，目前已覆盖原材料、工业品、服装服饰、家居百货、小商品等 16 个行业大类，提供原料采购、生产加工、现货批发等一系列的供应服务。随着市场的发展，1688 平台的服务重心也逐渐从供应商端转移到采购商端。2012 年，1688 平台推出名企采购平台，专门针对大采购商的采购需求展开服务，在采购商实力、供应商质量、高性能采购匹配等方面具有较大优势。

（二）价值主张

1688 平台的核心任务是为中国中小企业提供商机信息和便捷安全的在线交易，它倡导低价格与差异化相辅相成的双重价值主张：以低价格作为整体的基础战略，以差异化战略作为辅助，通过实惠的价格、精准的营销服务、全面且专业的功能应用协助客户提高经营效率。1688 平台通过建立良好的关系协调机制、利益协调机制、信息协调机制与运作协调机制，不断加强用户之间的交流与协作，奠定用户与平台之间的信任基础，最终形成健康的电子商务生态系统。①

1. 信息分享

1688 平台作为商业信息的提供者，既向客户提供最新的行业资讯，如平台公告、活动教程等，也提供大量的微观信息，如商品详情、供应商详情、采购对接等，以帮助客户避免所获信息不全面的问题，从而更高效地作出正确决策。对于起步不久或生意欠佳的中小企业，1688 平台还开设了中小企业商学院、生意经等多个版块提供相关的培训教学。

---

① 胡岗岚，卢向华，黄丽华. 电子商务生态系统及其协调机制研究：以阿里巴巴集团为例［J］. 软科学，2009，23（9）：5－10.

2. 诚信通（会员服务）

诚信通是1688平台专门针对内贸企业打造的电子商务诚信体系会员服务，客户付费开启后，可以享受旺铺建设、营销推广、交易管理、客户管理、协同与服务等多项权益，包含技术指导、运营培训、在线支付等多项内容，可以帮助企业推广自身商铺、精准对接客户，从而提高品牌知名度、提升企业经营效率（见表1－3）。

表1－3 诚信通服务内容

一键建站	加工定制	金融赋能
汇聚千万买家 诚信通认证标识 数字店铺与工厂名片	工厂信息全面展示 全年线上展会 行业线上订货会 智能辅助接单 电子合约促交易	货款服务 交易安全迅速 账期服务

3. 社区交流

除提供信息服务与交易服务外，1688平台还为广大用户打造了一个交流社区，赋予B2B电商平台全新的社交属性。商人社区聚集了不同行业的企业，每天超过50万人在线活跃。用户可以在社区内与各行各业的专家、企业主交流商业经验、分享商业知识，组织或参与各种类型的线上、线下活动。同时，中小企业加入作为第三方的商人社区能够获得更多的客户资源，形成信息资源上的优势，减少交易达成过程中的搜寻成本，进而提高其在社区内的营销绩效。①

（三）商业模式

1688平台主要通过互联网为采购方及供应方搭建中介平台，为其提供信息共享、在线交易、运营指导等服务，后期还加入了各类增值服务。企业仅需在平台进行注册，供应方企业可以根据自己的营销策略等选择服务内容，采购方企业则一般使用信息检索、在线交易等服务内容。

1688平台的盈利来源主要包括“诚信通”会员年费与增值服务费，另外如竞价排名与广告收入也是1688平台最重要的收入来源。而服务器等硬件的维护费用、运营平台所需的人力成本、技术革新的研发成本，以及营销费用是1688平台的主要成本。

1688平台的关键业务分为三大类。第一类是对平台的基础运营，保证网站的正常运作、交易的正常进行。第二类是指导商家，对已入驻1688平台的企业进行协助，实现以更低成本、更高效的方式进行品牌推广与交易；对尚未入驻但有意向入驻1688平台的企业进行运营培训，帮助其入驻平台。第三类则是对潜在市场的营销，在更看重商品质量的

① 孟韬，王维．B2B社区中企业参与与社区营销绩效——基于阿里巴巴商友圈的研究［J］．管理评论，2019，31（6）：123－134．

今天，1688 平台仍需要寻找足够的品牌供应商与采购商，完善平台的品牌形象，形成并巩固自己的独特优势。

集团其他企业在为 1688 平台引流的同时，能够发挥相应的功能作用，如阿里巴巴集团旗下的第三方支付软件支付宝帮助 1688 平台介入在线交易环节，阿里云则为 1688 平台的高速、低成本运作提供了技术支撑。

作为 B2B 电子商务平台，1688 平台凭借领先的互联网技术、强大的硬件支撑以及多年运营的经验，建立起了资源上的极大优势。另外，随着阿里巴巴集团持续的发展及版图的扩张，1688 平台品牌本身也成为核心资源。

1.2.3 阿里云的技术支持

阿里云是全球领先的云计算及 AI（Artificial Intelligence，人工智能）科技公司，致力于以在线公共服务的方式，提供安全、可靠的计算和数据处理能力，让计算和 AI 成为普惠科技。其源自阿里巴巴集团于 2008 年提出的“云计算”与“大数据”战略。2009 年 9 月，阿里云公司在阿里软件与阿里巴巴集团研发院等技术团队的基础上成立，并从 2011 年 7 月开始大规模对外提供云计算服务。阿里云自成立起便发展迅速，2013 年 12 月即获全球首张云安全国际认证金牌，之后逐步实现了全球互联网市场覆盖。如今，阿里云已经成为阿里集团的核心业务，为超过 230 万名用户提供云服务器、云数据库、云存储、CDN（Content Delivery Network，内容分发网络）、大数据等服务。

阿里云产品体系包括弹性计算、数据库、存储服务、域名与网站、应用服务、大数据与 AI、移动研发平台 EMAS、物联网、API 与工具、云通信等。

同属阿里巴巴集团的阿里云作为云计算技术和服务供应商，不仅可以为 1688 平台提供必不可少的硬件服务器支持，还可以通过完善产品体系提供更多服务，如利用数据库将旗下业务的用户数据进行收集与整合，明确用户的习性和偏好，为 1688 平台的决策与战略制定奠定基础。同时，1688 平台还可以根据数据库等信息进行更为精准的广告投放，开展差异化的营销活动，有效进行成本控制。

从产品侧和技术侧两方面来看：在产品侧，阿里云通过提供容器服务 ACK、云原生数据库 PolarDB/Redis、消息队列 RocketMQ、企业级分布式应用服务 EDAS、微服务引擎 MSE、应用监控服务 ARMS 等数十款云原生产品全面保障 1688 平台的正常运作。在技术侧，阿里云支持全球最大容器集群、全球最大 Mesh 集群，神龙架构和 ACK 容器的组合，可以实现 1 小时扩容 100 万个容器。同时，阿里云拥有国内最大计算平台、顶级实时计算能力，大数据平台批处理单日计算数据量达到 1.7EB，实时计算峰值每秒 30 亿条记录。另外，阿里云核心业务规模实践 Serverless，弹性伸缩能力会提升 10 倍，能够大幅提升压测支撑效率和稳定性。

此外，还有一个重要的技术支持是阿里巴巴数据中台。在大数据已经成为国内企业数字化转型抓手的今天，阿里巴巴凭借敏锐的商业嗅觉和强大的平台基础，牢牢把控住数据资产这一战略资源。其开发的数据中台可以使阿里巴巴集团旗下的各大平台获得技术依托，构建在企业数字化转型中的竞争力、话语权与生态向心力。

阿里巴巴数据中台可以应用于全局数据监控、智能 CRM 等场景，汇聚全链路全接触数据，为淘宝、1688 平台、天猫等电子商务平台形成完整的用户画像并进行数据分析。

同时，数据中台还可以通过结合业务中台为平台上的企业用户提供生意参谋，将数据业务化并直接变现，从而实现对用户的技术支持（见表1－4）。

表1－4 阿里巴巴数据中台应用场景

全局数据监控	智能CRM	智能推荐	生意参谋
战略决策与数据化运营的智能方案	用户管理的智能方案	营销推广的智能方案	零售管理的智能方案
降低数据分析难度，提高数据分析效果	实现对用户全生命周期的精细化管理	前期精细化圈选，中期千人千面触达，后期数据监测与迭代优化	整体提升线上线下体验效果

1.2.4 小结

本节主要介绍了第三方综合性整合服务类B2B电子商务平台代表——1688平台的发展历程、商业模式与技术模式。

1688平台作为中国最早的B2B电子商务平台之一，发展至今已经探索出了一套较为成熟、完整的商业运作体系，能够实现稳定盈利。它通过为中小企业提供广泛的信息服务与便捷安全的交易环境，帮助企业增加品牌能见度，大大提高了企业的经营效率，降低了经营成本。

1688平台诞生之初，利用其先发优势和在线平台获得了最大的机会。而互联网所具有的正网络效应，又会使企业对其客户的价值随着客户数增长而呈指数式增长，反过来客户数量越大就越能吸引更多的潜在客户。这种“网络效应”带来的结果，使得强者更强，同时也使其产品或服务极其容易被习惯化。① 这也是1688平台如今成为第三方综合性整合服务类B2B电子商务平台典型代表的一个重要原因。

随着市场的扩张和竞争对手的出现，阿里巴巴集团逐步调整集团发展战略与布局，1688平台不再是一个孤立的B2B电子商务平台。它集合了集团多平台、多领域的优势，补充了包括物流和分销、供应链、专门的搜索引擎和社交媒体、云服务、在线银行和汇款系统、在线旅行、在线购物中心和专门的在线培训课程②等多项应用功能，使得其自身能提供的整合服务越来越丰富，深入到用户交易过程的方方面面。可以预见，1688平台将继续通过技术的升级与集团间的协作，加强平台对供应链环节的把控，不断紧跟时代发展趋势，进一步发挥B2B电子商务平台的领军作用。

① 孟韬，王维．B2B社区中企业参与与社区营销绩效——基于阿里巴巴商友圈的研究［J］．管理评论，2019，31（6）：123－134.

② ANWAR S T. Alibaba：entrepreneurial growth and global expansion in B2B/B2C markets［J］. Journal of international entrepreneurship，2017，15（4）：366－389.

作为功能最齐全、信息最全面、参与环节最多同时成本最高的 B2B 电子商务形式，第三方综合性整合服务类 B2B 电子商务平台发展迅速，成为中国电子商务领域崛起的一个缩影。除了 1688 平台，慧聪网也是该类 B2B 电子商务平台的典型代表，这些 B2B 电子商务平台利用自身丰富的信息、多元的功能、先进的技术支持实现了较好的盈利，同时还有无比广阔的发展空间。在未来，像 1688 平台一样，提供整合服务的 B2B 电子商务平台将会越来越多，为更多行业的更多企业用户带来经营的便利与高效。

1.3　思贝克

1.3.1　发展历程

深圳市思贝克集团有限公司（以下简称思贝克）于 2012 年在深圳成立，是一家以科技创新为核心的“工业互联网 + 供应链服务 + 金融科技”生态平台企业。思贝克通过工业品电商、生产资料服务、产成品服务、智慧物流监管、工业互联网标识解析二级节点五大平台连接上下游产业链，利用互联网与物联网技术，形成了信息、物流、资金、商流、动态生产流五流合一的交易闭环，帮助工业企业优化供应链管理，降低综合运营成本，同时随着平台的发展与交易数据的沉淀，还面向全国工业产业的上下游优质客户提供金融、征信、大数据分析等增值服务，满足工业产业及工业企业多方位的发展需求。

由于成立时间较短、市场环境较好，思贝克紧抓“工业互联网 + 供应链服务 + 金融科技”的企业发展战略，先后引入多家金融机构，不断拓展业务范围，获得了飞速的发展。如今的思贝克已成为行业性 B2B 的代表平台，同时积极搭建线下产业园区，实现真正的产融结合，进一步助力地方政府优化区域产业发展环境，推动区域供给侧改革，为实体企业发展赋能，加速区域经济的转型升级。

1.3.2　自主行业性专业服务类 B2B

思贝克旗下的思贝克工业商城被称为“工业品市场的京东”，不仅在平台销售第三方供应商生产的产品，还为广大采购商提供质量较优的自营产品，其销售范围包括工业润滑、机械部件、金属加工等 12 个应用广泛的大类领域。同时，思贝克整合行业细分产业链，深入供应环节，建立了自有的供应链网络，并将其与金融服务结合，根据供应链数据为中小企业匹配融资渠道。思贝克商业模式如图 1－3 所示。

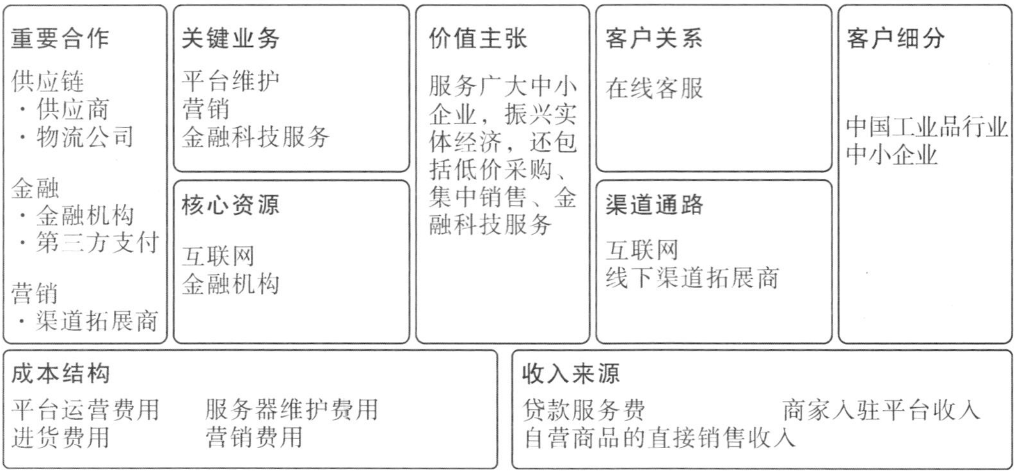

图 1－3　思贝克商业模式

（一）客户细分

思贝克属于自主行业性专业服务类 B2B 电商平台，专注于工业品行业这一细分市场。平台所提供的信息量较大，能够为行业内有采购及销售需求的中小企业提供交易所需的必要信息。所提供的功能应用也主要围绕交易过程展开，如在线交易、在线联络、售后客服等。

（二）价值主张

思贝克以“服务广大中小企业，振兴实体经济”为服务宗旨，致力于整合工业品上下游产业链，联合原厂供应商、服务商与渠道伙伴，压缩产品垂直经销层级，为广大企业提供商品低价采购、集中销售与金融科技服务，通过互联网与金融手段为工业品产业链解决采购难、融资难两大问题。思贝克工业商城作为其中代表“互联网”的一环，发挥着促成交易、推动交流协作的重要作用。

1. 低价采购

思贝克网站首页包含一个专门发布工业品商品需求信息的版块，即“采购需求中心”，在此采购商可以发布需求信息，供应商可以根据自身情况选择订单进行交易。

2. 集中销售

思贝克的工业品商品分为自营商品与第三方商品。自营商品由思贝克的品牌供应商提供，质量水平较高；第三方商品则由相关工业品商家在入驻平台后，完成资源上传及报价。

3. 金融科技服务

在线上正式交易完成后，思贝克会对工业品交易数据、物流仓储数据、支付数据等进行可视化处理，形成并建立精准完善的工业指数体系、大数据企业征信体系和风险控制模型，结合集团内的“金融”组成，为企业用户提供基于核心企业生态群及中小企业服务的“$N+1+N$”供应链金融科技服务，在帮助企业获得优质金融服务的同时，还能够帮助金融机构获得优质资产。

（三）商业模式

作为互联网平台，线上渠道是思贝克主要的渠道通路之一。但同时，由于目标市场为细分市场，且工业品产业是实体产业，思贝克工业商城目前仍需要线下渠道商帮助其拓宽线下市场。发展长期合作的供应商与采购商对思贝克来说是维持平台运作的重中之重。

与其他 B2B 电商平台依靠信息服务或交易金额盈利的模式不同，在集团各平台的协作下，思贝克还以贷款业务的服务费为主要盈利点。通过分析中小企业客户的采购数据，思贝克制作用户画像并将其作为贷款征信参考提供给银行，帮助中小企业取得低成本贷款，贷款则用于中小企业在思贝克工业商城采购更多原材料。除此以外，自营商品的销售收入与第三方商家的进驻收入也为思贝克的营收作出了一定贡献。

作为"工业互联网＋供应链服务＋金融科技"的 B2B 电子商务平台，思贝克充分结合、利用了互联网、思贝克自身的技术系统以及与各大金融机构的合作关系。互联网和技术系统帮助思贝克完成了大数据的收集，为金融机构构建商业信用体系与风险控制模型，为企业匹配合适且可信度较高的金融合作对象。

在传统的电子商务活动中，资金流仅是依托于电子商务平台的单向流动，对于 B2B 电商，资金从一家供应商，经过电商平台，流向另一家供应商，而思贝克的这种"电商金融"模式彻底改变了以往电子商务活动中资金单向运行的方式，让资金流在电商生态圈内形成闭环，实现了资金流的循环和加速周转。① 思贝克通过深入工业品行业供应链的交易环节当中，实现对企业订单、产能、仓储等运营数据的"动态评估"，精确掌握企业经营及当笔交易的"健康度"，从而为中小型实体企业匹配合适的融资渠道，大大节约了寻找资金的时间，同时加速了资金在行业内的流动。

1.3.3　贯穿行业上下游的技术模式

思贝克的技术性主要体现在线上供应链管理、工业互联网标识解析体系、大数据等方面。

线上供应链管理方面，同属于思贝克集团旗下的深圳市万企汇云仓信息科技有限公司依托互联网技术、智能硬件体系以及优秀的资源整合能力，为企业提供包括代理采购、产品分销支持、联合库存管理、流通物流加工、供应链结算、供应链信息整合等的全方位服务，为客户提供深度的一体化供应链解决方案。

工业互联网标识解析体系，是实现工业全要素、各环节信息互通的关键枢纽。思贝克通过给每一个对象赋予标识，并借助工业互联网标识解析系统，实现跨地域、跨行业、跨企业的信息查询和共享。其中，工业互联网标识解析二级节点向上对接国家顶级节点，向下对接企业标识应用体系，可以为企业和普通用户提供灵活的标识编码注册和标识解析服务，是构建安全、稳定、高效、可靠的工业互联网标识解析体系的重要基础和支撑环节。利用公共标识和标识解析体系，可以打破不同企业之间由于标识编码不统一带来的信息识别壁垒，可实现与供应链的协同和互动，优化企业供应链管理。

工业互联网二级节点平台穿透产品信息形成强大的"数据流"，思贝克依托海量交易数据，贯通线上线下交易场景，提供真实数据交叉比对的链化产品，实现 24 小时监管信息线上可视化、透明化，为银企合作奠定稳定基础。

---

① 黄海龙．基于以电商平台为核心的互联网金融研究［J］．上海金融，2013（8）：18－23，116.

1.3.4 小结

本节主要介绍了自主行业性专业服务类 B2B 电子商务平台代表思贝克的发展历程、商业模式与技术模式。

在“工业互联网 + 供应链服务 + 金融科技”的集团发展战略下，思贝克工业商城与思贝克集团的金融业务、工业供应链管理业务等有着千丝万缕的联系。不再将 B2B 电子商务平台的功能局限于信息发布与采购销售，而是深度介入了行业上下游，打造了自有的供应链网络与智能的商业信用体系。思贝克在协助中小企业开展电商活动时，还在银行等金融机构与中小企业间搭建交互桥梁，实现了银行资金与优质产能的对接，以高效的融资渠道、较低的融资成本加速了企业流动资金中转，提高了企业资金利用效率，保障实体企业健康运行。

事实上，根据近几年市场数据分析，自主类 B2B 电子商务平台在中国的发展并不稳定。主要原因在于自主类 B2B 电子商务平台自身也介入了生产与交易的过程，它的业务重点放在了线上线下两个方面，这对企业的规划与资源分配是一个不小的挑战。通常该类平台的自营产品数量与种类较少，但是产品质量相较于第三方平台更值得信赖。思贝克工业商城也正是抓住了这一优势，将目光集中于工业品行业，高效运用有限资源，同时结合集团其他业务，垂直于行业拓展业务范围与盈利点。这也为同类型 B2B 电子商务平台指出了另一条发展道路。

1.4 拓展阅读

找钢网：自营、联营等“三驾马车”解读商业模式及前景

找钢网的“三驾马车”：自营、联营、供应链服务。

找钢网的核心业务诚如其名——“找钢”，即提供和钢铁贸易相关的产品和服务。通过网上平台，找钢网将钢铁生产商（供应商）和钢材产品客户直接联系在一起，同时提供物流运输、仓储、加工、供应链金融等第三方服务，以及分析等 IT 技术服务。

自营业务在本质上就是“低买高卖”——向制造商购买产品直接销售给客户，通过结算价与售价的差额赚取收入。具体步骤为：由找钢网的采购部门向钢厂或供应商进行采购；由第三方仓库进行货物验收，并录入系统；找钢网在平台发布钢材信息；客户通过平台搜索产品并下单；平台确认支付信息后，将货物出售给客户，并开出提货单；客户根据提货单到第三方仓库提取货物（或使用第三方物流服务送货上门）。

找钢网的联营业务模式较为简单明了：第三方供应商在找钢网的平台向客户提供产品，并向找钢网支付佣金。具体而言，即找钢网作为平台对外发布卖方的商品价格、数量、规格等信息；客户在平台上搜索产品并下单；找钢网作为支付中介，收款后提示供应商发货；客户收货后，找钢网再和供应商结算。平台赚取的利润就是销售额一定比例的佣金。这种业务模式类似于“淘宝”（只不过“淘宝”收取的主要是广告费，而不是平台佣金)。

为了能够更快更好地为买家实现车货匹配，同时做到全程可视化、平台数据流不断连，被委以重任的“胖猫金融”和“胖猫物流”，均启动于2014年。它们是找钢网在服务层面一直力推的两个核心业务。

其中，“胖猫物流”是一个通过整合物流公司、个体户等各方运力，以平台化方式投入运营的物流系统。

资料来源：中付管家.【B2B案例】找钢网：自营、联营等三驾马车解读商业模式及前景［EB/OL］.（2018－08－13）［2021－11－11］. https：//www. zhongfuguanjia. com/300. html.（有改动）

【拓展思考】

结合本章内容，请判断找钢网属于哪一类B2B电子商务平台，并尝试写出它的商业模式。

1.5 思考题

1. 在第三方综合性整合服务类B2B电子商务平台中，1688平台的商业模式有什么优势、特征?

2. 与其他自主行业性专业服务类B2B电子商务平台相比，思贝克在运营模式和盈利模式方面具有什么优势、特征?

2　B2C 电子商务

【知识框架图】

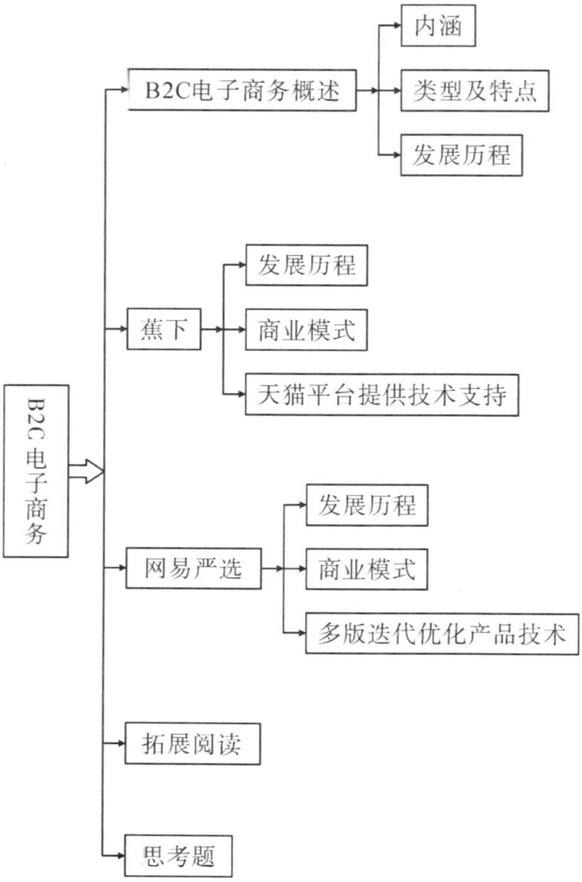

【学习目标】

知识目标：

了解我国 B2C 电子商务平台代表。

了解 B2C 电子商务的盈利模式及典型案例。

掌握 B2C 电子商务模式的基础概念与基本功能。

技能目标：

了解 B2C 平台会员制的核心与运作机制。

提升 B2C 模式典型案例的分析能力。

情感目标：

了解我国 B2C 产业发展带来的政治生活与经济生活融合意义。

学习通过互联网新零售发展国家在线新经济。

【先导案例】

京东——做中国最大的 B2C 电商平台

当下，消费升级已经成为社会主流发展趋势。在升级过程中，最显著的变化就是大众消费者从应付生活转变为经营生活、享受生活。简单来说，就是传统的生存型、物质型消费开始让位于发展型、服务型等新型消费。无论是消费升级，还是中等收入人群的崛起，都将直接决定消费升级后的市场格局。就目前来看，服务便捷化、产品智能化、品牌固定化等是消费者行为的主要发展方向。作为电商领域重要的参与者——京东，这一路走来，从被视为家电业的挑战者，到综合零售业的巨头，有许多值得其他企业借鉴与学习的地方。

对于当下众多巨头企业来说，在成长之初很多都有可能游走在灰色经营边缘，或者涉足灰色产业，以尽快获得第一桶金并以最快的速度走上正轨。而在真正成为巨头之后，就以各种说辞粉饰当初的行为。相比之下，京东一直坚持的是正品行货、诚信经营。京东集团董事局主席刘强东认为，中国电商未来的出路，包括中国经济未来的出路，唯有走品质化、品牌化的道路。其也一直不妥协地坚持着“正道成功”。简单来说，京东所有的业务都遵守国家法律法规，以实际行动向全社会证明，合法是可以成功的，合法是可以获取利润的。正是由于京东坚持在商品品质和物流服务等领域的投入，中国消费者的购物体验大幅提升，中国电子商务研究中心监测数据显示，京东自 2016 年 9 月至 2017 年 9 月的活跃用户数同比增长 37%，达到了 2.583 亿，远高于行业平均增长，说明越来越多的用户认可京东的品质和服务。

随着消费升级成为主流趋势，中等收入人群的崛起，京东不断动态调整经营理念，使其用户体验和一流服务始终与时代发展相匹配，再加上以技术为驱动力对商业模式进行全面改造，二者结合，带来的是京东业务呈现高速增长的态势，促使京东成为一家充满智慧的公司。

依此来看，京东成为中国最大 B2C 平台并非异想天开，究竟何时达成，让我们拭目以待！

资料来源：微信公众号“电子商务研究中心”文章《重磅丨刘强东豪言：京东五年内超过天猫 成中国最大 B2C 平台》。(有改动)

【拓展思考】

分析京东实现高速成长的两个关键点。

2.1 B2C 电子商务概述

2.1.1 内涵

企业对消费者（Business to Customer，简称 B2C）电子商务，是企业通过网络向消费者提供商品和服务的一种交易模式，是按照电子商务交易对象的本质区别而划分的一种电子商务类型，也是日常生活中较为常见的一种商业模式。

B2C 网站的基本功能由前端展示与后端管理两部分组成，通过企业对网站的多维度的管理使消费者有场所进行产品选购，并能对其进行订单配送，最终实现企业与消费者之间的交易行为。

平台端管理功能具体包括以下内容：

（1）会员管理。

包括对所有普通账号进行基础管理，支持密码的查询、更改以及升级成平台会员。对平台所有会员进行审核管理、优惠发放与账号清理，支持预付款充值以及会员消费扣款（从预付款中扣除费用）等。

（2）资讯管理。

包括对平台上所有资讯（优惠活动、平台公告、运营活动等）的分类目录的维护、自定义平台资讯的分类，并对资讯内容进行管理（包括上传、修改、删除、推荐、置顶）等。

（3）产品管理。

包括对产品文字资料和图片的上传、删除与修改管理，管理广告位产品投放。平台需要设置产品的相关属性和分类，设置关联产品，设置产品的排名，以及管理产品的评论，等等。

（4）价格管理。

包括定义价格级别（非会员价、会员价、特别会员价等），设置具体的产品价格和定义促销规则（数量折扣、捆绑销售、赠品、跨店满减、预售定金）等。

（5）订单管理。

包括在后台对顾客提交的订单进行订单审核、财务处理、纠纷处理和物流处理等。此处管理需连接企业实体商品，与物流配送和支付体系水平紧密相连。

（6）统计分析。

包括针对平台的运营情况进行详尽的报表分析，对网站来访者的 IP、地区、来访时间进行跟踪统计，对网站的用户界面使用情况进行埋点管理和数据统计。

用户端交互行为具体包括以下内容：

（1）个人中心。

包括用户进行注册、登录和密码管理等基本行为和在平台上的所有操作功能，还包括查询已确认的订单的处理状态、历史订单、交易流水，以及管理个人信息（多个送货地址、联系方式）和查询商品历史、处理收藏夹的商品等。

（2）资讯浏览。

包括用户浏览平台活动、观看平台活动视频和广告页等，以此促进用户的消费决策行为。

（3）产品选购。

包括用户在网站浏览的产品资料，如多级产品目录区、产品资料图片列表区、推荐产品区、商品搜索区、热搜商品排行榜等。

（4）订单服务。

包括用户提交订单、完成支付，然后关注订单的处理过程。在完成货品交付后，订单成为历史订单，用户可进行查询、统计和参考等。

2.1.2 类型及特点

根据我国目前 B2C 电子商务行业的发展情况，可以按照经营模式和经营商品的种类数量分为平台型 B2C 电子商务、综合型 B2C 电子商务和垂直型 B2C 电子商务。需要说明的是，在实际运营中，也有出现综合以上几种类别的电子商务企业。

（1）平台型 B2C 电子商务。

是指为其他电子商务企业提供网站平台，但并不与消费者进行实际商品交易的平台。代表企业如天猫商城（见图 2－1）、QQ 商城等。

图 2－1 天猫商城网页版首页

（2）综合型 B2C 电子商务。

是指企业直接面向消费者售卖品类多样的商品。这类企业主要依靠增加商品的种类、数量和提升商品质量，并不断完善物流的配送服务和优化支付体系，来提高企业在 B2C 市场的竞争力。代表企业如京东商城、亚马逊中国、网易严选等。

（3）垂直型 B2C 电子商务。

是指一类产品的专业化、专门化、专一化的 B2C 销售模式，与综合型 B2C 平台相对。

代表企业如蕉下天猫旗舰店（以下简称蕉下天猫店）、凡客诚品、酒仙网等。

2.1.3 发展历程

B2C 电子商务模式是我国最早产生的电子商务模式，以 1999 年王峻涛创办的 8848 网站的正式运营为标志，这同时意味着我国的电子商务从概念迈向了实践。该网站自 1999 年 1 月从 4 个人、约 16 万元起步，迅速发展成中国电子商务的标志性企业。2001 年，中国互联网络信息中心（CNNIC）的调查显示，8848 网站是中国工业和商业类网站中被访问得最多的网站。虽然它最终因资金严重短缺、物流配送不到位等，于 2002 年底宣告失败，但中国 B2C 电子商务模式在此之后，从当时一个新鲜而遥不可及的概念，变成了当今寻常且发展繁荣的行业模式。

虽然当前我国 C2C 电子商务模式繁荣、市场占有率和成交额最高，代表平台如淘宝、拼多多，但由于启动成本低以及缺乏有效的监管，商品的质量良莠不齐，售后服务难以保障，从而导致顾客的满意度不高。而 B2C 模式正是克服了 C2C 模式存在的问题，由企业直接提供商品给消费者，免去了传统零售业以及 C2C 模式下众多的中间商环节，降低了商品的成本。同时，企业的生产经营模式提高了商品的质量，售后服务、物流配送能力也有了显著提高，使得 B2C 模式的顾客满意度明显高于 C2C 模式。由此可见，B2C 电子商务的前景非常值得期待。

我国 B2C 电子商务发展历史可分为以下六个阶段：

（1）萌芽与起步阶段（1996—2002 年）。

互联网刚刚在中国受到关注，许多走在前沿的创新者开始尝试用互联网进行贸易交易，电子商务开始萌芽。

（2）复苏与回暖阶段（2003—2005 年）。

众多电子商务平台开始建立与发展，如阿里巴巴建立了跨时代的淘宝平台，并推出了支付宝业务。

（3）崛起与发展阶段（2006—2010 年）。

互联网技术已经发展得越来越成熟，平台贸易有了技术的支持开始高速发展，许多电子商务网站都实现了盈利。多家具有代表性的 B2C 平台在这个阶段成立，如 2007 年凡客诚品成立。

（4）转型与升级阶段（2011—2014 年）。

垂直细分的 B2C 网站迎来了新一轮的高速发展，获得了投资者的大力青睐，表现出了广阔的发展前景。

（5）成熟与稳定阶段（2015—2019 年）。

国内电子商务平台经过 10 多年的发展已经基本成熟，B2C 平台开始向平台化和综合化的方向发展。

（6）突破与创新阶段（2020 年至今）。

目前，我国 B2C 电子商务平台愈发成熟，头部优势和用户集中度日趋明显。但随着互联网人口红利的下降以及用户消费习惯的逐渐稳定，各大平台纷纷寻求在运营机制上的创新与突破，以更好地获得更多的优质目标客户和赢得更大的营收。

2.2 蕉下

2.2.1 发展历程

蕉下天猫店于2013年建立。蕉下为深圳减字科技有限公司（以下简称减字科技）创立的城市户外生活方式品牌，主营伞、服饰、鞋、帽、内物（保暖内衣）、配饰六大核心品类，作为减字科技旗下的明星品牌，2017年正式启用“Beneunder”作为官方品牌名，并在北京、上海、成都、杭州和深圳等城市开设线下门店。减字科技是香港减字控股旗下子公司，主要负责Wave Better、Banana Umbrella等品牌的设计、研发、生产、品牌维护与推广、销售等业务。2015年10月20日，减字科技获得A轮红杉资本中国投资。减字科技的发展历程如表2－1所示。

表2－1 深圳减字科技有限公司发展历程

时间	事件
2012年	公司创立
2013年	蕉下第一代小黑伞上市
2014年	蕉下第二代小黑伞上市，销量飙升至40万把
2015年	推出更多系列和款式，占据全网销量第一的位置，销售额近2亿元
2016年	开设线下实体店，销售额突破4亿元
2017年	多品牌运营，新品牌上线，推出系列产品
2018年	高速发展，销售额增长150%，集团战略挑战，进军新消费领域，全面提升企业愿景
2019年	调整战略，多品牌运作，定位中国新消费集团
2020年	在疫情期间大力发展直播电商
2021年	入驻腾讯惠聚，开设微信小程序官方旗舰店

蕉下作为一个以高端伞具发家的品牌，其以“蓝天下，有蕉下”的品牌理念迅速深入目标消费者的视野，从第一把双层小黑伞的诞生便一直备受关注，两年内高居热搜榜，成为遮阳伞第一品牌。蕉下在近十年一直稳步发展，不断突破。2013年5月，小黑伞上线天猫后当天断货，之后一直处于供不应求的状态。2013年6月，京东、国美、一号店等国内主流B2C平台纷纷邀请蕉下入驻。经过多年发展，蕉下以“防御天气”为主打，向外辐射多种产品品类，现已成为典型的垂直型的B2C品牌店。之后持续在B2C电商平台领域深耕，始终走在新消费领域的前列。

2.2.2 商业模式

（1）客户细分。

据第一财经商业数据中心统计，我国消费者对防晒伞无死角防晒和便携的诉求逐步凸显。一把颜值与防晒效果兼具的防晒伞，自然成为这类人群在夏日出街的最显著的需求。

据统计，2020 年天猫“618”活动当日，蕉下、天堂和左都位列伞类销售额前三名，其中蕉下的平均售价比其他品牌高 3 ~5 倍，远超大众同类产品的市场价格。

蕉下产品定位为轻奢品牌，其产品特点为高颜值、高价格。品牌的目标人群为看重产品颜值且有经济实力的女性群体。

国家统计局数据显示，我国崇尚年轻时尚且有经济能力的 25 ~45 岁女性占总人口的 15.71%，约 2.18 亿人，这一数字与俄罗斯和英国总人口之和大体相当。轻奢常与个性、时尚、独立女性挂钩。相关采访显示，有消费者称蕉下胶囊伞防晒效果与普通黑胶伞的效果差不多，但其胜在质感和时尚性，很适合上班族使用，花 200 ~300 元买一把伞，也就相当于少买一件衣服。

女性消费群体的消费需求越来越追求个性化和多元化，利用精美设计撬动女性消费者的“芳心”，再结合营销事件提升品牌文化深度与情怀，这就是蕉下能在天堂占据国内雨伞行业市场份额超 80% 的情况下成功出圈的主要原因。

（2）价值主张。

蕉下自 2013 年第一把防晒小黑伞诞生以来，致力于将一件件日常的生活用品变成集工艺、设计与品质于一体的精致作品，将传统与创新结合，不断更迭，打造精致生活。

从蕉下每件产品的包装和设计细节都不难看出其对每一个细节的重视和科技赋能，这些使其产品在市场上独具个性。

蕉下的团队主张也印证了其精致生活的价值定位：

一是设计团队。咖啡、团队、灵感、激情，是该团队的标签。对一切抱有好奇心，是完美主义的追求者。奉行世界上唯有改变，才是永恒不变的理念。

二是品牌团队。以奢侈品的思路打造消费品，带给消费者不断的惊喜与绝佳的体验。以品牌为荣耀，以体验为生命。

三是研发团队。将复杂的设计变为简单的使用，将跨界的技术综合运用，将不可能变为可能。

四是供应链团队。对材质精挑细选、严格把关，对工艺极致苛刻、力求完美，对货品流转深入研究、提升效率。

（3）渠道通路。

生产蕉下伞的香港老字号制伞厂创办于 19 世纪末，是香港最早的纯手工制伞厂，其最早引入德国制伞辅助机器，对品质严格要求，认真做好每一把伞，因此倍受消费者的认可。自 2000 年始，制伞厂的产量多年稳居全球第二。香港减字控股于 2011 年初正式完成对老字号制伞厂的全面收购。减字科技投入巨额的研发资金，在原先制伞厂的精湛技术和专利之上，反其道而行，在制作上重回纯手工制作，在各类结构、面料、涂层、处理工艺、材料等方面投入巨额资金研发和购买专利，推出了全新的蕉下品牌，使这个百年老厂重新迈上时代的舞台。蕉下伞在美国、英国、法国、日本、韩国等国卖到断货，eBay 上二手价格比原价高出好几倍，并且经常在各类明星的街拍中亮相，其背后百年制造商的制造工艺为其出色的销售表现打下了坚实的基础。

腾讯集团于 2021 年 3 月 7 日上线“腾讯惠聚”小程序，形式上类似于天猫商城，但本质上更注重于对品牌小程序的推荐。蕉下的明星商品小黑伞和蕉下商铺均第一批入驻，可以通过店铺页直达官方小程序，形成积极的引流作用。

（4）客户关系。

蕉下天猫店通过完善的会员体系提升消费者黏性。整个会员体系分为三步：新政策吸引新用户加入会员—使会员能够持续地享受特殊福利—激励消费与会员升级。

第一步，新政策吸引新用户加入会员。

非会员进入蕉下天猫店时，首页会出现一个抖动的红包图案吸引消费者的注意力，上面写着“10 元无门槛券，入会有礼”。点进去后会出现邀请入会的页面，并注明了相关会员权益。因入会是免费的，所以大部分用户看到这些红包、优惠券权益都会选择入会。

第二步，使会员能够持续地享受特殊福利。

会员福利有专属礼券（红包、优惠券）、专属客服（优先安排客服解决问题）、积分享兑（积分换商品）、优先退款、生日礼遇、15 天退换（比非会员多了 8 天）、直升铁粉、会员群聊（低价好物分析群聊）。蕉下可以通过推送相关信息让会员直接收到最新的会员福利信息和产品信息。

第三步，激励消费与会员升级。

入会只是第一步，更重要的是培养用户黏性使其长期在蕉下进行消费，以获取更多的用户剩余价值。蕉下天猫店通过消费积分换礼品、消费积分升级会员等级和每月推出不同的会员权益来培养用户黏性。

上述三步，实现了一个从拉新到留存再到传播的完整生态链。B2C 会员维护模式离不开 AARRR 模型。AARRR 分别对应的是获取（Acquisition）、激活（Activation）、存留（Retention）、收益（Revenue）与推荐（Referral），是可以应用到所有平台的客户关系维护模式。不仅要能够设定政策拉到新用户，同时还要不断地刺激促活，减少流失并实现变现。还可以通过相关的激励手段促进传播，如老用户带新用户，实现裂变。

（5）关键业务。

蕉下经过多年的发展，不断探索与革新伞的产品类别。蕉下的产品目标是研发制造科技产品以应对各种天气下的日常出行需求，提供都市的户外天气对策，从身体防护类产品入手，令每一位使用者都能从容面对各种天气变化，升级与“天气”相关的生活方式。

蕉下天猫店中的每一个产品，都会有较长的篇幅介绍其科技和工艺，不仅使消费者放心，更是在诸多同类产品中体现了其产品的差异化和核心竞争力，这也是其价格高出同类产品几倍仍有众多消费者愿意买单的原因。

蕉下天猫店的产品有超过十个一级目录，一级目录下还有多个二级目录。因产品目录分类根据时令季节常有变化，因此我们可以根据产品功能的属性将其分为两类，即“抵御寒冷类”和“抵御高温类”。

因为有从 2013 年便十分获得市场认可的产品防晒伞作为先例，所以大多数消费者对蕉下相关类别的产品都有着延续下来的信任。这样紧紧围绕一个主题而展开的产品业务模式便不会出现品牌产品定位模糊不清使消费者怀疑其产品性能的情况，反而是借力之前的市场认可度推广了新的产品。

（6）营销模式。

与大多数“网红”品牌的营销套路相似，蕉下的走红同样是通过“明星 + 网红”的流量曝光方式，激发人们想要和他们拥有同款产品的心理。心理学上称，人们可以通过获取与自己的理想、自我目标紧密相关的事物来象征性地缩小自己与理想的距离。而精致的女明星和漂亮的女“网红”正是众多女性希望靠近的样子，所以买同款的行为就是典型的象征性的自我实现。

自 2013 年起，蕉下的小黑伞便通过和众多一线流量明星合作，在伞界掀起了一场时尚新浪潮。众多明星纷纷拿着小黑伞拍照，被网友们戏称“半个流量圈都在为蕉下代言”。

在网红营销和直播带货上，蕉下也一直走在前沿。自 2018 年开始，蕉下已经与头部主播合作，各类产品在直播间接连上播，种草广告一度“刷屏”B 站、小红书、微博等社交媒体平台。蕉下天猫店热销的胶囊伞和“果趣系列”伞都上过李佳琦直播间，月销量都突破 2 万，带货效果十分显著。

2.2.3 天猫平台提供技术支持

蕉下天猫店是天猫平台众多店铺的缩影，其运营技术、支付体系、安全保障离不开天猫在背后强有力的支持。

蕉下在 2020 年的“618”“双十一”“双十二”等活动中大获成功，销售额创历史新高，这离不开阿里云技术。2015 年，阿里集团宣布对阿里云战略增资 60 亿元，用于国际业务拓展以及云计算、大数据领域基础和前瞻技术的研发等。支付宝蚂蚁花呗、金融级自研数据库 OceanBase、混合云管理技术、异地多活数据中心、大数据处理平台、数据可视化大屏等多项自主研发的关键性技术，使得阿里的购物平台能够成功在一天之内承受数亿交易额的数据压力。

在“双十一”等大规模促销活动期间，天猫核心交易链条和支付宝核心支付链条的部分流量，直接切换到阿里云的公共云计算平台上，通过将公共云和专有云无缝连接的模式全面支撑“双十一”。从技术层面来看，各种电商购物狂欢节成为一场场全球大规模的混合云弹性架构实践。阿里巴巴集团成为全球大型互联网公司中首个将核心交易系统放在云上的企业。

在信息安全方面，阿里云安全团队通过数据模型实现了 DDoS（分布式拒绝服务攻击）检测，完成了天猫的全站 HTTPS（超文本传输安全协议）加密传输，电商平台从客户端到服务器之间全程加密，可以有效保护消费者和商家信息不被第三方劫持。

2.2.4 小结

蕉下借力明星造势与网红宣传，自 2013 年的第一个产品小黑伞起就获得了较高的市场认可度。凭借其较高的产品颜值与科技赋能，使其虽然价高，但以轻奢的定位稳稳地获得了众多有经济实力的女性消费者的芳心。

蕉下并不止步于防晒，而是利用其产品与“天气”相关的定位来不断拓展商品品类，并始终与时下热门明星和头部主播紧密合作，打响品牌认知度，在竞争激烈的生活用品市场立稳了脚跟，并不断创新产品、不断前进。

2.3　网易严选

2.3.1　发展历程

网易严选是网易公司于2016年4月推出的B2C电商平台。平台深度贯彻“好的生活，没那么贵”的品牌理念，通过直连供应商与消费者，全程把控工艺生产环节，为消费者提供高品质、高性价比的商品与服务。

作为一个仅凭“一条毛巾”发迹的电商品牌，网易严选2016年上线时仅有数百个SKU（Stock Keeping Unit，最小存货单位），商品品类极其有限。然而在不到一年的时间内，网易严选SKU逐步丰富，基本覆盖全品类生活用品，包括居家、餐厨、服装、洗护、饮食等各个方面，至今已在竞争激烈的综合型B2C电子商务平台已取得一席之地。

根据Quest Mobile发布的《2020中国移动购物行业“战疫”专题报告》，2020年春节假期，网易严选微信小程序日活跃用户规模比平日增长了12万，日活跃用户数量增量位列移动购物电商平台第四。

2.3.2　商业模式

国内的B2C电商在网易严选出现之前的业务模式主要有两种，分别是以天猫为代表的平台模式和以京东为代表的自营模式。而网易严选的出现代表了第三种模式——品牌模式，也可以称为品质电商。

品质电商和传统卖货型的电商有一定的区别。传统的电商是将供应商的商品通过网络平台提供给需求方，而品质电商则是渗透到上游的供应商和供应链管理，强调平台自主选品，对产品质量进行严格把控，在自有平台或者第三方平台内销售自主品牌的商品，是一种新型的电商模式。

（1）客户细分。

随着中国GDP的增长，中国中高收入人群的比重越来越大。21世纪经济研究院数据显示，2019年万亿GDP城市人均可支配收入排名分别为上海、北京、深圳、广州、苏州、杭州、南京、宁波、无锡、佛山、武汉、青岛、天津、郑州、重庆，人均可支配收入最高达69 442元。中高收入人群不再那么注重价格优势，对商品的品质、服务有着更高的要求，在精神层面的消费支出越来越大。比如，一个沙发不再仅仅是被赋予能坐的使用价值，而是被用来满足消费者生理上和心理上的享受需求。沙发不仅要坐得舒服，同时必须美观、具有设计感等，以满足心理上的享受需求。

部分年轻人“消费升级”的步子并不大，更多追求的是用较低的价格享受高质量的生活。这种高质量的生活可以是真丝的床单、纯棉的夏凉被，也可以是样式精美的收纳袋和手机壳。在这些“高品质”商品面前，他们可以接受比同类产品稍高一些的价格和比同规格产品略逊的质量。

这部分人正是网易严选的目标对象：既有经济实力又有网购习惯的年轻群体。

网易严选将价格基本控制在百元左右，同时能使消费者得到品质和品牌的保障。这样的细分人群需求也反映在了网易严选的口号上——好的生活，没那么贵。

百度指数上网易严选的关注人群画像也印证了网易严选的客户细分策略，关注人群排在首位的省份都是 GDP 位列靠前城市的所属省。第一到第十名分别是广东、北京、浙江、上海、江苏、山东、湖北、四川、福建、河南。

（2）价值主张。

网易创始人是个很有情怀的人，从有道云笔记和网易云音乐、网易课堂等产品可以看出其对产品的极致要求，产品具有自身的特色，走差异化路线，并能引起人们的共鸣。

2019 年 10 月，网易严选迎来新任 CEO，其在年会上明确提出了网易严选的目标是成为“为中国消费者提供美好生活的国民品牌”。以严谨的态度，为中国消费者甄选天下优品。

网易严选的价值主张围绕以下四点展开：

一是少品类。帮助用户快速作出选择，传达“好的商品是少数”的概念，严格控制 SKU 的数量。

二是高品质。商品的质量经过层层筛选，回归产品本身的使用和价值。

三是高颜值。设计风格为系列化简约风，商品辨识度很高，用户能够迅速将其跟其他电商平台的产品区分。

四是较低价。产品直接从工厂到网易平台，减少了中间很多环节，大大降低了成本，中间没有品牌溢价。

（3）渠道通路。

网易严选是国内首家引入 ODM（Original Design Manufacturer，原始设计制造商）模式的平台，在一炮而红获得市场验证后，其前期的高速发展也吸引了小米有品、京东京造、淘宝心选等平台相继入局。

ODM 指的是厂商根据客户对产品的外观设计要求与内部规格设计要求来制作不同价格、不同规格、不同形态的产品供客户选择（见图 2－2），贴的是客户的牌子，用的是自己的制造商的内核。ODM 模式在手机制造业里很常见，像红米、荣耀系列等手机都是由知名的 ODM 厂商（闻泰、龙旗）来设计并委托给富士康、英华达这种专业厂商制造。在 ODM 模式下，产品从设计到生产全部由制造厂商负责，而对于上流的供应链，网易严选只负责厂商的挑选以及产品的品质把控，这样企业能够省时、省力、省钱。

目前网易严选已经形成完善的挑选体系，在企业架构中有着百人单独的部门，分别从准入资质、商业信誉、生产能力、质量保证、服务能力五个方面来挑选 ODM 合作商。合作流程共七步，分别为：资质审核及现场考察→确认合作→签订合同→网易严选提出商品要求→研制商品并制作样品→网易严选确认商品→生产上架商品。网易严选在挑选制造商的时候大部分倾向于知名一线品牌的供应商，如 CK（Calvin Klein）、新秀丽（Samsonite）、MK（MICHAEL KORS）等。

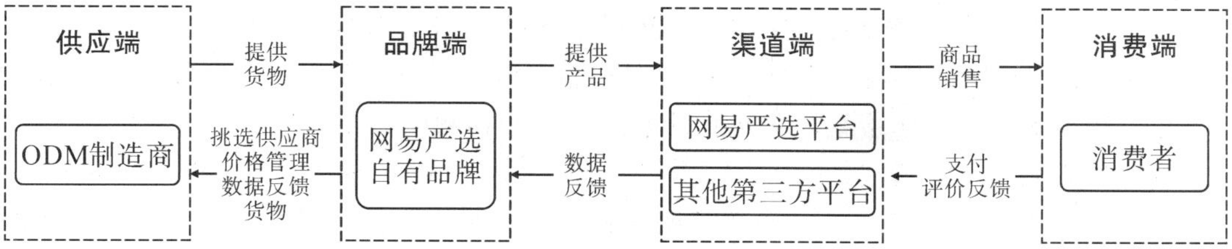

图 2-2 网易严选 ODM 运营模式

(4) 客户关系。

根据艾媒咨询发布的《2018 中国新消费专题研究报告》，在精选电商主流平台中，网易严选的新消费电商指数达 7.45，处于领先位置，淘宝心选和京东京造分别位列第二和第三，指数为 6.68 和 6.58。与此同时，52.1% 的用户对网易严选有所了解，为各精品电商平台之首。网易严选还是受访用户使用过以及使用总体满意度最高的精品电商平台，使用率及满意度分别是 44.1% 及 8.25。

在网易严选的模式下，消费者购物的品质和服务得到极大提升，并且因为 SKU 较少，挑选时间被革命性地缩短。在产品服务上，网易严选首创电商行业“30 天无忧退货”政策，对所有顾客开放退换货免费上门取件的政策，40% 以上的用户可以实现当日达或次日达，85% 左右的包裹可实现 3 日内送达。

(5) 定价模式。

ODM 模式下的网易严选平台能够很好地满足目标消费者“相同的钱想买到更好质量的商品”的心理。

ODM 模式能够最大限度地通过减少品牌溢价和减少中间商来提高利润。传统的品牌商品，出厂后价格居高不下的原因有两个，一是品牌溢价，二是弥补中间流通环节产生的成本。这也就导致消费者最终需要花数倍高于出厂价的费用才能购买到产品。

网易严选作为品牌端，由于掌握了产业链上游的设计与制造环节，便拥有了更强的定价权。一般拥有定价权的 ODM 模式，比自采自营模式享有更高的毛利。当平台的品牌影响力足够强大，可通过掌控上游供应链与产品的设计生产工序来减少中间环节的溢价，将更多利润让渡给消费者，再通过口碑评价强化平台价值与购买认知形成闭环。这一点在美国亚马逊平台上已经得到验证。

总的来说，网易严选的商品定价方式为：成本价 + 增值税 + 邮费。去掉高昂的品牌溢价，挤掉广告公关成本，摒弃传统销售模式，使得价格回归理性，让消费者享受物超所值的品质生活。

(6) 核心资源。

网易严选的成立最初由网易的邮箱部门发起，因此绝大部分流量都来自网易邮箱和门户等自有流量。只要一打开网易门户网站首页或登录网易邮箱，就会弹出网易严选的广告，常常是一双拖鞋，或者旅行箱之类的家居用品。在使用网易邮箱发送邮件成功后，又会弹出网易严选的广告。由于邮箱是高频应用，因此比较适合网易严选这种新的互联网品牌的打造，因为广告需要重复才能产生效果，当用户看到第 20 次、30 次广告的时候，往往会忍不住点进去，这也就达到了导流的目的。

在邮箱业务上根植数年的网易，截至 2019 年第四季度，网易邮箱总有效用户数达 10.3 亿，远高于我国 7.31 亿网民规模，这也意味着中国网民人均拥有不止一个网易邮箱，每个用户一天至少能看到一次网易严选的广告。

（7）关键业务。

网易严选从 2016 年的“一条毛巾”发展至今已有多种品类的商品。平台通过分类模块来帮助消费者进行商品选择，向用户进行个性化推荐。分类模块将商品划分为 14 个种类，在每个子类下面都有专门的推荐模块以及二类商品种类，满足消费者对于产品丰富以及进一步细分产品类型的需求。

（8）重要合作。

网易严选的合作伙伴分三类：

第一类为顺丰快递。网易严选采取顺丰直邮的方式以提升客户购物体验。

第二类为品牌商家和第三方电商平台。网易严选跟各大品牌合作，保障了品质和设计，同时入驻第三方电商平台销售自有品牌，扩大销售面。

第三类为“场景化”平台。例如，网易严选跟亚朵酒店合作，用严选的商品布置出高级网易严选房，通过线下体验的方式吸引客户。

网易严选自上线以来的部分重要合作如表 2－2 所示：

表 2－2　网易严选自上线以来的部分重要合作

时间	合作内容
2016 年 4 月	正式上线
2017 年 8 月	和亚朵酒店正式揭幕二者跨界合作的“亚朵·网易严选酒店”
2017 年 9 月	携手万科泊寓推出“14 天改造家”计划
2018 年 2 月	携手“饿了么”献演“不打烊联吃晚会”
2018 年 6 月	合作“有家民宿”，布局 5 000 套“严选 HOME”民宿
2018 年 9 月	入驻天猫、京东、拼多多、网易考拉等各大电商平台
2018 年 12 月	首家线下店在杭州西湖边正式开业
2019 年 1 月	屈臣氏旗下子品牌“Watsons +”跟网易严选联名的首家电商联营店在广州亮相 网易严选携手“文轩 BOOKS”在成都推出一系列名为“新中产的书房”的场景化阅读空间
2020 年 4 月	与罗永浩合作，让罗永浩为网易严选直播带货

（9）营销模式。

网易公司的营销一直因为其别具一格的特色和深度的情怀而在业界独树一帜，多次赢得消费者的好感。

以 2020 年疫情期间的公交站台广告为例。大多数行人不会特意留心观看公交站牌的广告，但网易严选的这一张公交站牌广告，文字温暖人心，使得行人们纷纷驻足。这让我们看到了这个企业在疫情期间的社会责任感（见图 2－3）。

图 2－3　网易严选 2020 年疫情期间公交站牌广告

不难看出，网易严选广告团队具有优秀的应变能力。因为疫情，其大量投放的实体广告都可能付之东流，但是该团队巧妙利用情绪唤醒的心理学方法，将原本可能毫无效果的公交站广告变成了一个“爆点”，使得消费者对于网易严选品牌产生深刻的印象，对其好感直线上升。

在 2020 年“双十一”各大电商平台都在搞复杂玩法和加大营销力度时，网易严选官方微博发出了名为“今年‘双十一’，我们将退出这场大战”的公告。在公告中，网易严选宣称“我们要退出的是这个鼓吹过度消费、为销售数字狂欢的‘双十一’”。网易严选表示本次“双十一”不搞复杂的优惠玩法、不发战报、不再为销售额开庆功会，同时宣传了网易 2020 年“双十一”“搞定了全年最大力度补贴”。这条微博与图片中的文字内容独树一帜，成为电商平台“双十一”活动中一道独具特色的风景线。

2.3.3　多版迭代优化产品技术

网易严选 App 自 2016 年上线以来经历了多版产品的迭代，一直在不断完善与优化产品功能与用户体验。网易严选 App 的下载总量一直呈上升趋势，证明该产品在稳定地发展。

具体产品功能迭代优势特征如表 2－3 所示：

表 2-3 网易严选 App 版本迭代（2016 年 4 月至 2020 年 8 月）

时间	版本	亮点内容	说明
2016 年 4 月至 2016 年 7 月	1.0+	新品首发；人气推荐；制造商板块；商品详情页“大家都在看”；礼品卡功能；品牌制造商页面	验证用户需求，完善产品基础功能
2016 年 8 月至 2017 年 5 月	2.0+	商品预售；会员体系；阶梯提价；猜你喜欢；限时购买；学生认证	持续优化和丰富产品功能的同时，搭建运营工具，持续拉新，提升用户留存率
2017 年 6 月至 2018 年 5 月	3.0+	在线换货；幸运刮奖；星级评价；甄选家人入住；AR 功能	
2018 年 6 月至 2019 年 9 月	4.0+	购物津贴；礼品转赠功能	
2019 年 10 月至 2020 年 8 月	5.0+	品牌 Logo 设计	产品成熟，功能优化

2.3.4 小结

网易严选被称为“中国的无印良品”。DT 财经曾针对网易严选作过一篇分析，从数据中得知，网易严选和无印良品都诞生于国家经济增长放缓时期。自 1979 年开始的第二次石油危机之后，日本经济增速开始下滑。现在，中国也正在经历 GDP 增速放缓的新常态。通常在这样的阶段，国民消费观念会趋于理性，高性价比、无品牌或没有品牌溢价的商品更为走俏。而网易严选正是迎合了这样的消费趋势。

2016 年，李克强总理在《政府工作报告》中首提“工匠精神”，同年 5 月在国务院常务会议的会议新闻稿中首次出现“品质革命”，“品质”一词首次走入人们的视野。随后在商务部联合有关部门发布的《电子商务“十三五”发展规划》政策文件中，明确提出要鼓励发展品质电商、品牌电商，进一步发挥电子商务引导生产、引领消费的积极作用。这也是在国家政策中首次提出品质电商概念，且品质电商被正式纳入政策鼓励范围。

网易严选作为国内首家品质电商平台可谓独领风骚，虽然在政策支持的背后还有小米有品、淘宝心选等竞争者的加入，但网易严选将会延续自己差异化的情怀与风格，不断布局线下场景化电商，完善整个生态链。

2.4 拓展阅读

成立不到 1 个月 苏宁易购“云网万店”60 亿元融资意欲何为

2020 年“双十一”，苏宁易购集团股份有限公司发布重磅消息，设立全新子公司——云网万店科技有限公司。苏宁易购公告显示，公司以控股子公司深圳市云网万店科技有限公司为主体，对苏宁易购互联网平台业务进行整合重组。

本质：战略升级，开放赋能实体经济“数字化”浪潮。

苏宁易购此举并非一时兴起，而是其十余年来在电商化、智慧零售和生态体系打造后的“厚积薄发”，云网万店是它的内部资产重组衍生出来的子品牌和业务。数字经济是零售行业一个大趋势，苏宁经过多年的互联网化的转型，通过大量投入，积累了大量如供应链、物流、云服务等一系列零售业数字化的基础设施，可以通过云网万店标准化、模块化、产品化的方式开放输出给线上线下商户、制造和流通企业、本地生活服务商家等外部企业。

意义：“双管齐下”发力产业互联网

这意味着苏宁易购从过去的C2C零售综合电商，转向C2C和B2B“两条腿并进”的战略性重大升级。B2B是指利用互联网连接企业与企业之间商品流通，提升产业链与供应链的协同效率。苏宁易购发布公告称：“通过多年互联网零售运营，形成的零售基础能力将实现全面开放赋能，尤其是能够为越来越多的线下中小微零售商提供零售云科技赋能服务，带动产业互联网协同发展。”这无疑预示着苏宁要发力产业互联网，通过它的基础设施、工具、资源等，来给这些实体的制造和流通企业输出赋能。

市场：风口更看好“供应链型公司”。

苏宁易购无疑有把握输出其核心供应链，它不仅在大家电和3C品类上有着相当的话语权，还有“看不见”的仓储、物流、安装、售后等供应链体系，进而赋能给零售商。苏宁易购在供应链、物流、金融、云服务等诸多板块，都有着“异曲同工”的机会。因此，不仅资本市场看好大的零售商作后端，现在市场上的资源“共享经济”也是这个道理。

资料来源：微信公众号“电子商务研究中心”文章《成立不到1个月　苏宁易购“云网万店”60亿元融资意欲何为》。(有改动)

2.5 思考题

1. 蕉下在2013年凭借小黑伞一炮打响之后，品牌的长期运营非常成功，请总结其成功要点。

2. 网易严选的迅速崛起及成功之路有哪些决定性影响因素？

3　O2O 电子商务

【知识框架图】

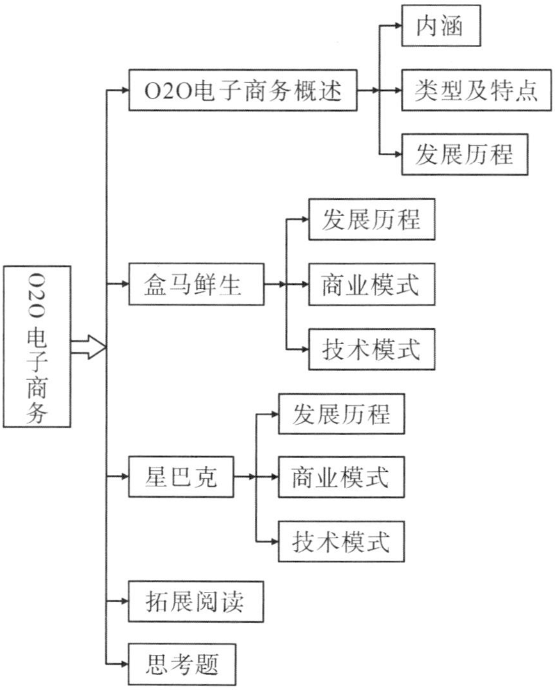

【学习目标】

知识目标：

理解 O2O 电子商务模式的概念及特征。

掌握 O2O 模式和“新零售”的关联及区别。

技能目标：

掌握 O2O 模式的产品设计理念及实践。

能自主完成 O2O 模式的应用分析及实操演练。

情感目标：

掌握在“互联网 +”背景下，O2O 模式经历的商业场景化创新。

掌握在新经济时代，“新零售”对持续发展的影响。

【先导案例】

O2O 下沉新趋势：苏宁零售云门店全国突破 4 000 家

在 2019 年的零售云合作伙伴大会上，苏宁易购集团副总裁顾伟表示，3.0 模式升级供应链、组织、运营、打法、服务、金融等能力，对零售云门店进行全面的数字化赋能，线下打造县镇市场的高效率门店、线上接入苏宁易购全场景全品类，实现全渠道下沉。9 月 20 日，全国第 4 000 家门店的落地，意味着苏宁零售云已进入新一轮的成长阶段。

近两年来，随着新零售、智慧零售等概念兴起，关于 O2O 的讨论不绝于耳。作为起家线下、转型线上，而今双线融合发展的代表，苏宁俨然已成为智慧零售的领军者，苏宁零售云则是其在低线市场的 O2O 成功实践。

接入苏宁拼购供应链体系的“云店铺”，通过社群分享，体量更庞大，流量运营更成熟，在县镇以熟人消费为主的市场，融合实体门店和社交电商的双重优势，成为苏宁零售云打开低线市场全品类下沉的“新武器”。

据了解，云店铺以虚拟货架的形式陈列海量商品，并支持店主线上分享、线下引导下单，真正构建起以 4 000 个零售云门店店长为核心、本地居民为用户社群的私域流量圈，同时基于 LBS（基于位置服务），苏宁的“公域流量”也会覆盖零售云加盟商，并结合苏宁物流、售后等服务在下沉市场的布局，真正实现苏宁公域流量与店主私域流量共振，围绕用户形成“全生命周期”的产品和服务体系。

“赶上中秋节，一下午卖了 60 套大闸蟹。”江苏徐州黄集店的李老板称，推广大闸蟹、纸品等应季及生活产品，一方面是通过更多品类带动流量和销售，另一方面就是实现高频快消与低频家电的相互转化，提升坪效。

值得一提的是，苹果新款手机也在当天正式开卖，凭借全国 4 000 家门店及线上云店铺的双线优势，已有不少零售云门店第一时间将新机带到了县镇市场。据了解，零售云门店店长一般都会有至少两个几百人规模的社交群，通过云店铺和云 POS 即可快速分享应季或特价商品。因为有门店背书或是熟人推荐，那些高频的商品同时能带动门店家电和手机的销售。

业内人士分析，基于全国 4 000 家门店的规模，苏宁零售云或已搭建 1 ~2 万个社群，有望覆盖全国 500 万人，而 1 万多名店员每天的社交分享也有望超过 10 万次。同时，相较于传统社交电商，零售云的云店铺因为有门店、品牌和老板的信任背书，在流量运营、服务体验等方面更能实现用户的留存和转化。

据了解，目前零售云在各个地区均已设置专门的社群运营专员，同时通过线上教学和线下集中培训以及到店带教等方式让零售云门店店长、店员等都能成为县镇里面数一数二的“KOL”（关键意见领袖）和社群运营专家。

“无论是门店动销，还是云货架、云店铺社群营销，零售云的供应链和渠道能力，都可以支持老板们动动手指下单，‘一键’ToC（面向个体消费者），从根本上解决传统零售的库存、周转、供应链和物流等问题。”苏宁零售云集团总裁助理刘怀力表示，未来将在更多县镇市场推广门店线上线下融合，拓展非电品类，在下沉市场构建一条最完整、最高效的O2O工业品下行通道。

据悉，苏宁零售云还开启了“三城攻略”，推进零售云门店进入县镇建材城、家具城、装饰城等，加强与关联业态的联动，持续催发县镇成熟商业生态圈的消费活力。

资料来源：联商网. O2O下沉新趋势：苏宁零售云全国突破4 000家［EB/OL］.（2019-09-20）［2021-12-05］. http://www.linkshop.com/news/2019432598.shtml.（有改动）

【拓展思考】

1. 根据案例思考苏宁零售云快速扩张的关键。
2. 苏宁零售云的成功能够为未来电商零售提供哪些参考借鉴?

3.1 O2O电子商务概述

3.1.1 内涵

线上线下（Online to Offline，简称O2O）电子商务，是一种将线上渠道和线下渠道有机结合的电子商务模式。它是指服务提供方在线上营销，促使用户在线上购买及支付，从而带动线下经营和线下消费的商业模式，即将线下商务机会与互联网技术结合在一起，让互联网成为线下交易的前台。

3.1.2 类型及特点

O2O面向的是同时包含线上与线下业务或社区的企业，共有四种线上线下组合模式，具体包括：

第一，线上社区+线下消费/社区。这是一种必须到线下进行消费的O2O模式，线上进行信息展示、互动交流并开展优惠促销活动等，引流至线下。这种模式适用于必须到现场消费的场景，如酒店、餐饮及其他领域。

第二，线上消费/社区+线下社区。这是一种只在线上销售的O2O模式，线上还有在线交流或开展促销的职能，线下的职能为现场展示及面对面交流互动。这种模式无线下门店，是仅开设线上商店的单一的线上电子商务模式。

第三，线上消费/社区+线下消费/社区。这是一种线上与线下同时进行销售的O2O模式，线上与线下都有交流互动的需求，同时线上与线下还可以分别开展优惠和促销互动。这种模式适用于线上有售卖渠道且线下有门店的模式。

第四，线上社区+线下社区。这是一种无销售业务的O2O模式，适用于同时需要线上和线下交流互动及营销的社交平台。

3.1.3 发展历程

O2O 的原型基于 2006 年沃尔玛提出的 Site to Store 战略。消费者在线上商城下单及支付，便可以到任意一家沃尔玛连锁店提货。2012 年 TrialPay 创始人 Alex Rampell 总结出了 O2O 的概念。

O2O 模式最开始受到线上模式的公司的青睐。随着 Groupon（高朋网）火爆全球，O2O 模式被越来越多的人关注。许多新创公司都开始布局 O2O 领域。国外运作比较成功的 O2O 模式的网站有 Uber、J. Hilburn、Jetsetter、Zaarly、Getaround、Trunk Club 等。携程、大众点评网为国内最早的 O2O 模式平台。

O2O 模式的发展经历了以下四个阶段：

第一个阶段为线上线下初步对接阶段，利用线上聚流功能将资源导入线下，线上发挥平台展示功能、线下发挥交易功能。

第二个阶段为以线下为主、线上为辅交易阶段，以线下为主导，线上仅发挥辅助功能，线上线下不同款不同价，线上仅作为次级品的销售场所。

第三个阶段为线上线下平行阶段，即线上线下同价同款，同时作为两种不同的销售形态而存在。

第四个阶段为线上线下深度融合阶段，以数据为核心，以先进技术为支撑，实现线上线下资源全面整合，多业态叠加，全链路打通，如盒马鲜生的“线上＋线下、餐饮＋商品、标品＋非标品”的综合零售形态。

在 O2O 模式发展的各阶段，线上和线下的业务侧重各不相同。而经历四个阶段的变迁，可以看出在未来线上和线下深度融合是 O2O 模式纵深发展的趋势。线上或线下的调整不再是独立发生或者牵制另一方的障碍，双方的融合发展也将带动 O2O 模式的创新。

3.2 盒马鲜生

3.2.1 发展历程

盒马鲜生成立于 2015 年 3 月，是阿里巴巴旗下的生鲜新零售业态。区别于普通业态的 O2O，盒马鲜生运用大数据、移动互联网等核心技术，自建现代物流体系，采用线下门店（超市＋餐饮）＋线上模式，吸引客流量，再将线下顾客引流到线上。这种模式融合了线上和线下渠道，为消费者提供个性化、便捷性、场景化的生鲜消费解决方案，以“零售＋餐饮”重构了场景化业态。

盒马鲜生经历了三个阶段的迭代发展：第一阶段推出盒马鲜生标准门店，以“线上＋线下”“电商＋堂食”的模式，颠覆了传统零售卖场的单一资源的组织模式，引发了社会的广泛关注和行业的模仿跟进；第二阶段由标准门店分化出适用于不同场景、兼具不同功能的门店，如主打办公场景的盒马 F2，在坚持模式创新的同时，探索精准定位下的多样模式；第三阶段在证明基本商业模式的可行性后，盒马鲜生进一步拓展到菜市、前置仓、生鲜超市等零售业态，且不断迭代及细化，以达到“千店千面”的发展目标。

盒马鲜生的业绩也颇为亮眼。根据阿里巴巴集团披露的财报数据，截至2020年6月底的销售季度，盒马鲜生成交总额的线上渗透率持续超过60%；截至2020年9月30日，盒马鲜生在中国大陆的门店数量为222家，主要分布在一、二线城市。截至2020年9月30日的12个月，盒马鲜生的年度活跃消费者超过2 600万。

3.2.2 商业模式

（一）战略目标

盒马鲜生作为新零售，借助大数据、AI、云计算等信息技术的革新，推动技术边界线的移动，从而实现在既定价格水平下提高服务水平，即便捷性服务水平、体验性服务水平的提高，或者在既定零售服务水平下，支付相对较低的价格，即为消费者提供较低价格的同质产品，从而带来消费者价值的提升，吸引更多消费者购买，零售企业获得超额利润。

同时，盒马鲜生也是阿里集团布局新零售的重要战略步骤。阿里研究院认为“新零售是以消费者体验为中心的数据驱动的泛零售形态”，本质是为消费者提供超出期望的内容，重构人、货、场。而盒马鲜生则是阿里巴巴集团探寻“以消费者体验为中心，具有网络协同和数据智能特征，追求系统最优的高效化和低熵化”的零售模式。

（二）目标用户

盒马鲜生的目标用户为年龄在25～35岁的年轻消费群体。这个群体具有中等偏高的消费能力，注重生活品质，看重服务质量，对价格敏感度较低。因此，盒马鲜生在产品选品、场景营销、配套服务等方面充分迎合了目标用户的需求，如生鲜品类深入产地直采，统一包装，确保产品新鲜且品质优良；设置餐厅和提供食材处理服务，以满足消费者用餐的需要。同时，因为此部分人群也有高频的移动支付购买行为，只要他们能认可盒马鲜生品牌的线下体验，就更容易被转换为线上消费用户，从而使得盒马鲜生获得更多的线上流量。

（三）盈利模式

在线下门店，盒马鲜生借助帝王蟹等高性价比海鲜吸引客群，依托多场景融合，尽可能延长顾客在店内的停留时间，进而通过销售其他中高档商品盈利。资料显示，盒马鲜生门店SKU近5 000个，综合毛利率为18%～23%，但海鲜水产SKU不足130个，占比仅2.51%。在线上，盒马鲜生布局上万款SKU聚焦长尾，用丰富的品类满足用户消费全需求，而线下体验店则聚焦中高档“头牌”，满足用户即时购物的需求，为线上引流。2018年的数据显示，一间成熟的盒马鲜生门店（经营1.5年以上），单店日销超80万元，折合每平方米坪效超5万元，远高于传统生鲜超市，其中线上销售额占比达60%，远超线下销售额。

（四）运营理念

1. 线上、线下结合

根据消费者需求理论，线上和线下的结合能满足消费者的多样性需求。盒马鲜生基于大数据、云计算等技术，深度融合线上平台及物流系统、实体门店，实现数据同步与共享，构建出数据化、专业化、标准化、流程化、系统化的运营体系。

在线上门店的运营中，盒马鲜生采用了打造社区平台“盒区生活”和限时配送的模式。

（1）社区平台“盒区生活”。

盒马鲜生线上打造了社区平台“盒区生活”：通过区域、兴趣、爱好等构建粉丝社区群，顾客可发表动态、分享商品信息，群管理员也会在群里发布优惠信息和活动等。这一举措迎合了年轻客户群的社交需要，增强了品牌认知度。

（2）限时配送。

用户在 App 上下单后，门店立即分拣打包并配送，配送范围 3 公里内的，商品将在 30 分钟内送到用户手中。从拣货员开始拣货到货物被传输到物流区合单，加上后台合单，打包装箱，门店出货的时间在 10 分钟以内。同时，盒马鲜生还在开发优化拣货路径的工具，以将此环节的效率提高到极致。

在线下门店运营中，盒马鲜生采用了店仓一体、“生鲜超市 + 餐饮服务”、打造高品质产品体验的模式。因为生鲜商品具有非标准化的性质，因此消费者在选购时的用户体验就显得尤为重要。实体店的优势在于消费者可以直观地接触商品，这是线上平台所不具备的。通过在实体店的体验和推广，可以将更多的消费者转移到线上平台。

（3）店仓一体。

在店仓一体的模式下，盒马鲜生线下店作为自营前置仓，承担线上仓储配送的功能。同时，线下门店也以生鲜超市、餐饮店、便利店多种业态混合模式进行运营。在前店后仓模式中，后台设置合流区，前后台通过自动化运输系统连接。

（4）“生鲜超市 + 餐饮服务”。

盒马鲜生线下店设立各类餐饮堂食区，集多种功能为一体，被称为“是超市、餐饮店，也是菜市场”。顾客可以到店挑选，也可以在线上挑选商品交给店员烹饪并在门店内就餐。

（5）高品质产品体验。

盒马鲜生线下门店更为注重通过打造高品质消费体验来赢得顾客的信任。“生鲜商品均统一包装、无散装售卖、不支持拣选，提供净菜”体现出了盒马鲜生对产品品质优良的要求。

2. 围绕“吃”构建消费场景

盒马鲜生的场景化运营的重心是“吃”。在门店布局时，盒马鲜生将主打特色产品放在入口位置，以龙虾、帝王蟹等产品给用户以强烈的视觉和心理冲击，吸引顾客进店，而门店也提供食材的烹饪服务及独立的餐饮服务，通畅了从购买食材到食用的消费环节。除了售卖生鲜类原材料外，门店还售卖大量的半成品（如火锅套餐）、热食全成品、甜品小食、休闲零食等，能够满足以“吃”为核心的不同消费场景的需求。

3.2.3　技术模式

盒马鲜生的技术主要有线下门店自动化分拣、电子标签改价、购买及溯源和智能物流等。下面具体分析自动化分拣、电子标签改价、购买及溯源。

（一）自动化分拣

盒马鲜生线上 App 系统接收到订单后，订单将在盒马鲜生拣货员的手持移动终端上显示，其在获得订单信息后，及时到产品仓储区或是零售区对货物进行准备和包装，然后将相应的包装放置在传送起点。通过全自动物流传输系统，将包装传送到后台的产品合流区，后台将包装放到专门的产品配送盒中，并由配送员将产品按时送到顾客手中。如图 3－1 所示，为盒马鲜生自动化配送流程：

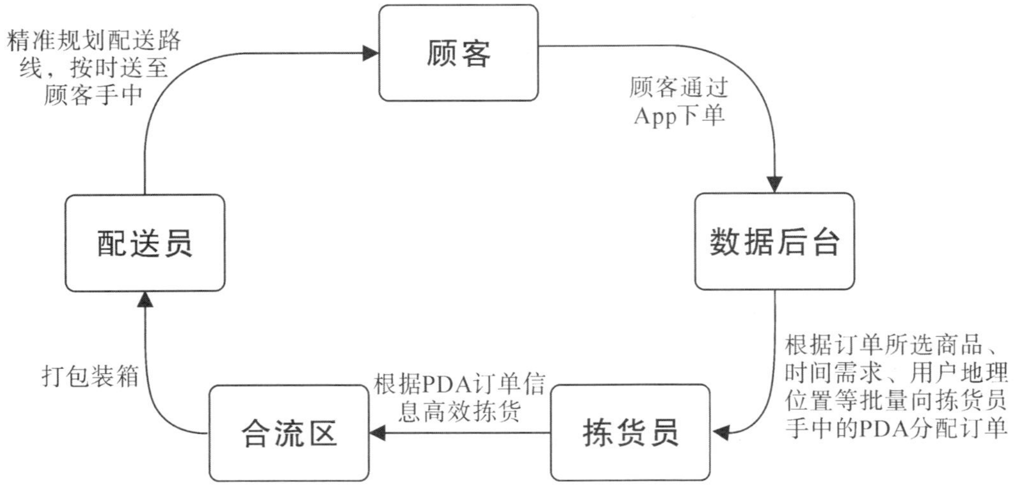

图 3－1　盒马鲜生自动化配送流程

（二）电子标签改价、购买及溯源

因为生鲜产品价格变化频繁，所以盒马鲜生采用电子标签对产品价格进行标注。在使用电子标签后，肉类、水产、蔬菜、瓜果等生鲜产品的价格由店员在后台进行更新，以此实现线上终端 App 与实体店面内产品价格的即时变更。使用电子标签，盒马鲜生还能有效解决纸质价格标签变价更新滞后、人力及纸张浪费等问题。

同时，盒马鲜生提供线下扫描商品标签，进行线上购买及产品溯源的服务。顾客可以使用 App 扫描商品标签上的条形码，在线上购买、分享商品及进行售前咨询等；若扫描商品标签的二维码，则可以查询产品溯源信息，包括产地、商品条码、供货单位名称及供货商资质证书等。带扫码功能的电子标签，成功将线下消费场景和线上购买及分享渠道连通，构建了立体的购买场景，并且通过“扫码即能分享”搭建了更为便捷的产品宣传途径；而扫二维码即可查询的“盒马食品安全追溯平台”，整合了产品的溯源信息，使产品供应商信息透明可查，搭建了一个让顾客放心的质保体系。

如图 3－2 至图 3－4 所示，分别为盒马鲜生“波士顿龙虾”产品标签、通过 App 扫描条形码显示的线上产品购买页面、通过 App 扫描二维码显示的该产品安全溯源信息。

图 3 - 2　盒马鲜生“波士顿龙虾”产品标签

图 3 - 3　通过 App 扫描
条形码显示的线上产品购买页面

图 3 - 4　通过 App 扫描
二维码显示的该产品安全溯源信息

3.2.4 小结

盒马是以数据和技术驱动的新零售平台，旨在为消费者打造社区化一站式新零售体验中心，用科技和人情味带给人们“鲜美生活”。盒马鲜生不但具有典型的综合创新属性，其演化过程还呈现出多维度的迭代创新特征。盒马鲜生以生鲜品类为切入口进行模式创新，缘于生鲜品类的独特性、行业痛点和需求特征等。从品类特征来看，生鲜产品具有高频刚需特征，但同时保质期短、产品损耗率高，且以非标品为主；从销售渠道来看，生鲜品类线上渗透率低，网点布局分散，流通环节加价多，整合空间巨大；从消费诉求来看，生鲜产品具有即时性、安全性和场景化、品质化等消费诉求。总体看来，盒马鲜生结合生鲜品类特征和行业发展现实，以传统模式无法弥补的需求痛点为突破口，基于消费者价值主张构建综合创新零售模式。盒马鲜生以线上、线下一体构筑起闭环商业逻辑，“线上+线下”满足消费即时性诉求，协同店仓一体资源，“超市+餐饮”满足场景化消费需求，增强互动引流，逆袭供给端的供应链、网络，满足品质化和安全性诉求，呼应中高端定位，同时打造品牌效应。

3.3 星巴克

3.3.1 发展历程

星巴克（Starbucks）是一家来自美国的连锁咖啡公司，也是全球最大的咖啡连锁店。星巴克成立于1971年，总部位于美国华盛顿州西雅图市。中国是星巴克在全球的第二大市场，截至2022年9月，星巴克在中国的门店数量达6 000家。

星巴克一方面格外注重用户体验，提供优质咖啡及打造“第三空间”，为顾客提供良好的咖啡消费环境；另一方面，星巴克注重利用互联网打造品牌影响力和维护用户关系。在“互联网+”的背景下，一些餐饮企业纷纷寻求O2O模式转型，借助社交化媒体进行营销推广。星巴克针对中国市场专门成立了数字创新部门，负责“星巴克中国”App的运营。

星巴克布局数字化和“线上+线下”融合发展的业务主要经历了以下流程：

（1）2012年2月，“星巴克中国”App推出，这标志着星巴克在中国市场正式迈上App营销传播之路。

（2）2016年底，星巴克和腾讯集团宣布战略合作关系，“星巴克中国”官方微信公众号推出“用心说”板块，成为微信礼品卡的示范者。

（3）2018年8月，星巴克和阿里巴巴集团达成新零售全面战略合作关系，合作内容涉及阿里巴巴旗下饿了么、盒马鲜生、淘宝、支付宝、天猫、口碑等多个业务线。合作一年后，星巴克也交出了不错的成绩单：根据2019财年第三季度财报的数据，星巴克数字业务增长亮眼，外送业务销售额已占总销售额的6%，与此同时，星巴克在中国拥有的活跃会员数提升至900万，较上季度增长达10%。

（4）2020年9月，“星巴克中国”与红杉资本中国基金达成战略合作，双方将携手开展战略投资，在新生代餐饮和零售科技方面进行商业合作，合力加速“星巴克中国”的数字化创新步伐。

3.3.2 商业模式

（一）战略目标

“星巴克中国”首席执行官为星巴克线上平台阐述的战略目标是：打通从第一空间到第四空间（生活空间—工作学习空间—线下零售门店—线上零售平台）的所有限制，为中国的顾客开启随时随地随心的一个全方位新零售生活体验。这个目标继承了星巴克原有的“第三空间”理念，即为顾客打造一个休闲、便利的线下空间，同时延伸至“第四空间”的维度，旨在破除用户购买行为的空间及时间上的障碍，将咖啡消费的场景搬到线上，从而使顾客的购买更加便捷、高效、迅速。

（二）产品与服务

星巴克线上全渠道平台的定位是星巴克新零售智慧门店。

1. 跨平台一站式体验

星巴克新零售智慧门店是一个集成式页面，消费者通过星巴克 App、淘宝、天猫或支付宝等任一终端均可访问，无须切换不同应用便可打开原本基于不同平台研发的“专星送”“用星说”和星巴克天猫旗舰店。“星巴克中国”高级副总裁、数字创新部门总经理刘文娟说：“星巴克想要做到的是消费者在哪里，我们就去哪里。”

2. 全平台会员统一

星巴克的会员制是其用户服务体系中的重要制度，而星巴克线上平台集成了跨平台的会员功能，消费者在星巴克 App、淘宝、天猫或支付宝均可获得星星（一种积分），兑换会员礼品。“星巴克新零售智慧门店将成为第一个以单一化使用路径，提供跨终端多元化服务的平台。”在此之前，消费者只能在星巴克门店和星巴克 App 上下单才能累积星星，兑换会员奖励，这显然不利于外卖等渠道销售的增长。为了鼓励消费者使用各种平台购买星巴克产品，会员积分系统的打通是一个必要的动作。

3. 会员积分激励制度

会员激励是星巴克会员制的重要组成内容。星巴克通过会员制度实践奖励营销，即在消费者购买商品的同时，附送相关的奖励作为回馈。星巴克会员制度发展多年，从付费会员制演变为免费会员制，现在的星巴克顾客忠诚计划的名称为“星享俱乐部”。顾客可以通过星巴克 App 以及其他星巴克线上渠道或者星巴克指定的第三方合作伙伴的渠道免费注册为会员，并通过消费累积星星，享受会员权益。

顾客在成为星巴克“星享俱乐部”的会员后，可以在购买产品时累计星星，星星可以用于确认会员等级和兑换指定的产品等。截至 2021 年 3 月，星巴克的会员等级有三级，分别是银星级会员（注册即成为）、玉星级会员（银星级会员连续三个日历月中累积满 4 颗星星或购买礼包后晋级）、金星级会员（玉星级会员在一个账户周年内累积满 16 颗好礼星星后晋级）。每次升级时，顾客均可以得到如咖啡兑换券等的会员晋级礼，而在升级为金星级会员后，顾客可以将账户中的星星用于好礼星星兑换，如付费客制化饮品以及兑换产品等。

星巴克的会员制，融合了星巴克独特的星星标志，打造了品牌鲜明的会员体系，用阶梯用户升级制度和好礼激励培养了用户的消费习惯，提升了用户的忠诚度；使得星巴克在“用心做好每一杯咖啡”的同时，能够制订详尽的用户成长方案，关怀用户，打造和培养品牌的核心用户群。

4. 多功能服务集成（外卖 + 到店取餐 + 优惠券及周边产品）

星巴克线上平台整合了“专星送”外卖服务、“啡快”到店取餐服务和其他的优惠券及周边产品，实现了多功能服务的集成。用户在线上点单时可以定制咖啡的温度、口味、杯型等，并且可选择自提或是30分钟内送达的外卖服务，同时线上有优惠套餐及来自不同渠道的结算优惠等，为顾客带来更为完善的星巴克体验，也符合了星巴克“以人为核心、以科技赋能”的经营理念。外卖及自提业务的开通，有助于星巴克在外卖咖啡市场巩固核心客群，并以会员激励、产品快速更新等方式扩大市场份额，进一步扩大市场影响力。

3.3.3 技术模式

星巴克一直注重使用技术优化经营和管理的流程。例如，在店面选址时采用大数据分析，综合不同维度的信息，选出消费潜力大的连锁店位置。

1. 技术优化线上平台运营

星巴克在线上平台的运营中使用了RL（Reinforcement Learning，强化学习）技术。系统可在复杂且难以预测的环境中作决策。App在确认用户位置信息后，先取得邻近星巴克的产品库存资料、热门选项、天气、订购习惯等，再向客人推荐合适的餐饮。星巴克分析和市场研究部门高级副总裁Jon Francis表示：“就像客人和咖啡师的关系一样，通过星巴克的科技平台，客人同样会受到和咖啡师面对面般的关注和获得产品推荐。”虽然这些建议是经由机器驱动，但最终目标仍在于客制化，如同人与人般的互动。

2. AI赋能全场景营销

2018年9月，星巴克定制版天猫精灵智能音箱在星巴克天猫旗舰店发售。顾客不但能够与由星巴克小熊所化身的AI咖啡师“聊着”点咖啡，动动嘴就轻松下单星巴克专星送，还能随时随地享受星巴克音乐以及会员积分权益，拥有一份有趣而智能的星巴克咖啡体验。

星巴克定制版天猫精灵智能音箱除了特制的星巴克小熊的萌趣外表外，还上线了“专星送”“会员通”“播音乐”三大功能。顾客能通过和天猫精灵的互动完成点单的指令，星巴克AI咖啡师不但能够识别并播报订单的数量、温度、杯型等，还能给顾客提供“专星送”配送过程中查询订单状态的服务，降低顾客在订餐等待过程所带来的焦虑感。

除了能够解放双手、语音点咖啡以外，星巴克定制版天猫精灵智能音箱还能成为顾客的会员助手、账户管家。基于星巴克与包括天猫精灵、饿了么、支付宝等阿里生态系统的多端数据打通，顾客只需绑定星享俱乐部会员，就可以通过天猫精灵语音下单的“专星送”累积星星、享受会员权益，同时随时随地查询会员信息——“我的星巴克会员是什么等级?”“我有几颗星巴克星星?”问问这位“账户管家”，就可轻松掌握会员状态。

星巴克的管理层对此产品的推出也给予了较高的评价。刘文娟分享道：“这不仅仅是‘星巴克中国’在点单场景数字化升级上的一次全新尝试，亦是星巴克‘专星送’应用场景的一次创新。借此，我们希望为‘星粉’、顾客们手中的这杯星巴克咖啡增添趣味与美妙氛围，同时通过数字化创新，为他们带去更为智能、便捷的星巴克体验，享受高新科技带来的智慧生活。”

3.3.4 小结

1. 线上线下全面的五感体验

星巴克新零售智慧门店拓展了品牌原有的“第三空间”理论，开拓出线上零售平台的“第四空间”，将购买的场景成功延伸至互联网。

2. 创造积极的智能交互体验

“智能交互”是互联网O2O模式下影响顾客体验的重要因素，能够满足顾客“新奇、有趣、效率、分享”的消费体验。星巴克线上平台的多功能整合和会员信息共通，为消费者提供了多元的智能交互体验，有效地提升了品牌的服务效率和品质。

3. 持续不断的差异化创新

星巴克在互联网方面的发展尤其是O2O模式的应用，得益于其多年来不断的差异化创新，其在店面创新、产品创新、礼品卡创新、移动应用的创新等方面都紧扣消费需求，让品牌不断地优化升级，维护和提升消费者黏性，塑造特色化的品牌体验。

3.4 拓展阅读

新零售驱动下的便利店“合作O2O”该如何突围创新

从2018年中国连锁经营协会发布的2018年第三季度“中国便利店景气指数”中可以看到，便利店行业总体呈现出了“降温”的趋势，在一系列的事故背后，隐藏着行业内整个供血能力不足的状况。

对于年轻消费者来说，他们大都喜欢线上购物，随着移动互联网的发展，5G的进步，优秀的连锁便利店也通过线上技术获得了管理和运营效率的提高。

便利店与互联网O2O平台合作是大势所趋，随着美团、饿了么等的发展壮大，便利店也成为平台重要的流量入口，而便利店品牌入驻本地服务类的平台，更多的也是完成其线上化销售的一个途径。然而，在专业人士看来，便利店入驻O2O平台并没有提高其整体客单量，便利店大部分还是依靠消费者的到店交易。

消费者的消费选择很多，需求也没有改变，便利店和O2O平台合作还要将客户的重要信息和库存信息共享给O2O平台，而外卖送到家比亲自上门更为便利，所以“合作O2O”的出现，更大程度上加剧了便利店之间的竞争局面。

资料来源：百度网. 新零售驱动下的便利店，“合作O2O”该如何突围创新［EB/OL］.（2019－05－04）［2022－01－05］. https：//baijiahao. baidu. com/s？id＝1632570202427140977&wfr＝spider&for＝pc.（有改动）

3.5 思考题

1. 请结合 O2O 的发展概况和典型案例，谈谈 O2O 模式和“新零售”模式的共同点和不同点。

2. O2O 商业模式的发展并不是一帆风顺，“千团大战”和各细分领域的竞争也让许多 O2O 平台黯然离场，谈谈 O2O 未来创新模式需要什么外部影响因素和内部成长因素？

4　跨境电子商务

【知识框架图】

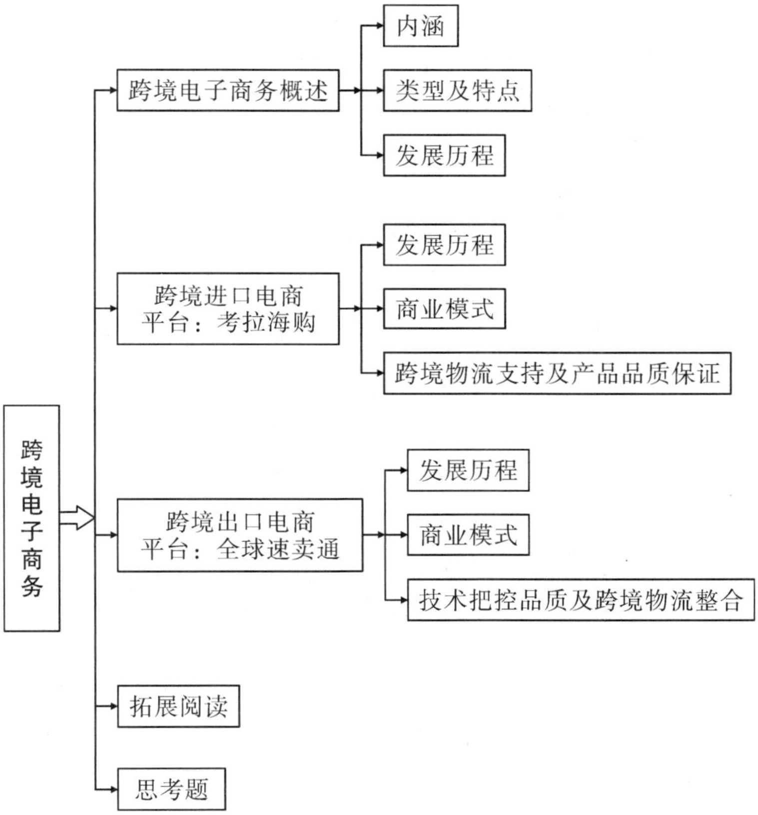

【学习目标】

知识目标：

了解跨境电子商务的发展历程和类型。

了解我国跨境进口和跨境出口电商主流平台。

掌握跨境电子商务的内涵和特点。

技能目标：

掌握跨境电商平台在运营、营销、物流等方面的运作模式及分析方法。

情感目标：

了解中国跨境电子商务的发展方向和未来趋势。

理解跨境电商的发展对实现国内国际双循环新格局的促进作用。

【先导案例】

跨境电商平台 Shopee“双十一”销售商品达 2 亿件

Shopee（虾皮网）是东南亚及中国台湾地区的跨境电商平台，2015 年成立于新加坡并设立总部，随后业务拓展至马来西亚、泰国、巴西、越南及菲律宾等 10 余个市场。

2020 年 11 月 12 日，Shopee 宣布“双十一”大促完美收官，全天共计售出 2 亿件商品，大促期间 Shopee 应用内 Shopee Games 体验次数超 25 亿，Shopee Live 观看时长达 2 000 万小时，均创历史新高，使 2020 年的“双十一”大促成为东南亚跨境电商历程上的一个里程碑。

值得一提的是，在此次 Shopee“双十一”大促中，中国卖家的表现尤为亮眼。来自中国的品牌商家作为 Shopee 平台的主体卖家，在 2020 年“双十一”大促期间依托 Shopee 本土化策略下的旺季流量以及跨境团队提供的激励政策，在东南亚市场获得切实销量增长。3C 家电、时尚配饰、家居生活、美妆护肤及女装五大热卖品类榜单均可见来自中国的强势领跑者。

在品类方面，Shopee 官方宣称“双十一”大促当天，海运渠道发货的商品数量是平日的 60 倍，其中不乏游戏太空舱、自动麻将桌、躺骑自行车等高价“黑科技”商品。同期，海外仓发货的商品数量是平日的 20 倍，其中重物渠道发货的商品数量是平日的 10 倍。

Shopee 在 2020 年“双十一”大促中取得的优异成绩，印证平台不断增强的实力，也展现了跨境电商平台在东南亚市场不断增长的活力以及巨大的发展潜力。

资料来源：亿邦动力网. 电商平台 Shopee“双十一”销售商品达 2 亿件［EB/OL］. (2020－11－12)［2022－02－01］. https://www.ebrun.com/ebrungo/zb/410324.shtml.（有改动）

【拓展思考】

1. 跨境电子商务与本土电子商务有什么区别？

2. 在跨境电子商务发展日益迅速的背景下，传统的电子商务企业应如何实现转型升级、品牌出海？

4.1 跨境电子商务概述

4.1.1 内涵

跨境电子商务（Cross-Border Electronic Commerce，简称跨境电商），是指属于不同关境的交易主体通过电子商务平台达成交易、支付结算并通过跨境物流送达商品、完成交易的一系列商业活动。简单来说，跨境电商就是通过线上渠道将货物售卖给国外消费者，或者从国外商家购买货物的过程。

根据涵盖的范围不同，跨境电商的定义有广义和狭义之分。狭义的跨境电商基本等同于跨境零售，指分属不同关境的交易主体，借助计算机网络达成交易、进行支付，并采用小包、快件等方式通过跨境物流将商品送达消费者手中。跨境零售主要针对的是个人消费者，但是随着跨境电商的发展，跨境电商的消费者中也出现了一些从事小额买卖的企业消费者。广义的跨境电商则是指电子商务在国际进出口贸易中的应用，是传统国际贸易流程的网络化、电子化和数字化，包括货物的电子贸易、电子货运单证、数据传输等。

相比本土电商，跨境电商具有全球性的特征。跨境电商活动中，分属不同关境的交易主体之间发生了交易行为，实现了无边界交易。跨境电商可以帮助企业扩大销售区域，进行全球化经营，但同时让企业面临报关、跨境税收等一系列比本土电商更复杂的事务。

相比传统国际贸易，跨境电商具有即时性和碎片性的特点。即时性指信息的即时共享和交易的无时间限制，碎片性指相比传统国际贸易的大批量、大订单，电子商务的订单规模往往更小、更频繁、更碎片化。

在跨境电商生态中，跨境电商平台企业是跨境商业活动的网络中枢，跨境买家和卖家通过电商平台互相交换信息，达成交易。围绕电商平台开展包括物流、支付、运营、咨询等一系列相关服务，以及跨境电商涉及的其他环境，如国家环境、技术环境、贸易环境等。

4.1.2 类型及特点

基于不同的标准，跨境电商可分为不同种类。从交易主体来看，跨境电商可分为 B2B（企业对企业）、B2C（企业对消费者）、C2C（个人对消费者）、M2C（生产企业对消费者）、B2B2C（企业到企业到消费者）、B2G（企业对政府）等多种类型。现实中最常见的是 B2B、B2C 和 C2C 跨境电商。

B2B 跨境电商指企业与企业之间通过互联网进行的商品、服务和信息的交易。目前 B2B 跨境电商占据中国跨境电商交易规模的 90% 以上，是中国跨境电商的主要商业模式。B2B 跨境电商具有小批次大批量、订单集中、报关正规等特点，国内代表网站有敦煌网、中国制造网、阿里巴巴国际站等。

B2C 跨境电商指企业与消费者之间的交易，企业通过网上零售的方式，将产品售卖给消费者。B2C 跨境电商由于直接接触个人消费者，所以往往交易批量更小，次数更频繁，服务也更加个性化，代表网站有全球速卖通、米兰网、亚马逊等。

C2C 跨境电商则是指分属不同关境的个人卖方和买方之间开展的在线产品销售和服务活动。在 C2C 跨境电商中，买方和卖方主要通过第三方电子商务平台建立关系，达成交易并进行后续的支付结算和跨境物流配送，代表网站有淘宝全球购、eBay 等。

根据贸易方向的不同，跨境电商可分为跨境进口电商和跨境出口电商。跨境进口电商指海外商家将商品销售给国内买家，其典型运作模式是海淘——消费者在国外 B2C 网站上购物，同时货物通过直邮或者转运的方式送达。海淘的规模一般较小，是最初始的跨境进口电商零售。随着跨境电商的发展，跨境进口电商开始在海淘的基础上演化出海外代购、直发、直运、进口 B2C 平台等多种不同方式，同时各类跨境进口 B2C 电商平台的建立也使得跨境进口电商业务逐渐规范化。跨境进口电商主要包括直邮进口、保税进口和一般贸易进口。直邮进口具有境外商户直接发货、国际快递、小批量多批次的特点，代表企业有京东全球购、境外亚马逊站点。保税进口是商品批量运输至保税区，在保税仓备货模式下的货物进口发货，代表企业有考拉海购、唯品会、天猫国际等。一般贸易进口是一般进出口贸易，国内电商代表企业有云集、苏宁易购。

跨境出口电商是指生产商或贸易商依托跨境电商平台将本国的商品销售到国外市场，代表企业有全球速卖通、敦煌网等。跨境出口电商主要分为四种模式：第一种是传统的大宗交易平台展示模式，跨境交易平台上集结大批量出口商和国外批发商的信息，双方在平台上达成交易，代表企业有阿里巴巴国际站、中国制造网；第二种是综合类跨境电商小额批发零售平台模式，本国工厂可以越过国外的大额批发商，直接与消费者或者零售商达成交易，代表企业有全球速卖通、全麦网；第三种是垂直类跨境小额批发零售平台模式，是针对某一垂直类别商品进行交易的平台，代表企业有米兰网、兰亭集势；第四种是专业第三方服务平台（代运营）模式，代表企业有棒谷、通拓、浩方。

除了以上的分类方式外，跨境电商还可按照平台服务类型分为信息服务平台和在线交易平台，按照平台运营方分为第三方开放平台、自营型平台和综合服务商平台等。

4.1.3 发展历程

我国跨境电商的发展历程可分为五个阶段：第一阶段为 1999—2003 年，第二阶段为 2004—2012 年，第三阶段为 2013—2017 年，第四阶段为 2018—2019 年，第五阶段为 2020 年至今。

1999 年阿里巴巴成立，中国开始出现电子商务，跨境电商也开始同步发展。1999—2003 年是中国跨境电商发展的第一阶段。这一阶段主要是线上获取信息，线下交易的外贸式信息服务模式，此时跨境电商平台是一种信息黄页平台，只负责公布买卖双方的相关信息和产品，双方交易仍然是在线下完成。该阶段的代表企业主要是阿里巴巴国际站、中国制造网等。

随着 2004 年敦煌网（见图 4 - 1）的成立，小额外贸 B2B 线上交易的模式被开辟出来，我国跨境电商的发展开始进入第二阶段（2004—2012 年）。在该阶段，跨境电商平台不仅仅限于提供信息，而是成为集信息展示、物流、支付、客户关系等在内的多功能一体化的在线交易平台。在这一阶段，兰亭集势、环球易购、有棵树、米兰网、全球速卖通等代表性跨境电商平台相继成立，B2B 和 B2C 跨境电商模式开始了快速发展。

图 4－1　敦煌网首页

2013 年，我国“一带一路”倡议开始实施，同时我国海关通关服务试点开启，国家发布了一系列支持跨境电商零售进出口的相关政策，加之不断增长的国内需求，跨境电商进入了高速发展的第三阶段（2013—2017 年）。这一阶段跨境电商的相关政策、监管模式、公共平台逐渐完善，跨境电商的发展趋于稳定，平台销售和服务也趋于规范，B 端客户、大型订单的比例提升，用户量持续增长。

2018 年 11 月 21 日，中央主持召开的国务院常务会议决定延续和完善跨境电子商务零售进口政策并扩大适用范围，同时，国务院发布的《关于同意在北京等 22 个城市设立跨境电子商务综合试验区的批复》（国函〔2018〕93 号）再次批准 22 个跨境电子商务试验区，加上之前的 13 个，全国跨境电子商务试验区增至 35 个。在政策的激励下，更多有资讯的供应商和有需求的买家汇集跨境电商平台，推动中国跨境电商模式越来越成熟化和创新化，催生出“境外直邮＋”、B2B2C、直属品牌经营等新贸易模式。同时，随着大型跨境电商平台的成熟，整合供应链体现出规模优势，跨境电商供应链各环节趋向融合。随着“新零售”概念被提出，大型跨境电商企业开始布局线下门店，实现线上线下融合。

2020 年 3 月，海关总署发布《关于跨境电子商务零售进口商品退货有关监管事宜公告》，6 月，国务院下达了在全国范围内复制推广“跨境电商零售进口退货中心仓模式”的指示。相继推出的针对跨境进出口零售相关业务的指令，标志着跨境电商开始进入了更加规范的阶段。同时，B2C 和 C2C 零售模式逐渐成为我国跨境电商的重要组成部分，个人卖家在跨境电商交易市场中的比重不断增加，推动跨境电商行业的高质量发展。

4.2 跨境进口电商平台：考拉海购

4.2.1 发展历程

（一）基本概况

考拉海购是阿里巴巴集团旗下主营跨境进口业务的综合型电子商务平台，于2015年1月在全球开启公测，2016年3月正式上线，销售品类涵盖母婴用品、美妆个护、食品保健、家居数码和服饰鞋包等。考拉海购以“考拉自营、全球直采、假一赔十、售后无忧”为核心卖点，以“黑卡会员”为重点顾客人群，主张为会员精选全球品质好货，保证极致的性价比，提供全方位服务（见图4－2）。

图4－2　考拉海购网页版首页

自2015年成立以来，考拉海购发展迅速，逐渐与天猫国际、京东国际、苏宁国际等共同成为我国跨境进口电商行业的代表。2017年底，考拉海购的市场份额达到25.8%，反超天猫国际与京东全球购，成为跨境电商平台中的一匹黑马。

（二）发展历程

在考拉海购成立前，海淘已经在国内发展了一段时间，但通过国内网站进行跨境交易的跨境进口电商平台却刚刚出现，大众对于海淘消费的理解还停留在代购模式。考拉海购提出的“自营直采”模式因其高额的固定成本和启动资金，在初期饱受非议。然而2018年2月，由艾媒咨询发布的《2017—2018中国跨境电商市场研究报告》显示，考拉海购在市场份额、正品信任度等多方面均排名行业第一；之后的网易财报也显示，以网易考拉海购为主的网易电商业务在2017年的净收入已达116.7亿元人民币，其第四季度收入在网易整体收入的占比甚至达到31.9%。考拉海购成立之初受到的一些非议到此终止。

2017年之前，考拉海购的重点放在与供应商的合作和供应链的打磨上，其CEO甚至亲自上阵签约韩国的商超。之后考拉海购逐渐开展一系列的运营活动，通过发放补贴、优惠券等方式提升用户量，使得考拉海购的用户在这一阶段迅速发展，最终破亿。2018年，考拉海购正式升级品牌，并且开始向综合性电商平台进军。2019年9月，考拉海购被阿里巴巴集团收购。2020年8月21日，正式宣布战略升级，全面聚焦于“会员电商”，品牌口号更改为“用黑卡选全球”，拉开了考拉海购会员模式的序幕。

4.2.2　商业模式

（一）“B2C自营直采”打造全球品质供应链

跨境电子商务平台运营模式主要分为自营和代理两种。采用代理模式的平台作为第三方，只提供买家和卖家沟通和交易的渠道，无法对商品进行直接监控，对商品、售前售后服务等很难提供较好的保障；而自营模式中平台对商品的质量和服务直接负责，通过直接采购的方式从源头对商品质量把关。

如图4－3所示，考拉海购主打自营直采模式，在韩国、德国、日本、中国台湾、中国香港等地都设有办事处和采购点，指派专业的采购团队深入产品原产地选购商品，然后通过直邮的方式送至消费者手中，同时严格审核供应商的资质，和一些国外品牌商直接达成合作关系，百分百保证正品。考拉海购“自营直采＋入仓全检＋物流全程可溯”的模式树立了跨境电商平台正品保障的典范，大大提升了平台竞争力，快速赢得了消费者的信任。与此同时，考拉海购还提出了“微利电商生态圈”的概念，即把在采购端、物流端等优化的成本优势让利给消费者，帮助考拉海购在其他跨境电商平台中形成了一定的价格优势，以快速打开市场。

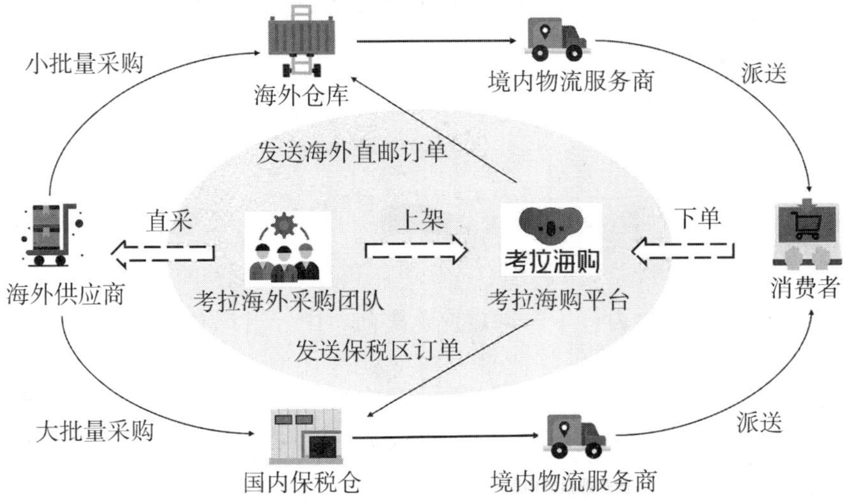

图4－3　考拉海购运营模式

考拉海购是我国国内率先开展B2C自营直采模式的品牌之一。这种模式对当时盛行的平台中介模式发起了挑战，反映出消费者对跨境零售日益严格的要求，促成了考拉海购名声在市场中的传播，积累了大批忠实用户，并成为其高速发展的一个重要动力。

（二）“保税仓 + 物流云系统”解决跨境物流难题

物流一直是制约跨境电商平台发展的主要因素，也是跨境电商平台最难以解决、最容易引起顾客不满的问题之一。在 2020 年“中国跨境消费年轻用户面临主要问题”调研中，“退换货难”“等待时间长”“运输成本高”“包裹被扣”“物流跟踪慢”被反复提及，跨境电商平台整体的物流满意度有待提高。

在这种背景下，考拉海购在国内和国外建立了大面积的保税仓，为顾客提供了更快捷和高效的物流服务。在国内，考拉海购在杭州、宁波、郑州、重庆等多个保税区拥有共 30 万平方米的保税仓储面积；在海外，考拉海购则在美国、澳大利亚、日本等地建成了国际物流仓储中心。同时，考拉海购还与中国外运、顺丰速递等进行战略合作，外包商品配送服务，在配送时采用定制包装箱和实时订单跟踪，使用户享受到标准化和专业化的物流服务。

除此之外，考拉海购还打造了国内首个跨境物流云平台——网易考拉物流云，部署全球范围内的智能化管理系统，之后又自行开发了智能化管理系统“祥云”和 TMS（运输管理系统）“瑞麟”，将跨境物流供应链的各个环节进行一体式打通，大大提升了其物流管理效率。

密集的物流仓储布点，智能化的物流管理系统加上高效的配送服务，考拉海购将跨境物流“次日达”扩展到了国内多个主要地区，甚至成功试点“当日达”服务，成为跨境电商平台高效物流服务的一个标杆。

（三）多模态融合发展“跨境电商中的社交平台”

考拉海购在前期就建成了“买家说”板块，鼓励已购买产品的用户分享自己的切身感受，从而形成口碑裂变，吸引更多的用户来到平台，同时对于非购买用户，考拉海购也设置了日常社交机制（见表 4 - 1），达成购买流程和非购买流程双向机制的流量引入。

表 4 - 1　考拉海购社交机制

<table>
<tr><td>购买前</td><td>购买中</td><td>购买后</td><td>非购买用户</td></tr>
<tr><td>每日分享</td><td>拼团</td><td rowspan="2">支付成功分享红包</td><td>图文视频分享</td></tr>
<tr><td>分享赚佣金</td><td>邀请好友砍价</td><td>评论分享</td></tr>
</table>

在考拉海购的产品逻辑设计中，用户在购买前、中、后都有机会通过不同的形式进行购物体验和好物分享，在构建良好的平台内部社区环境的同时能大大提升用户宣传的效果。

2020 年，考拉海购上线了直播新栏目“爬树 TV”，提出“闲逛全球”的口号，将分享精彩的海外生活作为栏目主要内容。栏目中的分享者通过直播和短视频展示丰富多彩的全球生活，激发用户购买相关商品的欲望。之后，考拉海购上线了“Like 社区”，侧重于用户“种草”经济，进一步促进商品的内容化，内容的社交化，构建一个基于海外生活方式的内容生态体系。

（四）独辟蹊径的“情感”与“会员”营销

擅用情感营销是考拉海购区分其他电商平台、极具辨识度的一大营销特点。在2019年及2020年的“双十一”期间，面对众多电商平台发起价格战，考拉海购却选择以情感共鸣为突破口，凭借“讲故事”巧妙出圈。2019年，考拉海购以“可靠”为主题，制作了一个短片，描述了发生在闺蜜、伴侣和母子之间的故事，树立了一个温暖真实的品牌形象。2020年，考拉海购以“好物背后的故事”为主题，将产品拟人化，讲述了一盒奶、一瓶酒、一个乳胶枕背后的故事，赋予产品更深厚的蕴意和价值。

2020年，考拉海购宣布战略升级，全面聚焦“会员电商”，大力发展平台的会员制模式，这表明考拉海购在全面打开跨境海淘市场后，将重心从保证优质低价的产品转移到提升跨境消费的服务体验和质量上了。考拉海购自上线以来就积累了大量的年轻用户和中高收入用户，在用户需求不断升级的背景下，大力发展“会员制”使得考拉海购能更好地迎合这类用户群体的需求，增加用户黏性。

2020年“双十一”期间，新升级的考拉海购以“全球躺购节”为口号，结合明星带货直播，最终达成了会员规模同比增长104%的成绩，转型后的第一个年度大促成绩斐然。

4.2.3　跨境物流支持及产品品质保证

（一）全球物流体系突破“次日达”极限

考拉海购作为目前为数不多能够提供“次日达”服务的跨境进口电商平台，在订单管理、仓储配送、供应链等多个方面都采用了先进的物流技术。考拉海购进口流程分为保税仓进口和海外仓库直邮两种方式。TMS“瑞麟”是考拉海购物流供应链的信息处理系统。在“瑞麟”系统中，可以查看包裹的实时动态并对运力进行智能配置，使得原本物流企业、品牌商、消费者三者间的复杂链路形成直接对接，同时将原本线下的结算流程转移至线上，缩短了跨境物流行业的账单周转期与减少了人力消耗，让考拉海购物流供应链的时效管理成为可能。

而考拉海购智能化管理系统“祥龙”则通过三维测量仪、自动导向搬运车（AGV）、红外线称重仪、仓储管理手持终端等的使用，将考拉海购整个仓库作业系统进行了物联网化改造，实现了仓库与商品信息的数字化转换。通过“祥龙”，考拉海购的配送服务得到了硬件实力的保障，有数个仓内作业效率指标创造出跨境物流业界的新纪录：订单生产及时率达到99.99%，通关及时率达到99.86%，“次日达”服务的兑现率达到99.36%，保税商品常规配送准时率超过96.51%。

（二）“轻奢仓”为跨境运输保驾护航

随着消费升级时代的到来，轻奢类服饰鞋包成为众多海淘用户的主要消费类目，但轻奢类商品在品质与售后服务方面一直不尽人意。为了打破这一困局，网易考拉海购率先打造了超7 000平方米的轻奢仓。考拉海购轻奢仓对轻奢类商品实现恒温、恒湿、防尘储存，避免商品因存储不当受损，并为轻奢仓内的每个商品贴上RFID（射频识别）标签，确保其安全与品质把控。技术助力商品的高质保护，给用户带来了更好的体验。

区别于其他仓库的货物，考拉海购的轻奢仓中全是整齐摆放的防尘避光存储箱，这些“纸盒”装置的主要用途为防尘，避免因商品积灰给用户带来“旧货”的不良体验。同样，对于每件售卖的轻奢商品，考拉海购都有专业的工作人员对其进行验证，并通过RFID技术实现商品信息存储，保障每一款售出的商品均可以通过系统溯源，在一定程度上加强了对商品品质的把控。

正是基于对商品正品和品质的考量，考拉海购开创了轻奢品恒温恒湿除尘存储、入仓全检、全品类恒温存储等多类新标准。这些标准在领先于行业的同时获得了消费者的高度认可。

4.2.4 小结

第一，考拉海购所采取的B2C自营直采模式是进口电商平台中一个主要模式，对于主打高质量和性价比的平台来说，这种方法能够有效地控制商品质量和成本，在满足顾客需求的同时，对品牌塑造也有积极意义。

第二，物流一直是跨境进口电商平台发展的瓶颈问题，考拉海购在全球构建的物流体系以及海外仓和保税仓的布局，都能较大地提升其物流效率，这在当下跨境进口市场是一个显著的优势。

第三，考拉海购独具一格的情感营销、不断完善的直播社区以及大力发展的会员经济帮助其顺应消费升级潮流，形成良好的品牌效应。目前在国内跨境进口电商市场中，考拉海购在企业营收和用户规模上均处于优势地位。在未来，“会员经济”将会成为考拉海购下一个主要发力点，在海淘消费者的需求愈发个性化、差异化，内容营销和粉丝经济不断发展的背景下，考拉海购有望依靠会员经济引发新一轮的增长。

4.3 跨境出口电商平台：全球速卖通

4.3.1 发展历程

（一）基本概况

全球速卖通（AliExpress，以下简称速卖通）于2010年正式上线，是阿里巴巴集团面向全球市场打造的B2C和C2C在线交易平台，也被称为“国际版淘宝”。最初，速卖通是连接中小企业和海外批发零售商的小额在线批发平台，随着平台业务的发展，越来越多个人用户进入速卖通交易，并逐步取代批发零售商成为主流的买家群体。2013年，速卖通正式宣布转型升级，成为针对海外个人消费者全球市场的购物平台，主要面向俄罗斯、巴西、印度等新兴国家市场。目前速卖通的业务覆盖全球230个国家和地区，买家分布在全球220多个国家和地区，而卖家主要为阿里巴巴网站平台上现有的中国供应商会员，包括外贸生产企业、外贸公司、外贸SOHO等群体。速卖通目前经营电子产品、家具、服装等多种商品类目，是全球第三大英文在线购物网站。

（二）发展历程

速卖通的发展采取“三步走”战略。在2010年刚上线时，所有用户可免费注册运营，且平台鼓励商家不断上新产品、丰富种类，以帮助速卖通达到快速扩充体量、占领市场的目的，这时速卖通主打的是欧美市场。

随后，为卖家开发的软件——“速卖通卖家”上线，速卖通代销商品数量限制从5 000个调整到500个，部分行业类别实行了招商准入，平台也增加了考核机制，开始精细化运营，物流、系统、规则都进行了不同程度的调整和优化；2014 年 11 月，举办首次“双十一”大促，成绩斐然；2015 年 12 月，发布全平台入驻新规，全面转型跨境 B2C；2016 年 4 月，速卖通启动全行业商标化，提高商家准入门槛，只接受以企业身份注册的新用户，逐渐往品牌化的方向发展；2019 年，速卖通宣称接下来的发展将逐渐进入东南亚等新兴市场，进一步开拓自己的全球版图，在俄罗斯开辟在线售车新服务，不断扩展新兴市场业务；2021 年，速卖通开始把自己的重心集中于跨境物流，“跨境 10 日达”的物流网络覆盖范围扩大到了英国、西班牙、法国、比利时、荷兰、德国六国，重点国家如俄罗斯、西班牙、法国等“跨境 10 日达”包裹占比已超过 80%，低价高效的合单物流覆盖了 50 多个国家。

4.3.2 商业模式

（一）“第三方电商平台 + 佣金制度”定位跨境交易中介平台

不同于考拉海购的自采直营模式，速卖通采用与淘宝相似的中介平台模式，如图 4-4 所示，建立了一个以跨境电商平台为中心的生态系统。通过整合产业链上的交易服务商，速卖通将供应商和消费者连接起来，并以收取卖方佣金和广告费作为主要盈利来源。

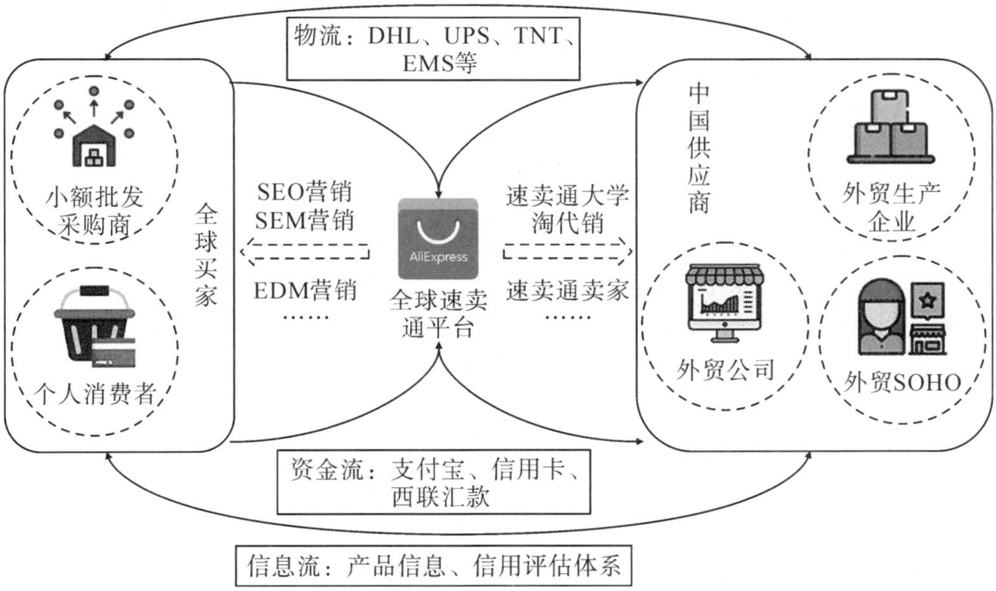

图 4-4 速卖通平台体系图

卖家入驻速卖通，需要交纳保证金和交易佣金。保证金按照店铺入驻经营大类收取，基本在 1 万 ~5 万元，交易佣金是指在交易完成后收取订单成交总额（包括产品金额和运费）的 5% 或 8% 的手续费，如表 4-2 所示，列出了速卖通部分类目所需支付的保证金数额。

表4-2　速卖通部分类目保证金

经营大类	保证金（元）
珠宝手表（含精品珠宝）	1万
服装服饰	1万
婚纱礼服	1万
美容个护	1万
3C数码	1万
内置存储，移动硬盘	1万
电子烟	3万
手机	3万

资料来源：全球速卖通官网，https：//sell.aliexpress.com/。

（二）速卖通集中物流优化B2C小额买卖

对于跨境电商平台的卖家来说，在给消费者运送下单商品时，可以选择自行承包物流或者使用平台的物流服务。相比于自行承包物流，平台的物流服务往往能大大降低物流成本，但由于各个电商平台的物流服务质量参差不齐，平台物流是否靠谱是卖家最关心的问题之一。2015年，速卖通与菜鸟网络联合推出“AliExpress无忧物流”服务。如表4-3所示，速卖通为卖家提供包括揽收、配送、物流详情追踪、物流纠纷处理、售后赔付等在内的一站式物流解决方案。通过将平台内集结的卖家物流集中处理，速卖通大大增加了仓储和航空干线的利用率，提升了跨境物流效率，降低了物流成本。与此同时，速卖通的物流信息系统通过大数据监测将供应链各个环节信息打通，保障信息的通畅，使得速卖通成为卖家的最优选择。

表4-3　速卖通为卖家提供的物流方案列表（部分）

服务等级	线路展示名称	填写发货通知	是否支持填写发货通知	是否支持线上发货
经济	Cainiao Super Economy	CAINIAO_SUPER_ECONOMY	√	√
经济	Cainiao Super Economy Global	AE_CN_SUPER_ECONOMY_G	√	√
经济	Cainiao Super Economy for Special Goods	CAINIAO_SUPER_ECONOMY_SG	√	√
经济	China Post Ordinary Small Packet Plus	YANWEN_JYT	√	√

资料来源：全球速卖通官网，https：//sell.aliexpress.com/。

（三）“全品类营销+低价促销”扩张跨境市场

速卖通作为一个开放的B2C跨境电商平台，只要满足条件的卖家都可以申请入驻，因此平台的产品种类和数量非常丰富。目前平台经营着超过 30 个一级类目，能够满足消费者生活各个方面的需求，实现了全品类营销，打造出极具淘宝特点的“百货商店模式”。

在产品定位方面，速卖通依托中国成熟的制造业，主打高性价比商品，大多数商品都以低于当地市场价的价格出售。除此之外，速卖通还非常注重促销活动，不仅经常组织商家参与打折促销活动，还将国内常见的一些促销手段应用到国外。比如从 2014 年起，速卖通推出了“双十一”促销活动，到 2019 年“双十一”，速卖通平台“双十一”全天交易共覆盖全球 230 余个国家和地区，无线订单成交占比超过 62.3%，海外买家“双十一”平均单价较去年同期增长 28.3%。在“双十一”启动前，全球就有超过 1 700 万“剁手党”将心仪商品加入了速卖通的购物车。可见，在国内大放异彩的“双十一”在国外同样备受欢迎。

（四）跨境交易课程培养优质卖家

不同于一般的第三方跨境交易平台，速卖通为提升平台竞争力，实现平台与商家的互惠互利，先后推出了“速卖通大学”“淘代销”“速卖通卖家”等多个培训卖方的服务和软件，以帮助卖家快速适应平台、提升日常运营效率、实现双方利益最大化。比如，在“速卖通大学”中，平台会邀请速卖通小二、优秀卖家讲师等结合平台策略和实战经验打造覆盖各跨境电商群体的培训课程，助力卖家成长。

“淘代销”是一个帮助卖家将商品说明自动翻译成英文并发布到海外的工具。淘代销操作十分简单，只需要输入商品链接就可以完成自动翻译，大大方便了中国卖家在海外发布商品。“速卖通卖家”是阿里专门为卖家开发的一款手机办公软件，包含国际版旺旺、站内信、新订单提醒等功能。通过打造多方面的卖家培训服务，速卖通在吸引更多的卖家入驻平台的同时，不断提升平台的品牌竞争力，构建了良好的平台生态体系。

4.3.3 技术把控品质及跨境物流整合

（一）“知产保护科技大脑”助力商品品控

商家入驻程序简便、门槛较低是速卖通的一大特点，但同时给速卖通平台把控商品质量带来了较大的难度。2016 年，美国时装设计协会、瑞士钟表工业联合会等 18 个欧美贸易组织递交联名信，要求美国贸易代表办公室（USTR）将速卖通加入“恶名市场”名单，因其网站上存在大量假货，侵害了美国劳动者的合法权益，这导致欧美国家消费者对速卖通平台销售的产品极度不信任。为了改变此种状况，一方面速卖通平台适当提高了商家的准入门槛，对侵权商品进行严格处理；另一方面，阿里巴巴集团在 2019 年利用大数据、AI 等研制出了“知产保护科技大脑”，专门用于电商平台的商品质量把控。

“知产保护科技大脑”拥有语义情感分析、商家全景视图、商品大脑等 12 项专为打假而研发的技术。该系统拥有的样本数据总量相当于 186 个中国国家图书馆总藏量，其效率等同于 5 万人同时工作。这套系统 24 小时自动运转，96% 的疑似侵权链接在发布一刹那就已被秒杀。“知产保护科技大脑”使得速卖通平台产品质量管控的效率得到极大提升，帮助速卖通实现平台品牌升级。

（二）打破跨境零售小包物流壁垒的速卖通

速卖通一直致力于为卖家提供物流方面的支持，以帮助卖家降低跨境电子商务交易的物流成本，提升竞争力。由于跨境零售卖家一般都是规模较小的独立经营主体，不具备自建跨境物流网络的能力，速卖通专门针对卖家推出了速卖通物流服务，携手 FedEx、EMS、TNT、UPS 和国际 e 邮宝为卖家提供平台统一线上发货的功能。卖家在平台上选择物流服务商后，只需将货物发送到速卖通合作仓库，并在网上支付所需运费，物流服务商就会把货物送达买家手中，大大降低了卖家的物流成本。

4.3.4 小结

第一，速卖通作为阿里旗下的一个国际化跨境电商平台，在功能上基本延续了淘宝多品类、高性价比、大促活动等特点，主打小订单、多批次的购物模式，成为中国跨境零售行业的“领头羊”。

第二，在跨境物流价格昂贵制约着小型 B2C 跨境出口发展的背景下，速卖通充分发挥了平台优势，通过承包物流、集结订单的方式打消了商家对于物流的担忧，从而获得高速发展。

第三，速卖通成立初期，商家入驻门槛较低，使得其平台上不可避免地出现了假冒产品充斥、价格恶性竞争等现象。当下，速卖通不断提升其商家入驻标准，关闭个人卖家账户，同时推行一系列对服务达标的优质商家的扶持措施，整个平台的调性开始向品牌化、品质化发展，这也能在一定程度上应对海外市场对阿里系的抵制问题。速卖通在已经实现了一定规模和数量增长的情况下，更应该追求有质量的品牌成长。

4.4 拓展阅读

中国签署 RCEP，机会留给跨境电商

2020 年 11 月 15 日，中国签署了 RCEP（《区域全面经济伙伴关系协定》），这意味着中国的跨境贸易将进入一个更广阔的阶段。RCEP 将国内国外双循环推向新高潮。纵观全局，RCEP 是商品、投资、技术等在成员国之间自由流通，超过 90% 的商品将是零关税。从今以后，国家之间的商品流通就如同国内商品的流通，这将使市场规模极大扩展，内循环的主体也被极大扩展。未来欧亚非大陆全面经济融合之后，中国内循环覆盖的将是地球上 75% 的人口和 75% 的市场。同时，RCEP 对电子商务发展、海关通关手续、贸易便利化提出了多项利好措施：

一为简化海关通关手续。

在自贸区内，采取预裁定、抵达前处理、信息技术运用等优化海关程序的高效管理手段，尽可能缩短快运货物、易腐货物等的放行时间至 6 小时，加快跨境物流运输。

二为电子商务免征关税。

RCEP 首次在亚太区域内达成范围全面、水平较高的诸边电子商务规则，包括促进各国电子商务合作、保护在线消费者权益、完善监管政策等。同时要求 15 个成员国均需承诺降低关税、开放市场、减少标准壁垒。

三为扩展跨境电商新兴蓝海市场。

RCEP 覆盖区域人口达 22.7 亿，GDP 达 26 万亿美元，出口总额达 5.2 万亿美元，约占全球总量的 30%，这意味着全球约三分之一的经济体量将形成一体化大市场。

资料来源：雨果跨境. RCEP：世界不再等美国，机会留给跨境电商！Lazada 和 Shopee无门槛开启东南亚跨境电商 B2C！[EB/OL].（2020－11－23）[2022－01－06]. https：//cifnews. com/article/83394.（有改动）

4.5　思考题

1. 近年来，国家的政策利好大大推动了跨境出口电商的发展，请查阅相关资料，思考跨境出口电商在经济全球化新格局下所面临的机遇和挑战。

2. 随着跨境电商的发展，跨境进口 B2C 电商模式的小批量、定制化趋势越来越凸显，请结合本章案例，探讨跨境进口电商的发展前景。

第二篇

行业场景类

5　旅游电子商务

【知识框架图】

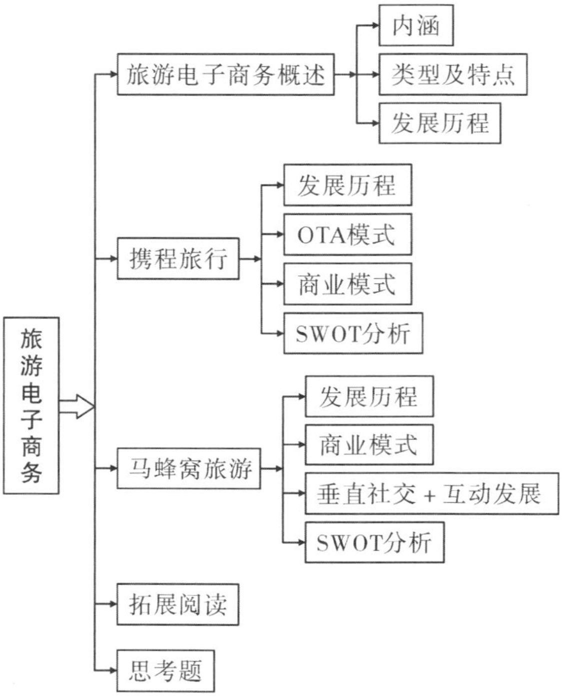

【学习目标】

知识目标：

掌握旅游电子商务的概念及特征。

基于携程旅行、马蜂窝旅游两个案例掌握旅游电子商务的商业模式及特征。

技能目标：

通过案例学习，掌握旅游电子商务商业模式分析方法。

熟悉旅游电子商务整体分析方法和底层分析逻辑。

情感目标：

了解大众旅游消费新需求的变化，正确理解旅游业从资源劳动依托向技术与创新驱动的发展模式的转变升级，跟进“互联网+旅游”发展趋势。

掌握旅游电子商务的发展现状与趋势。

【先导案例】

华侨城推出“花橙旅游”，在线文旅融合先行示范

2020年6月，华侨城集团举行了2020华侨城文化旅游节誓师大会，宣布2020华侨城文化旅游节于6月19日正式启动。在今年的特殊背景下，华侨城集团坚持防控优先，积极落实“限量、预约、错峰”等景区常态化、长效化治理要求，整合旗下百余家文旅企业优势资源，围绕“美好如期 欢乐同行”的主题，为旅游消费市场和广大游客呈现一场高规格、高品质、高享受的文旅盛宴。

本届华侨城文化旅游节将从2020年6月持续至10月，横跨夏秋两季，在为广大消费者带来高品质文旅产品服务和海量“橙”意好礼的同时，展现出华侨城集团修炼内功、积极作为，举全集团之力打造一场文旅盛宴，刺激旅游市场回暖、提振行业发展信心的文旅央企担当。

当文旅遇上互联网，线上线下欢乐同频！本届华侨城文化旅游节以“橙能玩、橙好玩、橙惠玩”拉开旅游盛宴帷幕，华侨城旅游官方平台“花橙旅游”将推出超500款产品，其中九大花橙定制卡将全方位覆盖5大体验，此外还有暑期满减、主题直播、线上有奖互动等多重文旅惠民活动，带领广大游客玩转东西南北中、乐享缤纷福利。

九大花橙定制卡于2020年6月19日悉数上线。其中，原价4 665元的花橙全国畅游卡，限时巨惠仅需399元，覆盖国内七大区域。

此外，“花橙旅游”将打通微博、微信小程序，发起1分钱拼团抽奖活动，活动期间交1分钱定金组团，就有机会获得最高膨胀30 000倍，直接抵扣即可99元游遍全国。

后续，华侨城还将陆续推出联合“网红”达人开展的“旅游经济学”“GO YES · 够意思”等主题月活动，延续“花橙会员日”，持续放送新用户优惠大礼包，用硬核的惠民力度赋能大众欢乐的文旅体验。

华侨城作为中国旅游业的龙头企业、文旅融合的先行示范企业，打造并大力发展“花橙旅游”平台，体现了华侨城集团将文旅业融入电商发展的战略眼光，旅游电商的发展势不可遏。

资料来源：微信公众号“花橙旅游”文章《启幕丨2020华侨城文化旅游节为美好而来》。(有改动)

【拓展思考】

“花橙旅游”为华侨城文化旅游节带来了怎样的影响？华侨城集团推出旅游官方平台在旅游电商新业态发展的历程中起了什么作用？

5.1 旅游电子商务概述

5.1.1 内涵

旅游电子商务（Tourism E-Business）的概念自20世纪90年代首次提出以来，受到了学术界的广泛讨论，至今尚未形成统一的定义。

国外学者普遍认可的定义为，旅游电子商务是“通过先进信息技术手段改进旅游机构内部和对外的连通性问题，即改进旅游企业之间、旅游企业与供应商之间、旅游企业与旅游者之间的交流与交易问题，改进企业内部流程，增进知识共享”。

国内学者普遍认同的定义为，旅游电子商务是“通过先进的网络信息技术手段实现旅游商务活动各环节的电子化，既包括通过网络发布交流旅游基本信息和商务信息，以电子手段进行旅游宣传营销、开展旅游售前售后服务，通过网络查询、预订旅游产品并进行支付，也包括旅游企业内部流程的电子化及管理信息系统的应用等”。

旅游电子商务把旅游行业和电子商业结合起来，以旅游信息库为基础，通过相关的信息技术手段，实现了对旅游道路的电子化管理。旅游电子商务打破了以往传统的经营模式，其用户范围广，时空限制较小等特征为用户带来了更多的经验选择。旅游电子商务的发展，可以提升整体旅游服务的水平，整合有效的当地信息资源，为用户提供个性化方案，是目前旅游行业发展迫切需要解决的难题，也是当前重大发展目标之一。

在线旅游（Online Travel Agency）也随着旅游电子商务的发展而为人们熟知，成为旅游电子商务领域的专业词汇。在线旅游主要指旅游消费者借助网络工具对旅游服务供应商提供的旅游产品或服务进行预订、购买等行为，即旅游产品或服务提供商可以借助网络进行旅游产品或服务的营销与销售。

5.1.2 类型及特点

从应用层次来看，旅游电子商务可分为三类。

第一个层次，面向外部市场的商业行为。在面向市场开展活动层面上，旅游电子商务主要表现为旅游企业以旅游消费者为对象，进行的宣传、调研、营销等与电子贸易相关的活动。具体体现为企业洽谈、售前咨询、网络交易、售后服务、消费者调研等内容。

第二个层次，面向企业内部的经营活动管理行为。在企业内部经营活动中，旅游电子商务仍发挥其作用，它以互联网为载体，对企业内部管理经营活动进行重组和调整，达到内部活动的智能化管理，最终实现旅游企业的内部电子商务化。例如，建立酒店客户管理信息系统、旅行社业务管理信息系统、客户关系管理信息系统、景区智能管理信息系统、财务管理信息系统等。

第三个层次，开展旅游活动的支撑环境。除了面向外部市场的商业行为和面向企业内部的经营活动管理行为，旅游电子商务还可以表现为对上述两种活动的支撑性行为——环境支持。具体可表现为旅游电子商务的通行规范，旅游行业管理机构对于旅游电子商务活动的支持、引导和协调工作，相关法规对旅游电子商务支付环境的安全性要求等。

这三个层次共同构成了旅游电子商务系统。第一个层次和第二个层次融通统一，第三个层次为旅游企业的内外经营提供了根本性的支持和保障。以上三个层次都是旅游电子商务发展必不可少的环节，协同发展才是旅游电子商务系统走向完备和成熟的唯一出口。发展到成熟阶段的旅游电子商务，是旅游企业外部和内部电子商务的无缝对接，它将极大地提高旅游业的运作效率。

旅游电子政务（Tourism E-Government）与旅游电子商务息息相关又互相区别。旅游电子政务是指各级旅游管理机关，通过构建旅游管理网络和业务数据库，建立一个旅游系统内部信息上传下达的渠道和功能完善的业务管理平台，实现各项旅游管理业务处理的自动化，其主要功能包括：旅游行业统计、旅游行业管理、旅游行业监控、旅游信息管理。它与旅游电子商务共同构成了旅游业信息化的主要内涵。

5.1.3 发展历程

旅游电子商务以网络为主体。我国旅游电子商务起步于20世纪90年代，其发展可分为以下七个阶段。

（1）萌芽阶段（1996—1998年）。

我国旅游电子商务的萌芽起源于旅游网站的建设，最早可回溯至1996年。1997年，国旅总社参与投资的国内第一个旅游网站——华夏旅游网成功创办，标志着旅游电子商务预订网站在中国的建立。紧随其后，各类旅游预订网站如雨后春笋般逐渐建成，兴起了一股旅游预订网站的建设潮流。

（2）起步阶段（1999—2002年）。

1999年5月，携程旅行网创立，成为旅游电子商务起步阶段的标志性事件。携程旅行网在当时是一家"没有门店的旅行社"，它将信息技术、现代运作管理理念与传统旅游业结合，构筑了极具竞争力的服务价值链，开创了全新的旅游服务模式和旅游业务模式。它的出现拓展了旅游电子商务的发展模式，对旅游业的发展起到了极大的推动性作用。

（3）发展阶段（2003—2004年）。

发展阶段以2003年携程旅行网在美国纳斯达克成功上市为标志。当时，互联网正处于全面复苏时期，中国的旅游电子商务在这个大环境下仍旧在摸索新的发展方式，而携程旅行网上市发挥了催化剂作用，促使我国旅游电子商务市场服务水平加速提高。

（4）完善阶段（2005—2010年）。

2005年，支付宝——我国第三方支付平台创立成功，解决了我国网上支付一直以来的瓶颈问题，为旅游电子商务的发展进一步扫清了障碍，强化了消费者进行在线支付的信心，开启了在线交易的新时代。而这一表现，对于机票产品的销售影响来说尤为明显。2009年，国务院出台了《关于加快发展旅游业的意见》，将旅游业首次定位为国民经济的战略性支柱产业，开启了中国旅游业具有里程碑意义的新时代。

（5）调整阶段（2011—2017年）。

自2011年起，智能手机风靡全国，这也使得移动互联网的兴起具备了现实条件。同时，以微信、微博、知乎、豆瓣、抖音、今日头条等为代表的移动新媒体开始逐渐普及，为旅游电子商务带来了新一轮的发展。中国的头部OTA（Online Travel Agency，在线旅行代理商）出现了前所未有的激烈竞争局面，出现了多次兼并重组的现象，最终走向联合。

而因为互联网人口红利的逐渐消失，线下产业链资源的整合显得尤为重要，并出现了收购传统旅行社、开设线下服务中心等现象，重新审视了线下资源对于旅游电子商务发展的重要价值。与此同时，BAT（百度、阿里巴巴、腾讯）三大互联网巨头也将投资目光转向了在线旅游产业，强大的资本为在线旅游产业的长期良性发展提供了雄厚的资金保障。

（6）稳定增长阶段（2018—2019 年）。

经过激烈的竞争、兼并、收购、重组等，在线旅游市场已经基本整合完毕，行业格局趋向稳定。在线旅游在垂直领域深入发展，重心由“量”转为了“质”，品牌成为新时代的核心竞争力。与此同时，在线旅游市场增速也逐渐放缓，资本市场基本稳定，形成BAT 三足鼎立的局面。创新发展和个性化服务必将成为新时代的活力因子。

（7）新发展阶段（2020 年至今）。

在旅游电子商务已经趋向稳定发展时，新冠疫情的冲击使在线旅游市场直面巨大的挑战，景区大量关闭、航班多处熔断、餐馆停止营业、客流量急剧减少、市场规模大幅下降，在线旅游行业首次出现负增长，2020 年全年市场交易规模同比下降 26.84%[①]。在疫情得到有效控制后，文旅行业才逐渐有序缓慢恢复，如何渡过疫情难关成为各平台的首要关心问题。“云旅游”“直播”等新模式相继出现，成为各大平台的自救举措，而“黑天鹅”事件的出现，彻底暴露了在线旅游长期发展过程中积累的症结，反向刺激了旅游电子商务进行适时的自我调整，以满足新时代旅游消费者的新需求。

5.2 携程旅行

5.2.1 发展历程

携程旅行（以下简称携程）（见图 5－1）创立于 1999 年，总部设在中国上海，员工超过 30 000 人，目前公司已在北京、广州、深圳、成都、杭州、南京、厦门、重庆、青岛、武汉、三亚、南通等 96 个境内城市，新加坡、首尔等 21 个境外城市设立分支机构，在中国南通、苏格兰爱丁堡设立服务联络中心。

2010 年，携程战略投资台湾易游网和香港永安旅游，实现内地与港台地区的互通。2014 年，投资途风旅行网，将触角延伸至北美洲。2015 年，携程战略投资艺龙旅行网，并与百度达成股权置换交易，完成对去哪儿网的控股；同年，携程首次被评为中国最大旅游集团，并跻身中国互联网企业十强。2016 年 1 月，携程战略投资印度最大旅游企业MakeMyTrip，并在新加坡成立了东南亚区域总部；同年 10 月，携程加大对北美洲地区的投入，与纵横、海鸥、途风达成合作；11 月，携程投资英国机票搜索平台 Skyscanner（天巡），完成了对海外机票市场的布局。自此，携程完成全球化的相关业务布局。

作为中国领先的综合性旅行服务公司，携程成功整合了高科技产业与传统旅游业，向超过 3 亿会员提供集无线应用、酒店预订、机票预订、旅游度假、商旅管理及旅游资讯在内的全方位旅行服务，被誉为互联网和传统旅游无缝结合的典范。如今携程长期居于在线

---

① 资料来源：前瞻产业研究院。

旅行服务市场的领先地位，连续几年被评为中国第一旅游集团，是全球市值第二的在线旅行服务公司。

图 5－1　携程旅行网页版首页

携程的发展历程可以分为初创、起步、成长、调整、稳定发展和发展受挫 6 个阶段。在初创阶段，“四君子”创立了携程，摸索国内旅游的供需缺口；在起步阶段，携程积极应对“非典”危机，并在美国上市；在成长阶段，在线旅游市场“百家争鸣”时期，携程四面受敌，调节发展；在调整阶段，携程进行了资本运作、组织变革，以应对危机；在稳定发展阶段，携程拓展了国际化事业群；在发展受挫阶段，携程推出复兴计划，巩固龙头地位。

（1）初创阶段（1999—2002 年）。

“四君子”创立携程，摸索企业发展轨道。1999 年 5 月，梁建章、季琦、沈南鹏、范敏携手创办了携程旅行网，并按照各自专长进行了分工——季琦任总裁，梁建章任首席执行官，沈南鹏任首席财务官，范敏任执行副总裁。

（2）起步阶段（2003—2006 年）。

2003 年携程上市之前遭遇了“非典”危机，公司业绩巨额缩水，公司内部人心惶惶，而此时梁建章推出了六大举措，从安抚员工情绪、开源节流和调整管理体系三个方面入手，取得了良好的效果，维持了携程继续向良发展的局面。最早，携程以“酒店＋机票”为主要业务，解决国内的旅游出行问题。当时，携程在各大城市的 CBD 地段发放免费订房卡片，为用户提供出差酒店预订渠道，这一举措使携程获得了首次大额盈利。与此同时，携程创立了机票预订平台，汇聚了全国的机票信息，实现了在线预订机票业务，并解决了异地购票和往返购票的购票难点，携程也因此获得了可观的利润来源。

在美国上市后，携程一家独大，几位创始人陆续离开携程，另觅新发展。

（3）成长阶段（2007—2013 年）。

在创始人陆续离场后，同程、艺龙、去哪儿网等其他在线旅游平台开始崛起，瓜分着携程的市场份额。而在线旅游逐渐形成了“百家争鸣”的局面，竞争者层出不穷，携程面临四面受敌的困境。2013 年，梁建章回归携程。

（4）调整阶段（2014—2016 年）。

创始人梁建章回归后，对外进行资本运作，对内进行组织变革，应对危机，重新立帜。携程先后对竞争对手同程、艺龙和去哪儿网进行了有力回应。从入股同程，到收购艺龙股份成为第一大股东，携程完成了对“艺起同行”的干涉。随后，携程在途牛上市前与其达成协议，收购了其 1 500 万美元股份，并向其指派一名董事。在激烈斗争后，去哪儿网也以股权置换的方式入股携程，实现了兼并。携程首次登上《财富》中国 500 强榜单。

（5）稳定发展阶段（2017—2019 年）。

携程进入了新一轮的稳定发展期，其海外影响力逐渐扩张。2019 年 10 月，携程集团英文名改为 Trip. com Group，标志着携程的高品质和国际化战略的践行。在此阶段，携程协同国内市场和国外市场，进一步深耕旅游资源、扩大战略合作，使集团在稳定轨道上持续发展。

（6）发展受挫阶段（2020 年至今）。

受新冠疫情影响，携程业务同其他在线旅游平台一样遭遇了重创。但随着情况逐渐受控，携程推出新举措自救，维持龙头地位，深化发展。2020 年 3 月，携程通过推出“旅游复兴 V 计划”，投入 10 亿元复苏基金，上线“预约未来旅行”产品等系列措施实现了抗疫自救。携程率先走出了危机，在深耕产品、优化服务的过程中，有望迎来反击机遇。携程发展历程中的里程碑事件如表 5 - 1 所示。

表 5 - 1　携程发展历程中的里程碑事件

时间	事件
1999 年	酒店预订量创国内酒店分销业榜首
2003 年	机票预订网络覆盖国内 35 个城市
2004 年	推出全新 360°度假超市，首推休闲度假旅游概念；建成国内首个国际机票在线预订平台
2006 年	进军商旅管理市场；度假出发地拓展至 11 个城市
2007 年	携程大学成立
2008 年	携程度假体验中心登陆各大机场
2009 年	携程被授予为“世博游指定旅行社”
2010 年	“携程无线”手机网站正式上线
2011 年	携程发布“中国差旅市场调研报告”
2012 年	携程海外酒店预订新平台上线
2013 年	携程全球门票预订平台上线
2014 年	携程发布“中文邮轮预订平台”

（续上表）

时间	事件
2015 年	蝉联中国最大旅游集团
2016 年	成立我国首个“旅游安全管理中心”
2017 年	首推“全球旅游 SOS”服务
2018 年	携程 App 上线“旅拍”功能
2019 年	升级“全球旅行 SOS 平台”
2020 年	启动“旅游复兴 V 计划”，投入 10 亿元复苏基金以刺激旅游消费

5.2.2　OTA 模式

通过大量的公司并购，目前在线旅游市场已经形成三大巨头鼎立的局面。携程旅行是当前国内的 OTA 行业巨头，同国外的 Priceline、Expedia 共同占据全球主导地位。而 OTA 模式自 20 世纪 50 年代萌芽，经几十余年的变革和发展，目前已经趋向成熟，产业格局也逐步完善。“代理＋批发”成为 OTA 主流模式，与此同时，OTA 孕育出了符合时代趋向的新模式，新的时代场景引领着在线旅游的发展方向。

目前 OTA 仍是在线旅游的主要模式，具有如下特征。

（一）中介服务商

旺盛的旅游需求使得 OTA 的出现和快速发展成为必然。旅游消费者对于旅行的机票、酒店的固定需求长期存在，在消费升级背景下，旅游产业整体市场规模逐年扩大，OTA 的出现大大提高了市场效益，在旅游需求和旅游供给之间发挥了沟通桥梁的作用，因此也被称为中介服务商——通过招揽、组织旅游消费者，获取相应的中介费用或旅游供应商的佣金。

携程旅行是中国领先的住宿预订、交通票务、旅游度假和商旅管理服务提供商。它通过移动应用、在线网站以及 24 小时客服中心为休闲游客和商旅人士提供综合旅行信息和高效预订服务。酒店、票务、旅行社等旅游产品供应商上架旅游产品，接受产品咨询，发送、接受订单，提供售后服务；消费者通过携程平台浏览旅游产品、咨询客服、购买旅游产品、查看订单。至 2018 年，携程的 GMV（Gross Merchandise Volume，商品交易总额）（不含天巡）已经达到 7 250 亿元人民币。

（二）技术引领发展

OTA 是基于互联网技术、通信技术（比如呼叫中心）建立起来的在线实时服务网络平台，其功能和内容都需要技术作为支撑，以互联网为渠道和载体产生交易活动，其功能包括在线咨询、在线预订、在线会员管理、在线支付、在线评论、在线投诉等，区别于具有有限服务时间的线下旅行社，OTA 以技术为载体和发展动力。

OTA 起源于 GDS（Global Distribution System，全球分销系统），并位于 GDS 下游，对于网络技术的要求颇高，而不断进步的网络技术也反向促使 OTA 进行组织结构和运营方式的更新换代，优化经营模式。例如，PMS（Power Production Management System，工程生产管理系统）技术的进步使得非标住宿产品的开发力度大大提高，直至成为独立的运营部门。

技术能催生 OTA 价值链上下游产品系统变革，从而进一步优化业务流程。例如，在线支付技术的日趋完善使 OTA 的价值链延伸至金融领域，携程、同程、途牛等相继开发衍生金融服务产品，增设金融业务服务板块。

（三）经营业务创新

携程致力于经营业务的创新。在在线旅游的语境下，汇聚线下旅游资源，改良、提升和创新传统旅游服务模式，为消费者提供更具个性化的旅游产品和旅游服务。因此，相较于旅游产品的直接提供者，OTA 侧重关注产品的组合、营销、创新和如何对接消费者个性化需求等方面的问题。与此同时，还需与旅游服务的直接供应商进行市场份额的直接竞争。

例如，携程在航空公司建立自销渠道、加大直销比例的不利环境下，创新产品组合，推出“超值自由飞”等矩阵组合，加大了出行的灵活度，解决了机票退改等困扰，树立自身的竞争优势，破解价格难题。

而途牛在线旅游产品同质化问题趋向严重，当消费者的个性化需求难以满足时，其施行了业务创新举措——多元化布局旅游产品，延伸旅游产业边际。例如，开发家庭定制游项目、高端游项目和针对特定群体的新业务。而除核心业务的创新之外，途牛相继延伸了业务范围，开发金融服务、影视、婚庆、通信等其他业务作为支撑。

同程则在中老年旅游消费赛道上进行了多年尝试，如推出中老年定制游产品等业务。此外，同程相继投资了百旅会、广场舞、足力健等中老年社区产品，抓住市场痛点，增强了老年群体对其品牌的信任度。2016 年 10 月，同程旅游发布了《北京中老年人旅游消费行为研究报告 2016》，在中老年群体深耕多年，获得了市场认可。除此之外，同程还扩张业务，完成了从邮轮到金融服务业务的创新。

经营业务创新是 OTA 的必经之路，也是 OTA 维持竞争优势的主要方式。通过业务创新，更新在线旅游上下游产业价值链，捕捉消费者需求，跟踪市场动态变化，使 OTA 保持持久发展的动力。

5.2.3 商业模式

（一）客户来源

携程的客户主要由休闲游客和商旅人士构成。其战略定位也决定了其部分核心产品矩阵，如“酒店 + 机票”“酒店 + 旅游门票”等。此外，年轻用户群成为携程的客户主力军。2018 年 11 月 8 日，携程在 2018 年第三季度财报中披露，35 岁以下的客户比例在过去 5 年里稳定保持在 70% 左右。其中，年龄在 29 岁以下的年轻用户增长最快，占比已经从 30% 增加到将近 50% 。

（二）产品结构

1. 业务模式

携程的业务模式呈现出综合性特征（见图 5 - 2）。其主要有五大业务板块：酒店预订、交通票务、旅游度假产品、商务旅行及其他产品与服务（广告服务、澳网门票销售等）。在酒店预订板块，平台除收取酒店固定佣金外，还根据酒店的预订情况收取动态佣金。在交通票务板块，携程集成各大航空公司和铁路部门的交通资源，进行机票和火车票的代理销售活动，同时还附加航空和火车保险业务的销售。在旅游度假产品板块，携程制定了“团体游”“半团体游”“定制旅游”“打包旅游”等度假产品供消费者选择。在商务旅行板块，携程为企业客户提供旅游数据收集和分析、行业标杆、成本节约分析和旅游管理解决方案，协助客户以经济实惠的方式安排商务旅行。在其他产品与服务板块，携程提供广告服务、澳网门票销售。通过广泛的业务覆盖，携程皆在打造完整的产业链（见图5－3）。

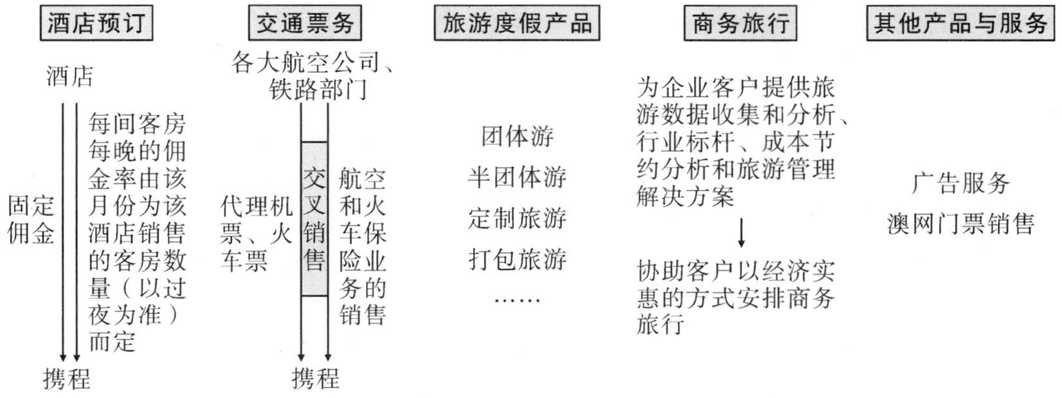

图5－2　携程业务模式

资料来源：中信建投证券研究发展部，有改动。

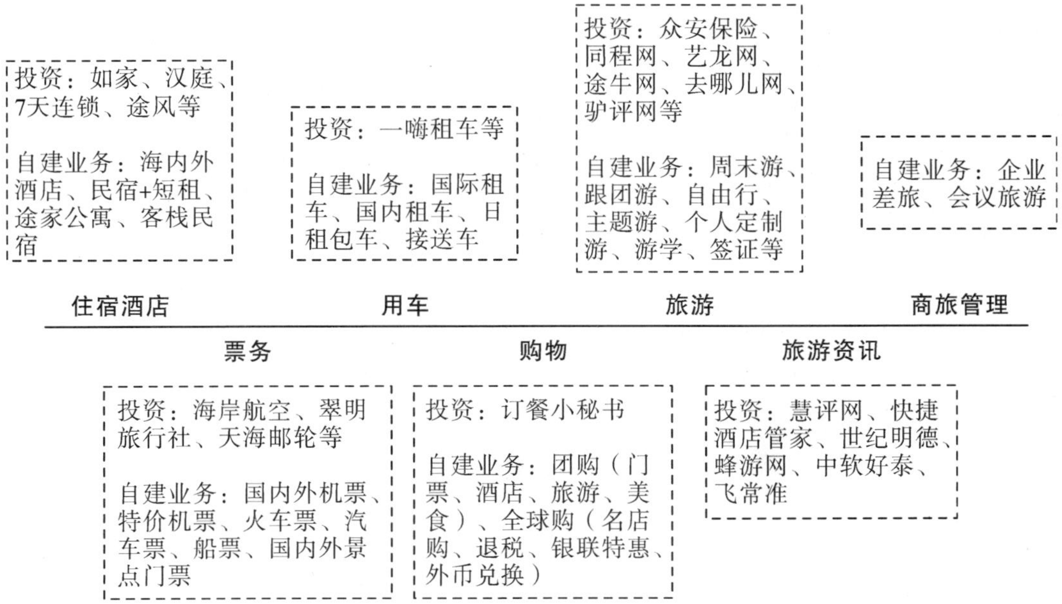

图5－3　携程打造完整产业链

资料来源：中信建投证券研究发展部，有改动。

2. 功能模块

携程的业务体系较为复杂，涵盖了酒店、票务、旅游度假等多个大项。以酒店预订功能模块为例，用户在通过携程预订酒店时，按照消费的完整过程可以分为三个具体场景，即预订前、预订中、预订后。携程的功能设计可以很好地满足这三个场景下的需求（见表5－2）。

表5－2　酒店预订功能模块

用户	场景	需求	功能
休闲游客、商旅人士	预订前	了解哪里有什么好吃的好玩的，获得出行的灵感和动力	首页分类推荐，内容社区“旅拍”
		制订自己的出行计划	“行程”模块，一键添加行程
		获取酒店的优惠信息	首页“特价爆款”“天天特价”“限时闪促”
		挑选酒店，了解酒店详情	首页“酒店”查询，完备的筛选系统和详情页面
		咨询客服，询问酒店细节问题	酒店详情页面、订单详情页面以及客服模块都设置了客服入口
		确定酒店房型	酒店详情页面罗列房型信息
		预订下单	房型确定后即可预订
	预订中	确认订单信息	支付页面—房间详情
		添加入住人员	支付页面—入住信息
		查看是否可以使用其他优惠	支付页面—本单可享
		查看费用明细	支付页面—费用明细
		支付订单	支付页面—提交订单
	预订后	查看订单详情	“我的”模块中的“全部订单”
		对订单进行后续操作	进入“全部订单”页面后可进行包括取消、修改、再次预订等操作
		消费过程中问题的解决	订单详情页面以及客服模块都设置了客服入口
		点评入住过的酒店	“我的”模块中的“待点评”

资料来源：人人都是产品经理，http：//www.woshipm.com/evaluating/4218507.htm，有改动。

（1）酒店预订前。

携程在首页置顶了分类推荐，并开辟了UGC（User Generated Content，用户生成内容）内容社区“旅拍”，设置在显而易见的位置，提高用户的点击率。栏目收集了诸多用户发布的旅途见闻与攻略，设有各大主题，满足了各种类型用户的不同需求，方便用户根据自己的兴趣进行查阅。

一旦用户确定了出游目的地，则将对行程作相应的规划。携程将核心业务行程模块布局在页面底部的导航栏中，方便一键添加行程，包括景点玩乐、酒店、机票、火车票等。

若用户从一开始就具备明确的出行计划，需要挑选酒店、了解酒店信息、了解房型，进而下单等，首页的“特价爆款”“限时闪促”“天天特价”板块则很好地满足了用户的需求。

（2）酒店预订中。

在用户选好酒店进入支付页面后，会产生确认订单信息、添加入住人员、查看是否可以使用其他优惠、查看费用明细、支付订单等步骤。携程的做法是将上述所有信息的确认工作整合在同一个页面上，并将每个方面用方框单独分隔开来，方便用户依次确认，快速完成预订操作。

（3）酒店预订后。

用户正式入住酒店前，需要查看酒店详情，只需在“我的”模块中打开“全部订单”即可查看，一级卡片就能简要显示酒店地址、入住时间和房型信息，减少了用户的操作步骤，提升使用效率。如果用户对订单有退订、修改的需求，在一级卡片即可完成操作，节省用户时间，提升使用体验。

（三）盈利模式

在创办初期，携程采取利用网站点击率获取广告费的盈利模式。

而当携程步入 OTA 发展轨道后，其盈利来源变成了“代理 + 批发”模式，即从酒店、票务、旅游产品代理服务中抽取代理费。携程利用“批发商”身份优势，从供应商处获取低廉的票价，再加价出售给用户，如此赚取差价利润。2010—2018 年，携程收入从 29.81 亿元增至 309.65 亿元，CAGR（Compound Annual Growth Rate，复合年均增长率）高达 34.56%，其中 2016 年携程收入大幅提升，增速达 76.61%，主要是由于合并了去哪儿网的收入。细分业务来看，携程的交通票务收入和酒店预订收入增长较快，自 2016 年起，交通票务收入超过酒店预订收入，成为携程主要的收入来源。

近年，携程从“佣金收入”逐渐过渡为“会员收入”。携程一直重视对于旅游产业链上下游的投资，从上游资源端到相关支持服务均有覆盖。通过资本运作与产品配置，携程目前拥有较为完善的产业链与配套服务，并联合上下游公司成立了“旅游联盟”，以会员制服务收取费用。

（四）核心竞争力

第一，规模效应增强议价能力。携程利用 OTA 模式，初期大力招揽客户，发展规模效应。当携程的用户达到一定基数以后，形成了一定的规模效益，拥有了和供应商议价的能力。通过和供应商的议价，获取较市面更低廉的价格，从而吸引更多的客户，达到一个良性循环。

第二，客户资源持续扩大优势。携程相对其他的在线旅游企业，关键资源就在于前期积累的大量客户形成的规模效应以及其带来的高议价能力和整合能力。如今，携程利用自己的客户优势，大力发展会员制，将迅速占领行业前线，不断扩大自己的优势。

第三，强有力的技术保障。在技术上，携程拥有十分强大的呼叫中心，能够及时、迅速地处理大量的线下订单。据统计，携程订单量有 30% 来自线上，70% 来自线下。由此可知，拥有一个强大的呼叫中心，是携程相对于行业内其他公司的一个巨大优势。

5.2.4 SWOT 分析

（一）优势

第一，携程是 OTA 行业的领先者，国家给予第一批互联网行业的福利被其物尽其用，并自成立至今一直有着良好的声誉。

第二，酒店、机票、旅游度假、景区门票等供应商数量稳步增长，并且有很多企业想拥有与携程合作的机会；携程根据发展规模和战略，建立了酒店预订—机票预订—旅游度假预订—商业管理的核心产业链，并以此作为新的战略支撑点，同时与供应商的合作关系贯通了全国的销售渠道，最终获得供应商与消费者的共同认可。

第三，在线旅游企业相对于其他行业来说资本需求更大，强大的互联网技术的支撑、各个相关企业的联系、新产品的开发、市场的维护等，无论哪一方面的稳定都需要巨大的资金成本作为基础，逐渐使资金壁垒愈发坚固，很多中小企业无法在短时间内有突破的可能。携程抓住了互联网时代的商机，拥有足够的贷款和其他方面的资本支持，这些都帮助其遥遥领先于同行业竞争者。

（二）劣势

第一，网络营销对工作人员的能力要求较高，需要其具有良好的专业素养和耐受能力，清楚市场走向和消费者需求，目前这样的人才相对缺乏，而且这类人才的培养需要较长的时间周期，这是网络营销一直存在的劣势。

第二，国内企业没有充分利用社会媒体，国内的网络营销经验比较缺失，营销成效也被大大削弱，也许，营销瓶颈期会随之到来。

第三，头部 OTA 的称号使得携程危机意识不够强，因此创新性产品还相对较少，个性化旅游定制还需要更长期的深耕和研发。

（三）机会

携程的外部机会很多，但携程也需要积极应对新市场的变化，不断开拓新的市场，创新营业领域。抓住各种机会丰富自身的资源和信息，提供给消费者更全面的服务。

第一，国内优良的政策形势和人们不断提高的生活水平，使人们产生精神层面的需求。

第二，互联网普及程度的提高，让人们对互联网的信任度增加，使网上消费逐步成为最受欢迎的一种消费方式。

（四）威胁

第一，用户其实可以绕过携程直接与航空公司和酒店交易，省去携程中介费，由此携程失去了价格优势。

第二，行业门槛低，市场上同行业竞争者越来越多，抢占了大量市场，导致携程对市场掌控能力下降。由于近年来电子商务飞速发展，类似网站也迅速崛起，抢占了大量的市场份额，这让携程的行业领先地位被前所未有地撼动。

第三，层出不穷的个性化网络营销方式，混淆了潜在消费者的视线。

第四，传统旅游行业仍屹立不倒，抢占着旅游市场的份额，同时部分潜在消费者对线上产品和网络营销方式存在疑虑，导致其摇摆不定。

5.2.5　小结

携程作为领先的综合性旅行服务公司，整合了高科技产业与传统旅游业，提供集无线应用、酒店预订、机票预订、旅游度假、商旅管理及旅游资讯在内的全方位旅行服务。其发展阶段分为初创、起步、成长、调整、稳定发展和发展受挫六个阶段。在初创阶段，“四君子”创立了携程，摸索国内旅游的供需缺口；在起步阶段，携程积极应对“非典”危机，并在美国上市；在成长阶段，在线旅游市场“百家争鸣”时期，携程四面受敌，调节发展；在调整阶段，携程进行了资本运作、组织变革，以应对危机；在稳定发展阶段，携程拓展了国际化事业群；在发展受挫阶段，携程推出复兴计划，巩固龙头地位。作为 OTA 行业巨头，携程与途牛、同程各有所长，寻求差异化发展。携程的商业模式特征为“商业为主，全面布局”，其客户主要由休闲游客和商旅人士构成；业务模式呈现出综合性特征；功能模块相对复杂，涵盖全面；盈利模式随着时代发展不断变更、逐渐细化；其核心竞争力为规模效益、客户资源和技术保障。

5.3　马蜂窝旅游

5.3.1　发展历程

马蜂窝旅游网（见图 5－4）由陈罡和吕刚创立于 2006 年，自 2010 年始公司投入运营。马蜂窝是旅游社交网站、数据驱动平台，也是新型旅游电商，自创立以来，在旅游 UGC 领域积累了大量的行业内容，被誉为“中国的旅行圣经”。通过 AI 技术与大数据算法，马蜂窝将个性化旅游信息与全球各地的旅游产品供应商相连起来，以“内容＋交易”作为产品的核心优势，高效实现供需匹配。总而言之，其三大核心竞争力是 UGC、旅游大数据、自由行交易平台。

图 5－4　马蜂窝旅游网首页

马蜂窝在最初并非商业项目，而是出于兴趣建立的业余分享平台。2006 年 1 月，马蜂窝才成立网站，用户开始以游记的形式分享旅行路书、攻略、经历等旅行内容。2010 年 3 月，马蜂窝成立了公司，平台有了组织基础和长远目标。2012 年 6 月伊始，马蜂窝开始作为一个商业项目投入运营，在半年内收入过千万元，主要源于商家佣金与广告。2015 年 9 月，马蜂窝用户量达到 1 亿，月活跃用户量达 8 000 万。2018 年 2 月，马蜂窝从“蚂蜂窝旅行网”正式更名为“马蜂窝旅游网”，并实施了诸多举措，推动品牌焕新。2019 年 5 月，马蜂窝完成了新一轮融资，融资额达 2.5 亿美元。此轮融资由腾讯集团领投，美国泛大西洋资本集团、启明资本、元钛长青基金、联创旗下 NM Strategic Focus Fund、eGarden ventures 共同跟投。2020 年 4 月，马蜂窝发布了首份行业直播报告《旅游直播时代——文旅生态洞察 2020》，该报告体现出了旅游直播的高速发展和马蜂窝的行业前瞻性。

5.3.2 商业模式

（一）市场分析

马蜂窝旅游以“内容 + 交易”作为核心特征，展开用户和旅游产品提供者的桥梁构筑工作，其内容以“自由行”为主，涵盖全球范围内热门的 60 000 个旅游目的地资讯，同时以“年轻人”作为精准服务对象，力求打造新潮的旅游方式，并通过与酒店、交通、当地游等自由行产品及服务预订结合实现落地。

马蜂窝以“内容”作为王牌产品，通过把控高质量的指南内容、推送丰富的游记攻略、延长用户的留存时间，打造成为年青一代首选的“旅游神器”。其主要竞争对手为穷游网，以及携程网、去哪儿网、飞猪旅行等综合性旅游服务平台（见表 5 - 3）。

表 5 - 3　马蜂窝旅游市场分析

产品	产品定位	标语
马蜂窝	基于 UGC 的攻略游记分享社区以及旅游产品电商平台，通过真实用户的体验分享让消费者获得可靠的个性化产品信息，以此实现正向循环。主营自由行、当地游、定制游产品	旅游之前，先上马蜂窝
携程	作为业界权威的在线旅行服务公司，产品类型综合全面；业务重心在酒店和交通票务预订，且酒旅服务主要面向中高端商务人士，主打中高端商旅业务；为有出行需求的年轻用户，提供一站式在线预订服务	让旅行更幸福
飞猪	专注于出境自助游，提供专业翔实的旅游攻略，帮助用户规划行程，利用社区、付费攻略和电商完成变现	比梦想走更远

（二）客户分析

马蜂窝拥有大量年轻、个性化的自由行用户。受经济情况和地理区位的影响，马蜂窝旅游用户分布排名为：北京、上海、成都、广州、杭州、重庆、深圳、南京、西安、武汉。男性占比 37.86%，女性占比 62.14%。其主要用户多分布在一线城市，但是随着二、三线城市的崛起，其下沉潜力较大，未来对于二、三线市场也将加大关注力度。

（1）年轻、个性化人群。

根据马蜂窝数据研究中心分析，马蜂窝消费人群年龄分布为：31～35 岁占比 40.67%，25～30 岁占比 23.57%，36～40 岁占比 18.75%，24 岁及以下占比 13.56%，41 岁及以上占比 3.45%。可以看出，马蜂窝消费人群主要集中在 25～35 岁，为年轻人群。因此，针对此类客户，马蜂窝通过准确识别年轻人的群体特征，利用大数据优势实现对用户群的集中管理。

（2）自由行人群。

对于此类用户，马蜂窝主要为其提供分类详细的旅游信息和交易信息，为特定需求提供点对点服务。

（三）功能分析

从功能方面分析，马蜂窝相较于在旅行 App 中排名领先的携程和去哪儿网，在用户分享和体验方面都有较大优势，其通过 UGC 与旅游大数据相结合的模式打造了垂直社交型 App，在旅游指导和便利性方面给用户提供了良好的支持，且更注重用户的独立性需求和社交需求。

（1）信息资讯——攻略展示。

“攻略”是近年来旅游中的热词之一，满足了用户去哪里、住哪里、吃什么、玩什么、做什么准备等需求。有效避免了在出行前对于旅游场景的不熟悉和无规划现象，提高了出游效率，降低了出游时间成本。用户可以在平台上根据自己的兴趣来浏览他人提供的攻略，并留言互动，进行信息共享。

（2）UGC——游记分享。

游记在为游客提供旅游攻略的同时，提供专业的旅游信息，如门票信息、交通信息、酒店信息等，具体信息还包括当地路线的查询、车辆的换乘等。另外，还有适合当地游玩的 App 内容分享。这是马蜂窝中 UGC 的重要部分，通过他人的切身旅游体验形成的文字，增加用户对旅游目的地的初步印象和期望值。不同于攻略，游记分享的个人特色更加明显，是其他用户从自身的角度出发对旅游中的人、事、景形成的感知的描述，以此形成对旅游地的展示。且相较攻略而言，用户对同种类型的游记更加信赖，倾向于在不同的游记中找到与自己相匹配的风格，完成个性化的自由行定制。

马蜂窝游记内容的制造群体可大致分为三类。

第一类为普通群体，他们喜欢记录，希望通过游记获得关注，进行网络社交等，这类人群的游记内容较为业余，多为兴趣使然，但因内容接地气会吸引部分用户的关注。

第二类为职业旅行家（或旅游博主），他们生产有价值且相对专业的内容，希望通过游记发表获得粉丝关注，提高个人影响力，并且引流产生商业价值。这类人群会发布制作精美的照片，配上专业的文案，往往能引发读者的情绪共鸣，对于旅游地推荐有更好的效果，因此会吸引大量用户关注。

第三类为旅游网站和传统旅行社，其通过编辑游记获取关注，希望通过游记引流实现商业价值，此类用户一般会与一些职业旅行家签约合作。由于其目的明确，因此在撰写游记时宣传产品的特征强，对于游客的引导性相对较弱。

（3）社群运营——蜂首聚会。

蜂首俱乐部是旅游爱好者的线下聚会活动。通常会定时发送邀请，在某个城市举办聚会，将各地的旅游爱好者聚集起来，实现从线上辐射到线下，聚合马蜂窝忠实用户群体，提高用户黏性和聚合度。

（4）线上促活——结伴同行。

结伴计划是马蜂窝的另一大特色功能。通过报名结伴计划，用户可以自行组成小组，制订好旅游计划进行出游，其目的地选择多为世界热门的旅游地区。此计划大大便利了想要自由行又找不到合适同伴的用户，为孤独的旅行者提供社交平台和沟通渠道。用户既可以发帖寻找“驴友”，也可以对他人发布的结伴计划进行回应，有效节省了用户的沟通成本，为用户出行提供了有效平台和便利。

（四）盈利模式

马蜂窝成功打造从内容到交易的商业模式，已经形成了从认知到决策、消费、分享的全链路闭环。其盈利模式可分为两种，一是将消费决策与 OTA 服务提供商相连，收取佣金；二是为旅游机构提供品牌宣传，收取广告费用。而后者是马蜂窝的盈利主要来源，且分为品牌广告与效果广告。所谓品牌广告，是依托马蜂窝庞大的用户资源，为客户提供直接有效的宣传。马蜂窝机构认证主页是专门为旅游局等旅游行业机构提供宣传服务的平台，旅游机构能够依托马蜂窝的优质平台向用户展示旅游资源。所谓效果广告，也就是撮合交易。以酒店平台为例，一方面用户可以找到性价比高的优质特色酒店，另一方面马蜂窝能为全球的优质酒店带去真实有效的客源，从而形成用户、商户、网站三方共赢的局面。随着马蜂窝对行业整合能力的不断增强，其盈利模式将迈向纵深化和多元化的发展方向。

5.3.3 垂直社交 + 互动发展

（1）创新发展定位：以自由行代替传统旅游。

我国旅游产业中在线旅行预订的用户规模逐年扩大，旅游产业已经逐渐从传统大众化旅游发展到精细的个性化旅游阶段。马蜂窝 CEO 陈罡将在线旅游网站划分为三个时代，即在线旅游时代、搜索比较时代和以旅游攻略为代表的用户个性化时代。在前两个时代，旅游网络平台均是以提供统一化、标准化的旅游产品、酒店预订、机票购买服务为特征；而在第三个时代，旅游网站从大众化发展为垂直化、精细化、社交化的媒体平台，以马蜂窝最为典型。马蜂窝的官网即是以“旅游攻略、自由行、自助游攻略、旅游社交分享”为主要卖点。从发展定位上看，它直接跨越了传统的 OTA 发展模式，以个性化、垂直化的社交互动平台代替了传统的在线旅行社。“自由行”本身就是垂直社交媒体平台中用户的个性特征，马蜂窝便契合了年青一代的用户需求，从最初的满足小众化用户到如今的吸引大众化用户，其发展定位顺应了媒体平台化的发展时代。

（2）用户生产内容：从工具性向社交性转变。

从互动发展的角度看，当前社交媒体都更为注重用户的兴趣与互动性。随着垂直化社交媒体向服务平台的转化，马蜂窝以“自由行”为抓手，以用户为生产力，让用户提供和分享旅游攻略，既满足了平台的内容生产，也契合了媒体的交互特性。马蜂窝的核心价值是为用户提供真实有效的信息，帮助用户作出正确的旅行决策，解决旅行中的问题。马蜂窝通过无数用户的真实分享实现该价值，这也是能够源源不断产生内容的根基。在内容生产过程中，传统的在线旅行社通过专业性媒体进行内容生产，以盈利为主要的内容生产特征；马蜂窝的内容生产模式，以个性化为特征，在垂直化的基础上进行盈利模式再造，推进了平台与用户的双重互动。以用户生产内容为特征，推进平台与用户之间的良性互动，这种互动发展模式将垂直化的旅游社交媒体平台的特征从工具性转向了社交性。以往的在线旅行社，只是单纯满足了用户的工具性需求，而垂直社交旅游平台则满足了用户工具性和社交性的双重需求。工具性特征满足了用户的多样化需求，社交性特征则满足了用户的精神性需求，从工具性向社交性的转变推进了马蜂窝作为垂直社交媒体平台的互动建设，又在此基础上做好推广与服务工作。

5.3.4　SWOT 分析

（一）优势

第一，拥有大量高质量原创内容，并积累了众多创作用户。优质内容吸引更多新用户，并激发用户创作更多的优质内容，进一步提高 UGC 壁垒，内容上进入一个良性循环。

第二，拥有社交属性。在平台内部，通过留言、关注、问答等功能可以与“驴友”进行线上互动，通过小组、活动功能可以进行线下互动，线上线下互动大大加强了用户之间的联系，提高了用户黏性。在平台外部，可通过 App 或小程序将众多优质内容分享至微信朋友圈，与微信好友互动。

第三，拥有较强的变现能力。优质的游记攻略内容不仅是对旅游目的地的介绍，而且是高质量广告，关联到相关的产品后，会有较高的转化率。

（二）劣势

第一，盈利能力不足。在交通、住宿、旅行产品这三个主要领域中，关于后两者马蜂窝都结合 UGC 进行了布局，但交通是一个短板，在线交通市场占据在线旅游超 70% 的份额。机票资源渠道若不充足，将很难达到携程系的体量。

第二，旅游相关服务覆盖面较窄。相较于携程提供的服务，马蜂窝提供的旅行服务种类还是比较少。马蜂窝侧重于自由行，用户所需的服务更加多元化。缺少用户所需的服务可能会导致部分用户流失。

（三）机会

第一，个性化旅行产品需求增加。旅游市场中自由行这类个性化产品占比快速增长，通过 UGC 向用户推荐个性化产品并实现交易的商业模式将更具竞争力。

第二，通过大数据定制旅行产品。通过 UGC 数据可以提取用户的旅行偏好，定制更符合用户需求的旅行产品。

（四）威胁

第一，竞争可能更加激烈。马蜂窝在变现的道路上暂时未能形成很大的规模，当规模扩大后，势必对竞争对手形成威胁，很可能引发旅游产品的价格战、商家二选一等现象，这将很不利于在资金以及资源上都处于劣势的马蜂窝。

第二，产业大环境不利好。在线旅游产品的用户增量已逐步放缓，在线旅游产业的增速近几年也在下降。市场上的新用户、新旅游资源将减少，需要与同行竞争用户及资源，发展难度较大。

5.3.5 小结

马蜂窝作为“中国的旅行圣经”，将 AI 技术与大数据算法结合，以 UGC、旅游大数据、自由行交易平台作为三大核心竞争力，是具有良好成长前景的垂直旅游社交平台。以依照兴趣而建的业余平台作为发端，马蜂窝经历了上线网站、成立公司、探索商业模式、更名立 IP 和融资等一系列过程，逐渐发展为相对成熟的在线旅游平台。马蜂窝的商业模式为“年轻导向，内容社群”，平台旗帜鲜明地将年轻人作为其主要用户群体，打造新潮旅游方式。以“内容”为王牌，为用户提供攻略查询、游记分享、蜂首聚会、结伴同行的功能，盈利来源主要分为品牌广告和效果广告两方面。通过“垂直社交 + 互动发展”，马蜂窝打造了独特的平台特色，实现了差异化发展，同时满足了用户的个性需求和社交需求。

5.4 拓展阅读

“社交电商”能否与“在线旅游”擦出火花

一、社交电商

2016—2020 年，社交电商已逐渐进入稳定期，从初期的野蛮生长、百花齐放，到现在已有一套完整、合规的经营流程。平台有了相对稳定的代理团队，也就有了相对稳定的平台消费者。平台通过对这些团队进行管理，团队通过对私有流量的日常维护，建立了一个可持续发展的流量闭环，发挥自身所特有的信任感和推荐特质，成为更多中长尾供应商的合作首选，这就是如今社交电商如此火爆的主要原因。

二、旅游的趋势和痛点

（1）趋势。在线旅游产品目前划分为主题特色游、品质游、定制游、特色旅游产品（未来热点）、跨境游。风格化、位置化、个性化、移动化将成为新趋势。

（2）痛点。产品内容易被抄袭、旅游的弱社区性，使得旅游品牌的营造相对有难度；消费者的出行安全和旅游品质无法得到切实保障（尤其是跨境游）；景区的商业化、同质化问题越来越严重，服务意识差；越来越多的高学历年轻人成为旅游生力军，且更想进行“深度旅游”，而目前不能较好地满足这类需求。

资料来源：人人都是产品经理. 当“社交电商”遇到“在线旅游”的化学反应[EB/OL].（2020 - 11 - 09）[2021 - 03 - 02]. http：//www.woshipm.com/it/4247577.html.（有改动）

【拓展思考】

如果将旅游行业与社交电商结合，有怎样的可行路径？将产生怎样的化学反应？

5.5　思考题

1. OTA 平台的特征是什么？
2. 携程的商业模式存在哪些不足？若要长期发展应该如何改变和调整？
3. 马蜂窝目前面临着内容困境，请根据本章学习的内容就此话题提出自己的建议。

6　农村电子商务

【知识框架图】

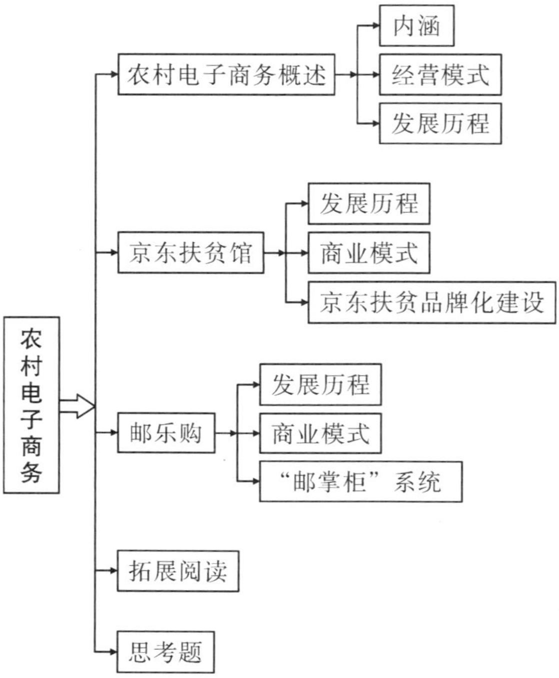

【学习目标】

知识目标：

了解农村电子商务的发展趋势。

掌握农村电子商务的内涵和经营模式。

技能目标：

掌握京东扶贫馆和邮乐购的商业模式与技术模式分析。

进行基于社交电商平台的农产品运营实践。

情感目标：

了解农村电子商务对乡村振兴和脱贫攻坚的作用，总结农村电子商务的推广成功经验。

深入理解“精准扶贫”的内涵，把握农村电子商务消费扶贫实事求是、因地制宜的原则。

【先导案例】

遂昌模式研究——服务驱动型县域电子商务发展模式

遂昌县位于浙江省西南部，隶属丽水市，在钱塘江、瓯江上游，仙霞岭山脉横贯全境，山地占总面积的88.83%，全县总面积2 539平方千米，总人口23万。

独特的自然环境造就了遂昌优质的农特产品，从2005年开始，遂昌就有网商自发做淘宝，主要经营竹炭、烤薯、山茶油、菊米等农特产品。近年遂昌的电子商务也开始逐渐发展服装、家具等品类，形成了“朱阿姨童装”等知名网络品牌。

2010年3月，遂昌网店协会成立，遂昌电子商务进入了快速发展期。2012年9月，遂昌荣获阿里巴巴第九届全球网商大会“最佳网商城镇奖”。2012年底，协会共有卖家会员1 200多家，全年共完成电子商务交易约1.5亿元。至2013年1月淘宝网“遂昌馆”上线，初步形成了以农特产品为特色，多品类协同发展的县域电子商务中的“遂昌模式”。

所谓遂昌模式，即以本地化电子商务综合服务商作为驱动，带动县域电子商务生态发展，促进地方传统产业，尤其是农业及农产品加工业实现电子商务化，“电子商务综合服务商+网商+传统产业”相互作用，在政策环境的催化下，形成信息时代的县域经济发展道路。

其中，本地化电子商务综合服务商是遂昌模式的核心，网商是发展的基础，传统产业是遂昌模式的动力，而政策环境则是遂昌模式产生的催化剂。遂昌模式对于其他县域发展农产品电子商务，促进农业升级，或者通过县域内多品类电子商务的协调发展，促进县域经济的腾飞，都具有重要的借鉴意义。

资料来源：中国共产党新闻网．遂昌模式研究——服务驱动型县域电子商务发展模式［EB/OL］．（2016－08－04）［2022－02－09］．http：//theory.people.com.cn/n1/2016/0804/c401815－28611279.html．（有改动）

【拓展思考】

遂昌模式成功的关键要素是什么？它适用于所有的县城电子商务发展吗？

6.1　农村电子商务概述

6.1.1　内涵

（一）农村电子商务的定义

农村电子商务是电子商务在农村的具体应用，主要指在农村开展的电子商务业务，包括农产品上行和工业品下行两个方面。传统农产品销售模式中，农民只能将农产品卖给前来收购的收购商，而农村电商作为一种新型销售模式，可以通过大平台直营或者生产者自营等模式，缩减传统模式中的采购商和批发商环节，增加生产者收入。

农村电子商务是互联网及数字经济大背景下的必然产物。农村电子商务以互联网、大数据、区块链等先进技术为支撑，有效连接农产品供需端，由产业链利益相关者参与驱动产品或服务创新。这一模式减少了农产品的流通环节，极大提升了交易效率，降低了交易成本，能有效解决农产品滞销等问题，促进经济的发展。

农村电子商务作为政府关注的重点，在乡村振兴中发挥了很大的作用，如促进农产品销售、推进扶贫攻坚、深化农业供给侧结构性改革、拓展农业产业价值链、提升农村公共服务水平、促进乡村治理水平提升。

（二）农村电子商务的特点

（1）地域性。

农村电子商务具有地域性。由于不同地区的风土人情不尽相同，使得各个地区农产品的种类有很大的差异，加上城乡之间的发展水平、地形地貌分布、政府对农产品的重视程度等因素也存在一定差异，导致不同地区的农村电子商务出现截然不同的情况，农产品营销也由此形成明显的地域性。

（2）季节性。

农村电子商务具有季节性。农产品根据特定的土壤、阳光、温度和湿度等条件，具有独特的生产周期，这些特性决定了每种农产品在不同地区有着特定的种植时间、成熟时间、生产方式和组织形式，形成四季分明的交易情况，因此农产品营销出现很强的季节性特点。

（3）集聚性。

农村电子商务具有集聚性。由于农产品具有明显的地域性和季节性，在农产品营销的过程中，为了方便销售商采购、农户销售和消费者消费，以及提高农产品的营销效率，农村电子商务必然会呈现集聚性的特点。农村电子商务的集聚是为了加强农产品营销各元素之间的联系，有利于减少农产品积压，降低农产品种植的风险，减轻市场变化带给农民的压力，促进农村电子商务的运行和管理。

6.1.2 经营模式

农村电子商务自2015年以来，得到了迅速的发展。在政策方面，中央一号文件连续多年提到农村电子商务，各地也随之出台了一系列的政策，为农村电子商务的发展提供了政策支持。在电子商务方面，为了争夺农村市场，各大电子商务平台凭借各自的优势，纷纷进军农村电子商务领域。在技术发展方面，随着电子商务行业的大数据、社交电商等技术的不断发展，农村电子商务平台的模式也越来越多元化。总之，农村电子商务得到了社会各界空前的关注。

（一）自营模式

农村电商的自营模式是指以农村淘宝平台为典型代表，为农村提供电子商务平台，协助各地农民购买外地商品以及销售当地农特产品。农村淘宝的基本做法是，与地方政府达成合作，政府为农村淘宝平台提供一系列宣传、财务、场地等方面的支持，而淘宝则在地方县城建立公共服务中心，在各村建立农村淘宝服务站点。公共服务中心负责区域内各村业务的管理，服务站点主要负责网上交易的代买代购和快递的代收代发，也负责当地农特产品的网上销售。这一模式为农村提供了一个低门槛的销售平台，农民可以通过各地的服务站销售当地农特产品，还可以借助农村淘宝平台在网上自发开设自营的淘宝店。该模式可以有效解决农产品滞销等问题，增加农民的收入，促进各地农民脱贫致富。

（二）“自营 + 加盟”模式

“自营 + 加盟”模式是在提供平台给农民自营的基础上，与农产品企业达成加盟合作。这一模式的典型代表是京东模式，具体做法是：借助京东自营电商的正品行货优势，通过京东帮服务店打通 4 ~6 级市场，为农民提供自营平台。与此同时，基于京东的自建物流，与农产品企业或农村合作组织形成合作关系。京东在平台上销售加盟企业生产的农产品，并且通过共同举办区域农特产品购物节等方式推进农副产品上行，这一模式可以有效解决电商农产品的采购问题以及产品滞销问题。自建物流网络也可以为农产品的质量提供保障，实现双赢。

与农村淘宝平台的单纯自营模式相比，京东模式的核心特征是充分发挥其自建物流系统的优势，在自营平台的基础上进行渠道下沉，有助于在农村市场打造品牌优势，而不足之处是这一模式下工业品下行远大于农产品上行，如何真正融入农村产业链仍是这一模式需要解决的问题。

（三）加盟模式

加盟模式则是平台主要通过与农产品企业和农村合作组织合作，成立农产品批发交易中心实现采购集中化，减少中间环节，降低运输及贮藏成本，促进农产品的上行。近年来，拼多多在这一模式中取得了巨大突破，其主要做法是启动“多多助农”工程，通过“大国企 + 大平台”的联合创新，深入各个贫困县区，用点对点帮扶的方式直接对接农产品的产销过程。其中，最成功的尝试则是拼多多与渭南邮政的合作，开创了覆盖市内全部村落并且订单秒发的农产品极速上行模式，满足消费者需求的同时进一步实现了贫困地区农民的增收。

6.1.3　发展历程

2013 年，开始出现生鲜农产品的网上交易，淘宝网“遂昌馆”上线，首个农村电商“遂昌模式”形成，中国农村电商进入探索启动期。

2014 年，国内电商巨头相继进入农村电子商务领域，农村电商市场开始启动，与此同时，商务部主导开展电商进农村综合示范的试点工作。

2015 年，被称为农村电商的发展元年，中共中央、国务院各部门下发系列扶贫政策，推动电商进农村综合示范工作。

2016 年，农村电子商务进入高速增长期，商务部出台农村电商运营和服务规范，电商进农村综合示范工作开始偏向贫困地区。

2017—2018 年，农村电子商务进入稳定增长期，开始注重农产品出村试点。同时，电商进农村综合示范工作更加注重考核农产品上行。

2019 年至今，农村电子商务市场经过调整，实现平稳发展，监管规范，格局稳定，厂商开始探索新的运营及盈利模式。

中国的农村电子商务发展正迎来空前的机遇：政策支持为农村电商发展提供了坚实的后盾，农村网民规模的不断扩大为农村电子商务发展提供了基础，农民收入增加、消费升级以及回乡创业人员日渐增多，为农村电子商务发展提供了动力，农村电子商务的多元化发展则为农产品网货化提供了更多的渠道。

随着中国农村电子商务的进一步发展，必然会表现出本地化、协同化、融合化、差异化、跨界化等特点，还将进一步推动农业产业结构升级，诸多电商企业会向农业产业链深度进军，进一步推动农业标准化生产、商品化处理、品牌化销售、产业化经营。

在我国扶贫工作的大背景下，农村电子商务还将致力于乡村振兴，农村电子商务赋能贫困主体、赋能产业，使扶贫路径多样化。各大电商平台依托自身资源优势，致力于精准扶贫，探索各具特色的电商扶贫模式。农村电商的发展将促进农村和城市资源要素的双向流动，并形成农村电商新兴业态，为乡村振兴注入活力。

6.2 京东扶贫馆

6.2.1 发展历程

京东是中国综合网络零售商，是中国电子商务领域最具影响力的 B2C 电子商务网站之一，在线销售家电、数码通信、家居百货、服装服饰等 12 大类，有数万个品牌、百万种优质商品。

随着电子商务行业的发展，低线城市的消费场景成为重要的消费增长点。

早在 2013 年，京东就提出“渠道下沉”战略，通过便利店、服务店、家电下乡等形式进驻农村，布局低线城市，先后在贵州、四川等地建立京东“先锋站”，开始大规模勾画京东的乡村配送图，着力解决农村电商“最后一公里”的问题。

2014 年，京东开始打造“京东帮服务店”，将优质的产品带给贫困地区的农民，同时是推广贫困地区农产品的中心点。

2015 年，京东提出“3F”战略。“3F”战略包括实施生鲜电商战略（Farm to Table）、工业品进农村战略（Factory to Country）、农村金融战略（Finance to Country）三大战略。其中，生鲜电商战略是为了让城市消费者更轻易获得优质的农产品，减少中间的流通环节。而工业品进农村战略是为了让农民买到一流的生产和生活用品。农村金融战略主要是为了解决农民生产资金的问题。

2016 年，国务院扶贫办与京东签约合作协议。2017 年，京东在农村进一步推进“渠道下沉”战略为“极限下沉”战略，采取县级市场与乡镇市场同步发展的方式。2019 年，京东进一步推出“京喜”，并使其成为京东深耕下沉市场的“利器”。

互联网电商时代是大众体验的时代，是品牌化大发展的时代，品牌驱动战略将成为电商企业的终极战略。京东也希望能够继续借助流量、品牌优势帮助农产品走向规模化、品质化、品牌化。如表 6－1 所示，京东从直接捐赠的扶贫 1.0 模式，到产业扶贫的 2.0 模式，目前已进入以品牌为核心的 3.0 模式，实现了从输血—造血—活血的升级进阶模式。

表 6－1　京东扶贫模式

1.0 模式——“输血”	2.0 模式——“造血”	3.0 模式——“活血”
直接捐赠钱、财、物帮助贫困地区	“公司＋农户”模式扶持产业；带动就业，帮助“农产品上行”	品牌打造助力产业升级，创业就业助力富民增收；科技赋能助力深度参与，物流布局助力渠道畅通；金融支持助力服务保障，公益创新助力社会联动

从 1.0 模式到 3.0 模式，京东在品牌扶贫领域作了很多创新的探索，围绕“品牌”全方位运营，通过打造“跑步鸡”“游水鸭”等系列扶贫项目，在实际扶贫工作中摸索出培训、金融、农资、安全、运输、销售、品牌、招工八大环节的帮扶体系。同时，京东利用大数据和平台优势，帮助贫困地区进行产品市场分析和前瞻性探索，通过分享产业扶持政策，培育产业人才，进行定制化品牌塑造，整合系列营销推广，以品牌提升产品价值，由扶贫之路走向致富之路。

据统计，2019 年上半年排名前 10 的扶贫馆销售额均在百万元以上。截至 2019 年 12 月底，京东已帮助全国贫困地区上线商品超 300 万种，实现销售额超 750 亿元，直接带动 90 万户建档立卡贫困户增收。徐雷表示：“京东来自三线到六线的低线市场用户增速高于一、二线城市，整体用户里面，超过一半来自低线城市。”这也代表着，电商之战已经从一、二线城市转移到“下沉市场”。

6.2.2　商业模式

在成本优势不明显的电子商务产业中，京东布局农村电商时采用的竞争战略为差异化战略。差异化战略一般表现为提供的产品具备差异性、独特性。京东不仅仅是以单一的电子商务进驻农村的路径展开布局，而是针对京东农村电商的差异性，从“渠道下沉”到“极限下沉”再到“3F”战略，先从工业品进农村，到生鲜电商即农产品走出农村，扩宽销售渠道，再到农村金融服务，支持农民创业。

京东农村电商业务的差异化表现为将电商平台、自营物流与科技金融的各项优势相结合，起到了各项资源的内聚耦合效果。在策略制定方面，京东积极响应国家精准扶贫的号召，结合农村发展局限性，因地制宜制订农村市场开发方案，帮助农民优化农产品产业链，为农民提供就业机会和创业资金，全方位为农民务农、生产增效、改善生活提供机会与帮助。

京东农村电商整体的路线规划实施了差异化战略，通过赋能各项配套资源，结合数据化、智能系统管理，推动“3F”战略各流程的相互促进，积极响应国家精准扶贫政策，实现农村电商产业链的标准化、产业化发展，整体规范化、高效化运作，进一步推进现代农村经济体系的建成及完善。

（一）京东帮服务店和县级服务中心的设立

京东在农村电商领域的布局明显领先于国内其他电商企业，并且积极响应党中央、国务院提出的"互联网+"和扶贫战略。京东农村电商战略得以顺利实施，最核心的创新模式是京东帮服务店和县级服务中心的建成和扩增。

1. 京东帮服务店

2014年11月，京东在河北赵县开设第一个京东帮服务店。京东帮服务店主要面向4~6级市场，响应渠道下沉及极限下沉战略，致力于解决京东家电下乡"最后一公里"问题，解决农村家电买卖难、安装难、维修难的问题，同时开展商品运输下沉及后续服务下沉。

京东建立的京东帮服务店以第三方合作模式展开，保留京东帮服务店的经营自主权，并提供政策支持及经济支持。在京东农村电商团队的协助下，服务店会招募当地具备家电经营经验的"帮主"及相关的工作人员，负责在乡镇农村当地推广电商业务，做好农村地区家电配送、安装、维修等服务工作，为农民提供网购咨询和答疑服务，扩大电商在农村的覆盖范围（见图6-1）。

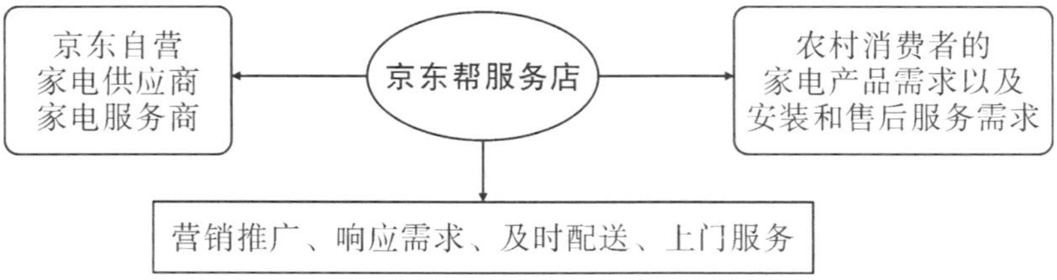

图6-1　京东帮服务店功能图

如图6-1所示，京东帮服务店提供的具体支持与服务主要有：为自营店铺和家电供应商提供先进、稳定、高效的京东配送、安装管理系统，保证服务店信息管理规范化；为家电服务商开展专业维修技能、多品类维修能力培训，帮助服务店获取行业协会或厂家资质认证。同时，京东帮服务店还可以满足农村消费者的家电产品需求以及安装、售后服务方面的需求。

为了维护京东帮服务店的品牌形象，京东统一店面装修、车身广告、员工服饰及上岗证件，并进行区域协同管理，同区域内只建一家服务店，保障每家店的区域经营权，为每家店配置运营督导，提供运营支持、业务培训、人员管理等辅助服务，实施营销推广、响应需求、及时配送、上门服务。

截至2016年底，京东在全国45万个行政村布局了超过1 700家京东帮服务店，其销售额占当年京东大家电业务的30%。在2015年"双十一"购物节以及2016年"6·18京东家电节"，农村家电销量均超京东家电整体销量的30%，增速为城市家电增速的3倍。可见京东帮服务店发挥了重要作用。

2. 县级服务中心

2015年1月，京东在山东平度建成第一个县级服务中心。2015年4月，京东自营的县级服务中心突破百家。截至2016年底，京东拥有1 700多家县级服务中心，覆盖全国31个省、市、自治区，约30万名乡村推广员，覆盖27 000余个乡镇，服务30余万个村庄的农民。

县级服务中心不仅是当地的一个配送站，承担包括各种小件商品的输出，还承担招募、管理当地乡村推广员，负责对这些推广员进行电商培训、技术传授、营销推广等多项重要功能。县级服务中心是京东“3F”战略的核心，成为“工业品进农村”“农产品走出农村”和“农村金融”之间的纽带，是京东农村电商生态链中的信息交流点和传输点。

县级服务中心有六大功能，对于京东农村电商的进一步发展，其中最重要的一个功能是乡村推广员的招募管理和培训。县级服务中心主要的工作有：引导顾客注册会员、下单商品；收集反馈当地农产品品类、销量等信息；协助京东进行物流和售后服务；收集京东促销商品信息、向当地村民推荐优质商品；通过线上线下等多种途径宣传京东品牌，促进合作；承载京东当地落户合作业务。

3. 乡村主管与乡村推广员

乡村主管与乡村推广员均是从农村当地招募加入县级服务中心，以兼职形式参与京东农村战略员工团队，其工薪考核以农村商品流通的品类、数量、提供的售后及物流服务的量化指标为标准建立佣金机制。该模式既不增加京东集团人员管理的压力，又为农村人员解决了部分就业问题，充分利用当地资源，推进农村经济建设。

如图 6－2 所示，乡村主管和乡村推广员是深入农村市场的电商理念传递者，他们帮助当地村民克服农村网购技术的障碍，缓和理念差异，促进工业品下乡的同时可以帮助当地农特产品推上电商平台展开销售，将农村当地资源与京东原有的资源进行整合配套，对农村网购消费市场的开拓、农特产品的对外销售以及当地农民的增收发挥了重要作用。

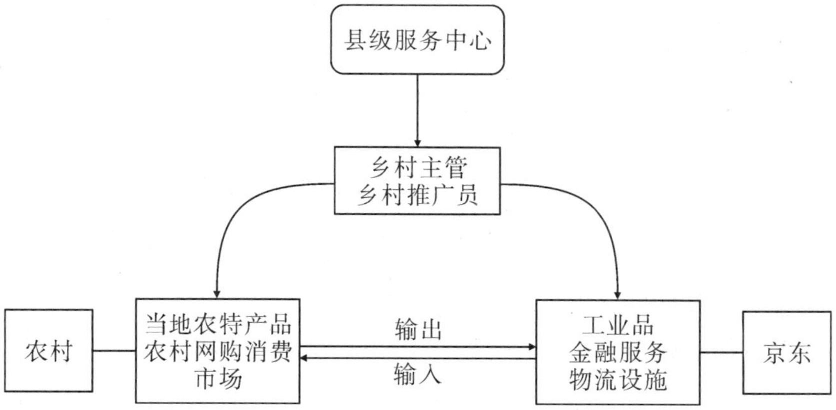

图 6－2　县级服务中心架构图

乡村主管与乡村推广员从当地村民中来，了解大家的想法，与其他村民形成最直接的沟通关系，可以通过有效沟通打破农村原有的落后、传统的思维模式，促进村民消费观、理财观的改变，提升生活质量，为推出“农村金融”战略打好基础。

2017 年京东推进“极限下沉”战略，布局密集型农村生态圈，完善物流配送体系。京东帮服务店、县级服务中心及几十万名乡村推广员发挥着巨大作用，高效利用农村各项土地资源、生产力资源、劳动力资源与智慧生产资源，搭建京东 O2O 模式，推进农村电商渗透力度，进一步促使网购代替传统购物成为村民的购物习惯，挖掘村民的电商消费潜力，为农村电商长远有序地发展提供了保障。

（二）农特产品扶贫馆搭建

为了顺应农业供给侧改革和新型农村发展的战略主张，京东采取的做法是打造因地制宜的区域品牌。京东生鲜电商先后打造了多种品牌农产品，比如仁寿的枇杷、黔西的酸笋、苍溪的猕猴桃、云阳的菜籽油、洛川的苹果等，创收效果十分显著。

1. 携手搭建农特产品品牌

2014 年 12 月，仁寿政府和京东集团签署了战略合作协议，全面开展京东“电子商务进农村”计划，旨在与京东共同打造“西南最大的网商聚集地”。以枇杷为首试农产品，通过京东电商销售平台与物流配送网络销往全国各地，销量超 6.2 万吨，销售额达 3.7 亿元，与京东进驻前的同期数据对比增长了 76%。

京东与仁寿政府的合作案例也标志着其在全国范围内开始大规模推进电子商务进农村战略。截至 2016 年底，京东与包括国家级贫困县在内的全国 832 个县和 5 000 多家农特产品生产商、销售商达成合作协议，在京东电商平台进驻近 200 万种农特产品，帮助贫困地区实现脱贫增收。京东在农村实施的“极限下沉”，为诸多贫困落后地区农特产品的输出提供了方便高效的渠道。

2. 建设扶贫特产馆

为了让京东扶贫模式得到更好的推广，京东结合线上推广的营销模式创立了扶贫馆。2016 年，全国第一个省级扶贫特产馆在贵州建成，从贵州贫困县筛选出当地特色小吃、民族工艺、调料制品等 400 余种优质农特产品，依托京东电商销售平台与物流配送资源，销往全国 23 个省市，大大提高了贵州省农特产品的销售效益，拓宽了销售市场。2016 年底，京东四川扶贫特产馆、安徽扶贫特产馆、丹寨特产馆等 12 家地方扶贫特产馆相继成立。

扶贫馆的网页界面是根据不同的地方特色而建立的，扶贫馆模块内销售的物品是筛选出的各贫困地区富有特色的小吃、民族工艺、调料制品等多种优质农特产品。扶贫馆网页界面不仅具有当地的地方特色，还有相应的宣传介绍文字，使扶贫馆与当地的农特产品紧密结合，更加富有地方气息。

在平台上，京东创建的相应的扶贫馆模块，消费者只需要点击进入到京东扶贫界面便可以看见，在界面首页上排列着全国一些贫困地区的扶贫馆模块。之后点击不同的模块则可看到各具特色的宣传页面，如在阿克苏扶贫特产馆可以看到当地极具特色的冰糖心苹果、纸皮核桃、红枣等的宣传图片和视频；在安徽扶贫特产馆可以看到咸鸭蛋、黄桃罐头、小麻花、白米虾等农特产品的宣传图片和视频。精致的宣传图片、详细的产品宣传文案，外加扶贫政策的推广，让消费者很难不动心购买。同时，线上的推广也带动了线下的经济效益，不少消费者会受到京东扶贫馆页面内容潜移默化的影响，选择去当地旅游以进行更深入的了解。

3. 扶贫战略的进一步推进

京东平台销售的来自贫困地区的农特产品还包括休闲零食、蛋类、水果、米面杂粮、坚果炒货、熟食卤味等。通过调查可发现，蜂蜜、蔬菜瓜果等绿色、天然的农特产品更受消费者的喜爱。

京东不仅仅为热销农特产品提供了销售渠道与配送便利，更是为滞销的优质农特产品打造了营销策略，与当地政府合作，帮助农特产品生产者寻找客户，拓宽销路，搭建产品输出平台。对信息严重滞后的县村，以“立体式营造商品通道”的帮助模式，为农民解决销售问题，包括采购、销售、渠道一系列方面的支持，帮助农村走出交通与信息闭塞的困境，让贫困山村的农产品有更多的机会走向市场，让被生存所困的农民有增收致富的机会，极大程度地拉近了消费者与多样化优质农特产品的距离。

京东电商扶贫战略，包括产业扶贫、用工扶贫、创业扶贫、金融扶贫四大战略，打造集培训、金融、农资、安全、运输、销售、品牌、招工八大环节的帮扶体系，响应“大众创业、万众创新”号召，形成人才生态圈，促进多渠道合作网络发展。

（三）“互联网 + 农业 + 金融”

京东通过网络平台嫁接各种服务于农村的资源，拓展农村信息服务业务、服务领域，使之成为遍布县、镇、村的三农信息服务站，以实体终端的形式为农村提供各种农村电商特有的附加服务，除了提供农民培训、产品售后的服务外，还包括网上农贸市场、数字农家乐、特色旅游、特色经济、招商引资等。发展农村电商的同时，推动农村经济的多样化发展，让农民多渠道受益。

由于普惠金融在农村地区的发展相对落后，农村电商企业较城镇地区企业获得资金支持的力度远远不足，制约了农村电商企业的扩大发展。

针对农村金融的问题，京东金融在 2015 年 9 月正式发布农村金融战略，针对农村市场推出了一系列金融服务。京农贷和农村众筹产品线专注于农村金融服务，以风险控制为核心，完善战略布局，扩大渠道优势，开放合作平台，为农民提供“原料采购—种植—收购—销售”的全过程服务，在每个节点上进行风险评估与控制。在优化农村电商产业链的发展过程中，强化农村互联网金融的信息推广和服务，满足农民采供销产业链资金运作需求及农民创业、投资资金需求，为农村商业化市场提供了更多资源和机会。

例如，京东贷可满足农民采购环节的生产资料信贷需求和农产品收购环节的农产品信贷需求。为了提高信贷需求申请效率，京东金融设定专业信贷网站，在乡村推广员的帮助下，农民实现电子化申请，电子审核处理贷款申请。京东通过供应链以销定产的模式，赋能农产品上游生产力；以大数据分析功能，为农产品生产者提供市场需求数据，规避经营风险。目前，通过京东金融众筹平台成功赋能的案例超百项，大量农民通过该平台增收创利。

6.2.3　京东扶贫品牌化建设

京东是一家自营式网络零售企业，不仅有线上的电商平台，而且有线下的京东便利店以及京东物流，使得京东在供应链上占有一定的优势。线下利用科学技术与农产业结合，碰撞出一系列极具创意的火花，也使得线上的传播形式在一定程度上受到了启发和影响，从而产生一些创新的传播形式来吸引消费者。

为了让消费者更好地感受产品、体验产品，京东运用科技特色推出“无界零售”理念，让无界零售、新扶贫、科技赋能等多种元素组合、碰撞、创新，通过线上线下有机结合的方式打造极致的消费体验，让消费者感受产品、体验产品，引领新趋势。

京东为贫困地区打造相应的产品形象，整合全平台、全渠道所有涉农业务，实现一站式扶贫。目前，京东已经孵化出了“跑步鸡”“飞翔鸽”“游水鸭”“游水鱼”“跑山猪”等明星 IP，成为地方农产品重要的推广和销售渠道。顺应发展潮流实行直播带货等传播行为，为扶贫增加了曝光度。同时，植入京东扶贫招商权益，扶持无资质无品牌的产品，形成“京东＋龙头企业＋扶贫品牌”的全新扶贫生态。

当京东推出“跑步鸡”品牌产品，这个名字立马吸引了许多消费者的关注，“跑步鸡”是京东在业界率先使用了区块链溯源及鸡脚环等物联网技术，对于跑步鸡160天的全养殖周期进行监测，通过互联网技术对养殖过程进行追溯，保证产品的绿色、健康。“跑够100万步才上市”成为京东跑步鸡的网红标签，这种夸张的标签使得跑步鸡在京东平台上经常被一抢而空。

不仅如此，在跑步鸡的包装上均有一个二维码，消费者通过扫描二维码便可了解产品的状态。通过二维码扫描出来的内容对产品进行了详细介绍，这使得消费者能够放心食用。这种独具匠心的宣传和渲染，使得“优质原材料”“详细饲养过程”的标签伴随着“跑步鸡”更加深入消费者的心里。这种科学技术与养殖业结合而形成的产品，使其传播方式更加别具新意。京东随后又相继推出了一系列充满创新概念的农产品项目，吸引了目标受众的目光。

从京东扶贫项目来看，京东坚持两条路径：既要卖货，帮助贫困地区销售农产品，提高农民收入水平；又要深度孵化品牌，借助京东科技、金融、物流、品牌等方面的优势帮助贫困地区打造品牌化的农产品。

结合“跑步鸡”的案例，可总结京东植入的新科技、新思维主要有以下几种：

（1）物联网技术。

物联网技术的应用在农业领域已经有很多成功案例，通常情况下，物联网公司只是卖技术，而没有结合品牌、产业等打通物联网技术的产销两端的需求关系。

京东“跑步鸡”项目应用物联网技术，为后来的“物联网＋产业”提供了模板。

京东在“跑步鸡”项目上，与高新兴物联签署了战略合作协议，双方未来将深化在农业物联网领域的合作，共同推动物联网技术在生态养殖领域的应用。“跑步鸡”项目的成功验证了物联网技术应用在传统农业领域的可行性，而未来随着技术的快速进步和发展，物联网还将给传统行业带来更多的惊喜。

（2）二维码溯源。

二维码技术已经成为农产品溯源的核心技术。其中，京东“跑步鸡”项目的二维码溯源是全方位的。

例如，京东“跑步鸡”二维码溯源脚环会佩戴到每一只鸡的脚上，而且，跑步鸡还享受着一周三次的应季水果蔬菜“零食”，每个鸡舍内都有实时摄像头的全天候监控，数只大白鹅巡逻看护。

跑步鸡出栏前的养殖各环节有喂水、喂食、防疫以及日常的清扫、检查，每个环节鸡场工作人员都会拍照记录并上传至手机客户端。同时，通过使用互联网技术对跑步鸡全养殖周期进行检测和过程追溯，以保证产品的绿色、健康。

跑步鸡出栏后，又会有加工、物流、销售等环节。消费者可通过扫码看到跑步鸡在养殖场饲养过程的状态，比如，位于哪个养殖场、养殖人员是谁、这只鸡的食料是什么等信息，也可以详细了解鸡的防疫、消毒、出栏、加工、检测等后期过程的信息。

（3）区块链技术。

京东在区块链技术的应用上采用“物联网＋区块链”技术双应用，确保农产品品质。

比如在2018年，京东邀请了农科院专家对武邑的京东“跑步鸡”项目进行指导，引入区块链溯源等新技术。此外，与京东谋划增加鸡蛋产品，并引进孵化技术和鸡苗，从全产业链布局的角度来降低成本。

6.2.4　小结

本节主要分析了京东扶贫馆的发展历程、商业模式和京东扶贫品牌化建设。

京东的农村电商布局早在2013年就已开启，从直接捐赠的扶贫1.0模式，到产业扶贫的2.0模式，目前已经历了全方位的升级进阶，进入以品牌为核心的3.0模式。针对农村电商的发展，京东提出了“3F”战略，即生鲜电商战略、工业品进农村战略、农村金融战略，三条主线像三驾齐驱并进的马车，形成了相互独立又互相促进的伙伴关系。

京东集团不仅有着资源丰富、技术先进、结构体系相对成熟的优势，而且在发展农村电商的过程中因地制宜，充分利用农村本地产品资源、人力资源、组织结构资源，开设京东帮服务店和县级服务中心；开发农特产品扶贫馆，扩展销售渠道，优化产业链；通过“互联网+农业+金融”为农民提供资金，激活资金链，带动农村“团队+人才”“生态+渠道”“资金+技术”“平台+物流”各项资源的灵活配置，高效运转。

京东在推进农村电商发展的过程中十分注重对区域农产品品牌的打造，为优质农产品量身定制定营销策略，以“跑步鸡”的成功推广为例，京东通过科技赋能深度孵化了许多特色农产品品牌，借助京东科技、金融、物流、品牌等优势帮助贫困地区打造了多款品牌化农产品。

京东集团积极响应政府精准扶贫政策，其农村情结也形成了非常重要的组织文化资源，使之与“3F”战略形成相互补充、相互促进的关系，进一步推动京东农村电商的良性发展趋势。从京东农村电商的战略推进，保障体系建设的优越性及示范性，可以看出京东农村电商对我国农村经济发展的重要意义，同时可作为其他企业发展农村电商的模式参考，为政府推进乡村振兴战略提供实施路线的借鉴和制度思考。

6.3　邮乐购

6.3.1　发展历程

2010年，中国邮政集团正式进军电子商务行业，并推出“邮乐网”线上平台。

2012年下半年，中国邮政集团整合内外资源，以邮乐网为基础，在全国启动邮乐购电商服务站点建设。

2014年起，中国邮政集团积极对接商务部提出的“万村千乡市场工程”计划，在部分省（区、市）分公司进行试点，布局农村电子商务，成为国内最早介入并推进农村电商的国企之一。

2015年，商务部等部门联合发布《关于加快发展农村电子商务的意见》，中国邮政集团明确线上基于邮乐网和“邮掌柜”系统，线下依托邮政农村窗口资源、农村邮乐店等实体渠道和物流配送渠道，打造一个“网络代购+平台批销+农产品返城+公共服务+

普惠金融+物流配送”的邮政农村电子商务服务体系，做到“购物不出村、销售不出村、生活不出村、金融不出村、创业不出村”，努力使中国邮政成为农村电子商务的主渠道。

经过不断摸索，中国邮政已经探索出了一条农产品上行与工业品下行结合、线上平台与线下渠道结合、电子商务与邮政业务结合的农村电商发展运营模式。截至2018年8月，中国邮政共在地方建立了64万家“邮乐购”站点，积极推进农产品进城，大力发展农村电子商务，农产品销售额增长157亿元。

邮乐购不仅在经济上取得了出色的成绩，在社会效应上也得到了社会各界的肯定。2016年8月，时任国务院总理李克强视察江西瑞金邮乐购电商脱贫站点，肯定了邮政电商加快了农产品流通，为农村公共服务提供了很好的保障。2018年，中国邮政“农村电商助力精准扶贫”成为国务院扶贫办典型案例。

近两年来，在农村经济持续发展和乡村振兴战略等政策的大背景下，农村电商正在不断释放农村消费力。随着新零售的提出，中国邮政集团也把目光投向发展农村新零售并逐步进行战略布局。邮乐购凭借其庞大的物流网点和销售渠道，在农村电商市场上有着巨大的发展潜力。

6.3.2 商业模式

邮乐购的建设体系（见图6-3）以邮乐购站点为中心，通过批销、寄递、代购、金融等功能，一方面优化布局，提升网运能力，另一方面完善线上平台建设运营，进一步深化中国邮政的农村电商布局。

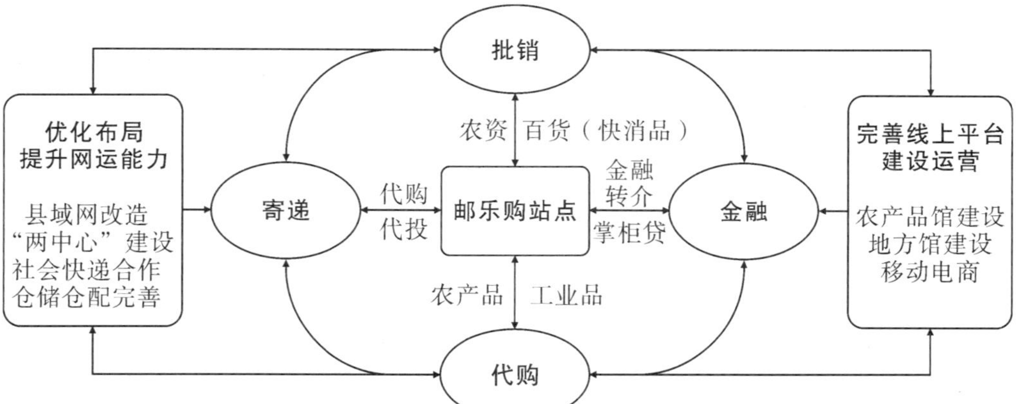

图6-3　邮乐购建设体系

1. 战略目标

（1）整合农村电商领域资源，打造工业品下行及农产品上行的服务站。

为实现城市工业品下乡，邮乐购借助自身的线上平台，为村民们提供了网购工业产品的服务。同时，在邮乐购网上建设各种“农产品馆”，帮助村民把各种农产品放在线上销售，由专业的电商运营团队进行营销，吸引全国各地的消费者，由邮乐购站点负责寄递物流工作，把各村的特色农产品销售出去，让农产品顺利进城，实现购物不出村、销售不出村的目标。

（2）实现共同配送，打造乡村快递揽投服务站。

利用中国邮政已建或待建的邮乐购实体站点，开办快递代揽代投业务，并向全社会的所有快递企业开放代理业务，按一定的比例收取代理费。通过加密邮路、优化人员安排、借助社会物流企业等措施，解决服务农村工作“最后一公里”和“最后一百米”的问题，确保农村用户购物、销售全流程打通，为村民提供寄、领包裹不出村的服务，实现高效共同配送的目标，同时增强村民对邮政电商的认同感。

（3）切入便民领域，提升邮政农村电商的影响力。

中国邮政切入便民领域，拓展了增值服务。人们通过邮政电子商务平台就能缴纳水电费、通信费，办理机动车驾驶证补换证、车辆六年免检业务等政务业务，还可开通各类票务订送、各类保险购买等便捷业务。使村民享受“足不出村、轻松办证”，提升邮政电子商务平台的影响力。

（4）通过新零售赋能，提升邮政农村电商渠道品质。

以新零售的理念重新构建邮乐购站点，通过邮政品牌商、供应链、物流系统、金融体系等资源对各个小店进行赋能，推进邮乐购实体店在线化。中国邮政不断探索站点终端业态升级的解决方案，改进业务流程和终端配送方案，打造良好的邮政农村生活服务平台。

2. 运营模式

（1）完善的物流体系。

中国邮政作为老牌物流配送服务中心，物流配送的基础设施相对健全，物流网络点多、线长、面广、延伸范围深、邮路里程长，从城市到乡镇再到偏远农村形成了密布的物流大网。依托邮政自有物流配送业务，凭借多年物流派送经验，将互联网与农业龙头企业和供销合作社相结合，可以有效解决农产品物流派送中“最后一公里”的难题，为邮乐购提供物流支持。

（2）线上自营平台。

中国邮政集团提供的农村电商平台分为两部分，一部分和传统的电商平台一样有自己的网页——邮乐网，通过网页的方式面向所有用户；另一部分是店主使用的系统——“邮掌柜”系统，中国邮政为店主免费安装邮掌柜系统，可享受邮政的优惠政策，并且系统的维护、升级、使用都有专门的推广人员上门服务，使平台店主减少操心，适合农村店主使用。

（3）线下实体网点。

线下的邮乐购实体网店实行标准化建设，以此增强辨识度，做好品牌统一管理。按照“中国邮政 + 便民服务 + 邮乐购”的设计元素统一店招；同时将店铺“触网上线”，为“邮掌柜”开通线上销售渠道，增加线上店铺推广功能，不仅可以快速上传店铺线下的自有商品，而且能通过电子会员提升复购率。

（4）创新业务生态。

通过社群运营思路，创新邮乐购业务生态。契合邮乐购社区、乡村客户的需求，以客户为中心，围绕邮乐购站点不断接入和丰富线下购物、邮乐商城、便民代缴、包裹寄递、金融服务、农产品销售、信息发布等服务场景，全方位打造生态型农村生活服务平台。

3. 营销模式

首先，完善区域仓、县域仓、支局周转仓等物流体系，保障邮乐购的安全运行，同时需要利用网络、媒体、广告和活动宣传，提高邮乐购的知名度。通过平台直营的运行机制带动邮乐购在农村地区的发展，并通过信息收集和处理为“邮掌柜”平台反馈消费者的意见，根据消费者的意见生产出具有品牌效应的特色农产品和主导产品。

其次，消费者可以通过“线上下单、线下服务”以及“线下体验、线上下单”两种方式在邮乐购进行消费，通过线上线下渠道的良好结合为消费者提供更优质的体验，满足农村消费者的需求。随着农村电商的发展，邮乐购与当地农产品企业以及供销合作社建立战略合作，共同打造更完善的营销模式。

最后，村民和经销商利用“邮掌柜”电子商务平台，通过邮政农产品物流配送业务将农产品派送至消费者手中。

6.3.3 “邮掌柜”系统

中国邮政集团拥有一个独立的运营平台——邮掌柜系统。这是邮政集团公司自主合作开发的一款集网上收银、代收代缴、网上代购、进货批发、网上贷款于一体的应用软件，也是邮掌柜系统主要的五个功能，邮掌柜系统是中国邮政农村电商体系中重要的组成部分。

（1）网上收银。

邮掌柜系统作为一个收银系统免费提供给各个商家，方便商家进行整理货物、电子积分、生成交易报表等工作。商家可以通过系统查看每日交易情况，同时还有标记商品到期日等基本功能。邮掌柜提供的会员管理功能可以查询各个消费者的会员卡号及积分，帮助商家通过电子积分锁定客户。

（2）代收代缴。

邮掌柜系统有代收代缴业务。作为邮政企业，邮乐购秉承着为人民服务的理念，具有社会性原则。邮掌柜上叠加的代收代缴业务可以帮助不熟悉智能设备的村民代收快递，还有代缴电费、话费、代买车票等功能，可有效解决村民基础的生活需求，增加他们对系统的信赖感，打造全能型的服务系统。

（3）网上代购。

邮掌柜系统可以协助商家进行网上代购，一方面进行农产品上行展示，通过邮乐网展示并销售当地农产品，另一方面进行工业品下行展示，邮政进行产品质量把关，保证农村消费者购买到保正、保真的产品。同时商家可分享网站产品，用户到访下单成功后商家可以获得相应的佣金，以此激励商家转发，实现代购业务发展。

（4）进货批发。

邮政公司的自有分销系统也叠加到邮掌柜的系统中来，掌柜在邮掌柜系统下单会自动匹配到邮政公司的分销系统，通过邮政包裹系统进行后台的分拣，由当地邮车在送件的同时送往订货店铺所在邮局，地推人员送货上门完成整个流程。整个环节在很大程度上解决了农村尤其是偏远农村商家进货不方便的问题，同时商家使用系统时录入的商品信息以及销售商品的具体情况都可以在后台生成报表，通过后台系统的大数据可分析哪款产品的需求量大，利用大数据提供的掌柜需求对接到相应的供应商，借此同供应商洽谈，形成规模供货。邮政仅收取运费，以降低商家进货成本。

（5）网上贷款。

邮乐购提供网上贷款业务。通过与邮储银行联合，为安装邮掌柜系统的店铺提供信用贷款，给予低息政策，让商家在资金缺乏又急需囤货的时候能够有效地得到资金支持，实现资金有效周转。邮政给商家单纯凭信用贷款，凭借商家对系统使用的黏合度即可解决资金问题，帮助商家解决短期资金需求，进一步丰富系统功能，达到满足多方面需求的目的。

邮掌柜系统是中国农村电商布局的基石，安装邮掌柜系统的店铺是邮政的重要用户，每个邮掌柜店铺都相当于邮政业务的延伸，邮政业务将延伸到更加边远的农村腹地。

6.3.4 小结

本节主要介绍并分析了邮乐购的发展历程、战略目标、运营模式、营销模式和技术模式。

邮乐购是中国邮政进军电子商务行业推出的平台，是国内最早推进农村电商的国企之一。依托中国邮政的农村窗口资源和物流配送渠道，以及线上推出的邮乐网和邮掌柜系统，邮乐购在农村电商行业取得了出色的成绩。

随着邮乐购在农村电商行业的发展，线下以邮乐购为中心的建设体系和线上的邮掌柜系统也逐步完善，帮助邮乐购进一步拓展业务范围，深入农村市场，打造乡镇邮乐购站点统一、连锁、便民的品牌形象。

中国邮政发展农村电商，一方面为了顺应电子商务发展的大势，开拓农村市场，更好地服务农村地区的居民，同时开辟企业发展的新增长极；另一方面积极打造邮政农村电商品牌，深化邮政品牌的影响力。农产品返城是邮政发展农村电商的核心要义，邮政通过助力农产品的销售，带动农户和贫困户增收，助力脱贫攻坚和乡村振兴，这是邮政履行国企担当、服务社会民生职责的体现。

未来邮乐购要加强与电商扶贫、双创等社会热点相结合，提升邮政企业品牌形象；积极与政府沟通合作，加强对外宣传，彰显邮政企业社会责任，提升邮政农村电子商务的知名度，树立邮政农村电子商务品牌。随着“互联网+”和数字经济的深入推进，我国农村电子商务还将迎来新的机遇。中国邮政需要不断顺应时代发展，积极创新，优化结构，取得进一步的发展。

6.4 拓展阅读

新零售时代农村电商到底要向何处去？

如果看到广阔的农村市场，你永远都不会说中国互联网行业已发展到相当成熟的地步。因为相对于一、二线城市成熟的互联网环节，广阔的农村市场对于新零售来讲更像是一片尚未探索的蓝海。尽管互联网已经对农村市场的生活产生了一些影响，但是这种影响的深度和广度尚无法与城市相比。从这个角度来看，未来新零售在农村市场的普及与发展或将会成为决定成败的最后战场。

如果我们将新零售看作是电商发展的第二阶段，那么，当前的农村市场中电商的发展尚处于一种相对较为初级的阶段。尽管农村市场的消费能力无法与城市相比，但其消费潜力始终都不容忽视。

当下，农村与城市二元结构依然没有得到改变，相对于城市发展的成熟与完善，农村市场更像是一块尚未开垦的处女地。另外，农村市场的规模庞大，再加上农民消费方式的逐步转变，农村市场上的电商依然有很大的发展空间。换句话说，农村电商亟待爆发。

以点带面，农村电商市场落地才能生根。同电商行业在城市市场的发展不同，农村电商的发展需要星星之火的趋势，这样才能通过不同的网点来覆盖不同的人群、不同的区域，从而实现农村电商市场的全覆盖。当下，以农村淘宝等为代表的农村电商正在以这样一种方式不断推进和发展。

资料来源：微信公众号“电子商务研究中心”文章《新零售时代农村电商到底要向何处去?》。(有改动)

6.5 思考题

1. 邮乐购平台在开发农村电子商务平台的过程中有哪些做法值得借鉴?
2. 基于乡村振兴的视角，谈谈你对农村电子商务发展的看法。

7　互联网金融

【知识框架图】

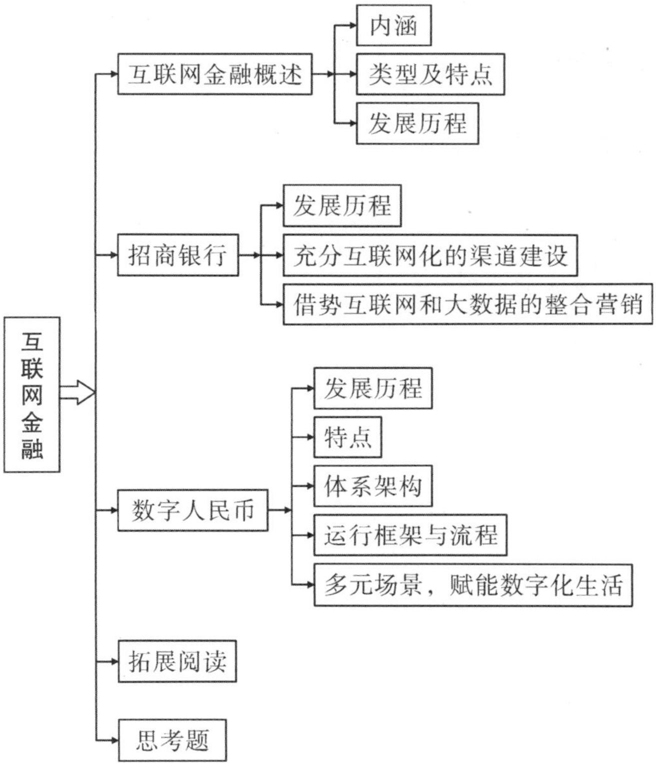

【学习目标】

知识目标：

了解互联网金融与传统金融的区别。

掌握互联网金融的概念及特点。

理解招商银行的商业模式和数字人民币的运营模式。

技能目标：

掌握招商银行的各项业务流程的操作步骤。

掌握数字人民币的线上、线下支付流程的实践步骤。

情感目标：

培养勇于探索的互联网金融创新思维以及开放公正的互联网精神。

强化守法、诚信意识，加强互联网金融行业的自律性。

【先导案例】

疫情时代，让科技助力金融

2020 年，突如其来的新冠疫情使中国经济发展受到了剧烈冲击，对金融行业“非接触式”、精准服务能力提出了挑战，同时为金融科技发展提供了前所未有的契机。云计算、大数据、人工智能、区块链等新兴技术在金融行业的深入应用，推动了金融服务转型升级，促进了互联网金融的发展，也为金融业在抗击疫情方面发挥了重要作用。

一、满足“非接触式”金融服务需求

受疫情影响，金融领域线下场景受限。一方面，大量金融服务需求从线下迁移到线上，如信贷、理财、保险等个人业务线上化提速；另一方面，很多员工无法到岗，金融业务的线上化、自动化成为刚需，对金融机构线上化、智能化的需求迫切。

二、为中小微企业提供金融精准支持

与大型企业相比，中小微企业资金压力大、抗风险能力弱。在疫情影响下，中小微企业的生产经营受到严重冲击。如何为中小微企业纾困，成为各级政府部门、金融机构的政策核心，也成为金融科技企业的关注焦点。借助人工智能和大数据建模技术，在个人信用基础上叠加企业信用、企业画像，金融科技可以为中小微企业提供兼顾风控成本与安全性的行之有效的解决方案：利用光学字符识别对申请人的工商信息、交易信息、税务信息、用水用电信息、司法信息进行识别，持续丰富中小微企业数据维度，同时利用图计算、自然语言处理技术对企业互联网信息进行挖掘，分析其经营能力和经营状况，基于中小微企业主画像精准度的提高，能够实现零抵押、全自动与低风险、高效率的并行。此外，应用金融科技也有利于缩小人为干预、人为操作的空间，有效防范道德风险，提高风险判断的客观性。

资料来源：清华金融评论. 朱光：后疫情时代科技助力金融的价值体现丨互联网金融[EB/OL]. (2021－01－11) [2022－05－10]. http://www.thfr.com.cn/post.php?id=88647. (有改动)

【拓展思考】

在后疫情时代，互联网金融如何影响和改变着大众的日常生活？

7.1　互联网金融概述

7.1.1　内涵

互联网金融是互联网与金融行业相融合的产物，指以现代信息技术为手段实现支付、信息中介、投资融资等业务的新兴金融模式。从服务形式来看，互联网金融有广义和狭义之分。广义上的互联网金融是指传统金融业务在互联网平台的延伸，即借助互联网的便利性、信息传播的广泛性来实现金融服务的延伸，如网上银行、电子支票等。狭义上的互联网金融包括两个方面，其一是金融的互联网中介服务，如众筹平台等，其二是互联网的金融服务，如互联网基金等。

如图 7－1 所示，区别于传统金融行业，互联网金融借助云计算、移动支付、数据挖掘等现代信息科学技术，能够实现高效的信息匹配和强有力的风险控制，进一步创新升级金融行业，提升金融服务的水平和质量。未来互联网金融将逐步打破当前金融中介市场的局面，引领去中介化的发展趋势，向无金融中介的理想情形迈进。

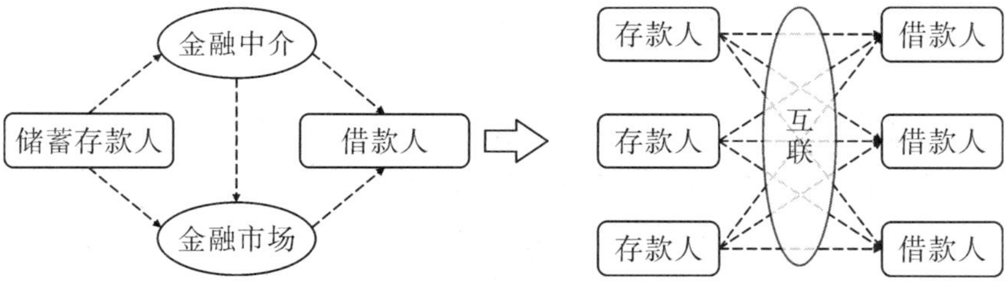

图 7－1　传统金融中介向无金融中介的演化

资料来源：谢平，邹传伟，刘海二. 互联网金融手册［M］. 北京：中国人民大学出版社，2014：3.

总而言之，互联网金融是互联网与金融的相互融通，其本质核心依然是金融，互联网金融的金融功能和金融契约的内涵不变，依然是一种在不确定的环境下对时间和空间资源进行配置，以服务实体经济的方式。

7.1.2　类型及特点

（1）类型。

按照功能不同，互联网金融主要分为支付、融资、投资、风险管理、其他这五个模式。从业态角度来看，互联网金融主要分为互联网支付、网络融资平台、电商网络小贷、网络银行、网络保险、互联网征信、互联网理财销售和互联网金融门户等。

其中，互联网支付是指依托互联网，通过计算机、手机、平板等电子设备发起支付指令，实现资金转移流程的服务；网络融资平台是指连接融资个体和投资人的线上交易中介模式；电商网络小贷是一种在信用评估基础上为客户提供小额贷款服务的信贷模式；网络银行既包括传统银行向电子化转型的商业模式，又包括无实体网点的银行模式；网络保险包括传统保险在电子业务上的创新和无实体网点的纯网络保险模式；互联网征信是指通过个人网络信息数据进行信用评估的模式；网络理财销售包括内嵌第三方支付平台的理财销售，以及以互联网应用为入口、基于电子商务的理财销售和以第三方支付作为后台支撑的理财销售；互联网金融门户是指利用互联网提供金融服务的第三方平台模式。

此外，从广义的角度来看，互联网金融还包括各类金融科技，如大数据、云计算、区块链，以及在此技术基础上应运而生的互联网金融产品，如数字货币（数字人民币）、金融云等。

（2）特点。

互联网金融颠覆了传统金融的运营模式，对金融的对象、机构、方式、调度机制和市场控制等进行重构，具有提升业务透明度、降低操作复杂度、优化协同性能等特征，它不仅满足了差异化的金融需求，还极大地激发了经济增长活力。因此，将互联网金融所呈现的特征进行归纳整理后，可以总结为以下三点：

一是普惠性和全面性。传统金融致力于开拓和发展高价值客户，而中小型企业往往面临着贷款难、融资难的挑战，难以获得平等交易的机会，普通用户也难以找到高匹配度的保险、理财等金融服务。互联网金融的诞生打破了传统金融行业的高门槛，以灵活性、便捷性的特点服务于中小客户群体和中小型企业，即传统金融行业中的“长尾市场”。此外，平等开放、互惠共享的互联网金融能够提供普惠金融服务，服务对象范围包容性更强、服务方式便捷性更高、服务内容全面性更广，能为社会各阶层和群体提供适当、有效、成本可负担的金融服务。

二是去中心化和碎片化。相比于传统金融机构的中心化结构，互联网金融触及的用户群体更为广泛，获取用户成本更低。借助互联网高效、便捷的优势，互联网金融以其极高的开放程度形成了全新的“去中心化”的金融生态环境。此外，在金融碎片化的趋势下，针对不同的客户群体，互联网金融能够提供碎片化理财方案，在资金、时间以及成本上进行整合，实现规模效应。

三是风险扩大化。互联网金融在蓬勃发展的同时，加剧了金融行业的风险。由于互联网金融的高灵敏度信息，风险传导更为快速，风险暴露后扩散范围更广，一旦风险发生，部分具有系统重要性的机构和产品往往会对社会造成较大的负外部性。此外，当前我国信用体系和互联网金融的相关法律尚未完善，互联网金融准入门槛低，违约成本低，容易诱发非法集资、金融诈骗等问题。

7.1.3 发展历程

相比于美国、日本等金融电子化建设较为成熟的国家，我国互联网金融虽起步较晚，但发展速度迅猛，发展态势良好。

目前我国互联网金融的发展历程主要可以分为以下五个阶段：

（1）互联网金融硬件设施的革新（1995—2005 年）。

传统金融机构通过改进硬件设施，借助互联网技术将线下的银行业务转移至线上，此阶段的网上银行形式仅仅起到分支机构的作用，真正意义上的互联网金融业态并未产生。

（2）互联网与金融的融合革新（2006—2012 年）。

从 2006 年中国第一家互联网信贷公司“宜信”的诞生开始，互联网与金融的结合便逐步深入传统金融的业务领域。一方面，传统金融机构在互联网上进一步拓宽业务种类，另一方面，新兴的互联网企业借助社交网络、移动支付的发展迈入金融业。2011 年，中国人民银行开始发放第三方支付牌照，这一举措为未来互联网金融的飞速发展奠定了基础。

（3）互联网金融模式的变革（2013—2016 年）。

2013 年是中国互联网金融发展元年，第三方支付、P2P、众筹平台等金融化、结构化的理财产品不断涌现，各类互联网金融新业态不断产生。到该阶段后期，中国互联网金融市场出现了更多具有中国互联网金融特色的理财产品，互联网金融行业进入“井喷式”的增长阶段。在这一阶段，尽管各级政府和相关部门陆续推出了关于互联网金融行业的条例法案，但大部分缺乏实质性的落地。

（4）互联网金融监管的革新（2017—2019 年）。

从 2017 年开始，《网络借贷资金存管业务指引》《关于进一步做好互联网金融风险专项整治清理整顿工作的通知》等条例，明确提出开展关于互联网金融行业的专项整治工作。此类实质性监管条例的出台，标志着中国互联网金融领域真正进入监管革新阶段。

（5）互联网金融科技技术及监管协作不断加强（2020 年至今）。

2020 年新冠疫情给互联网金融的发展带来了不少机遇与挑战。一方面，在创新科技的支持下，互联网金融对维持金融业务和社会日常运转发挥了重要作用。另一方面，国家对于互联网金融的监管力度不断加强，监管沙盒等监管工具保持活跃，监管环境持续优化，市场秩序逐步向规范化、良性化发展。

7.2 招商银行

7.2.1 发展历程

招商银行于 1987 年在深圳蛇口成立，是中国境内第一家完全由企业法人持股的股份制商业银行，也是国家从体制外推动银行业改革的第一家试点银行。

2015 年 10 月 15 日，招商银行在深圳推出了 ATM“刷脸取款”业务，客户无须插入实体银行卡即可完成取款，每日限额取款 3 000 元。客户如需取款，首先在 ATM 屏幕首页点击“刷脸取款”，系统将自动抓拍现场照片，在后台与银行的可信照片源进行比对，验证通过后，客户输入手机号码进一步确认身份，接着输入取款金额、密码，最后拿取现金，整个过程无须插入实体银行卡。

2018 年 11 月，招商银行深圳分行在为客户办理贵金属购买业务后，通过系统直联深圳市税务局区块链平台，开出了首张区块链电子发票。这标志着招商银行成为首批通过系统直接接入深圳市区块链电子发票平台的机构，也成为全国首个区块链电子发票的试点银行。

2021 年 10 月，招商银行被中国人民银行、中国银保监会评估认定为国内系统重要性银行。

招商银行作为一家颇具创新精神的商业银行，曾获“中国最佳零售银行”“中国最佳私人银行”“中国最佳现金管理银行”等荣誉称号。近年来，招商银行积极拓展互联网金融业务与加快创新营销手段，推出一系列基于互联网的产品和配套服务，在国内商业银行互联网金融营销实践中非常具有借鉴价值。通过对招商银行互联网金融营销组合的案例分析，可总结出商业银行在互联网发展浪潮中，实现自我革新、创新业务和服务机制、谋求长远发展的经验。

7.2.2 充分互联网化的渠道建设

分销渠道是指当产品从生产者向最后消费者或产业用户移动时，直接或间接转移所有权所经过的途径。互联网金融的分销渠道具有无形性、短平化、网络化、互动性强等特点。尤其是互联网公司，纷纷尝试渠道产品化，用各类产品占据流量入口，从而减少对多级渠道的依赖。传统分销模式必须借助多级渠道，通过增加渠道的深度和广度，增加产品的销售机会和宣传力度，扩大对潜在顾客的营销覆盖面。互联网时代，企业可以选择通过自身力量或者借助一些平台更快更广地接触客户。

招商银行的互联网金融渠道策略可以分为直接渠道策略和间接渠道策略两种。所谓直接渠道策略，是指运用已有营业网点等传统渠道，发展官方网上银行、手机银行等；间接渠道策略，是指积极和其他网络平台合作，拓展符合互联网特色的业务，如消费金融、供应链金融等。这些平台包括线上金融平台（如融道网、91 金融）和线上非金融平台（如滴滴出行、阿里巴巴）等。

（一）互联网化直接渠道

利用自有渠道宣传推广，具有成本低、信息可靠、效果可控等优点。而相对传统的通过网点等地推方式，招商银行可充分利用自家的网络平台，如招商银行官网、招商银行电子银行、招商银行手机银行以及相关的各类 App 等。通过对网络平台的升级，不仅丰富了平台可操作的功能，而且能够增加更多更有效的同客户进行沟通宣传的途径，增加更多场景化服务，提升客户黏度。从交易平台转变为全面服务的开放平台，强调互动性，从而能够外接流量，让宣传推广信息也能够取得最大的受众。在招商银行手机银行 4.0 的财富频道中，不仅提供理财产品的线上交易，而且提供财经新闻、在线理财顾问、产品推荐以及专家分析等功能。截至 2015 年底，招商银行手机银行累计下载客户近 3 000 万，活跃客户近 2 000 万，月登录量近 2 亿次。此数据已经突破了银行 App 的规模，而接近具有更高使用频次的生活服务类 App 的规模。

（二）互联网化间接渠道

间接渠道首先是线上金融平台。招商银行积极寻求和专业的第三方线上金融平台合作，这些平台包括互联网金融的中间商、配对用户和金融产品，提供不同机构间产品的比对和评级，以“搜索 + 匹配 + 推荐”的模式满足需求。加强合作，能够让招商银行产品在线上平台被更好地推荐和销售，形成引流。

间接渠道还包括线上非金融平台。招商银行深入接入供应链和全流程的金融服务，能够全方位地掌握和利用物流、商流、资金流，在企业间形成数据共享，结合大数据技术分析，有利于精准定位和服务客户。在这个供应链金融生态圈中，招商银行居于其中的金融核心地位，提供融资投资、支付结算、开立电子账户等服务，连接物流、交易对象、电商公司和第三方支付。因此，招商银行也就有可能将其中的每一个合作者作为一个渠道节点，有针对性地进行营销。供应链金融最常见的是银行和电商间的合作，以招商银行和阿里巴巴合作的“诚易保”项目为例，针对电商、数据提供商、核心企业等，利用“数据质押”的全新风控模型，对从订单产生到收货完成的全部环节以及企业贷款的数据进行全面管理。该平台作为开放平台，是招商银行在供应链金融创新的前沿，能够实现核心企业的银企直联、业务申请和便捷开户等功能，成为招商银行的获客渠道。而供应链金融的特点之一是核心企业和银行建立稳固联系后，就不再会轻易转移业务，从而能够让银行获得稳定客源。

招商银行选择其合作者的一大标准是流量。如果能够通过合作将流量转变为客户的平台，就可以成为其考虑的合作对象。2016 年 1 月，招商银行和滴滴出行达成战略合作，同时招商银行全资附属公司招银国际战略入股滴滴出行。合作后，招商银行信用卡和储蓄卡成为滴滴出行的支付方式之一，从而能够在结算、营销、金融等方面展开深度合作。滴滴出行看中了招商银行的金融服务质量；招商银行则看中了滴滴出行巨大的客户量和在移动互联网的 O2O 业务中所占的位置，及其可能带来的可变现流量，从而将滴滴出行作为一个获客渠道，其场景化和使用频率还能够丰富招商银行的用户数据，有利于推进普惠金融进程。未来还将继续深度合作，与滴滴出行的合作体现出招商银行借助互联网的力量，结合前端和市场端专业平台，努力贴近客户，促进营销渠道创新的举措。

7.2.3　借势互联网和大数据的整合营销

整合营销传播，是一种战略性经营流程，用于长期规划、发展、执行并评估那些协调一致的、可衡量的、有说服力的品牌传播计划，包括与企业市场营销相关的各种组合要素，如策划、执行、评估和控制等。实施整合营销就要协调各种方式，实现和消费者的沟通，完成产品和销售服务，树立品牌形象，形成稳定而长久的客户关系。招商银行在推进互联网金融的过程中，积极实践整合营销，其创新之处在于充分借助互联网力量，以实现横纵向传播范围更广、时间效力更长的营销效果。总结来看，可分为以下三个方面。

（一）互联网企业合作

互联网金融转型意味着抓住一切机会寻求与互联网有更多的接触机会，其手段之一便是同互联网企业的充分合作，从而能够借助合作企业，实现产品销售、渠道建设、品牌传播的网络化。企业合作的类型多样，既包括产品合作（如招商银行推出的微博达人信用卡、人人网信用卡等），也包括渠道合作（如微信客服、QQ 客服）和品牌合作（如招商银行和中国移动、中国联通达成的战略合作关系）。与互联网企业的合作可以帮助招商银行获得相应的线上资源和助力，能够在这个过程中加快其转型步伐。这种企业间的合作共赢所带来的好处落实在宣传获客、组合策略、品牌提升等整合营销的方方面面。

（二）大数据技术的挖掘与利用

互联网金融与大数据形同鱼与水，没有大数据的支撑就没有互联网金融。只要掌握了大数据，就可以对客户进行“画像”，“客户画像”是市场细分及精准营销的重要参考。大数据涵盖海量数据，不仅包括从前的金融交易数据，还包括很多生活场景化数据，运用大数据能够更好地掌握客户需求，掌握全流程包括供应链和消费金融的客户消费习惯和投资倾向，设计出更好和有针对性的产品，对金融企业构建更科学和精准的风控模型，以及对于资产管理和客户管理更有依据。没有数据分析和信息技术的进步，无论是产品设计还是客户定位，都无法做到精准和高效。1999 年，招商银行就建立了数据仓库系统，开始了对数据挖掘的探索，2012 年着手构建基于云计算系统的大数据平台。为了提升大数据水平，招商银行积极寻找有实力的合作伙伴，如与华为合作的 Fusion Insight 大数据平台，与 IBM 合作的智能运维解决方案等。招商银行深圳分行大数据平台显示，因为大数据技术，产品推介短信量下降 82%，可以实现 95% 的客户命中率；信用卡征信从 15 天缩短到 10 分钟内；小微贷获客预测转化率提升 40 倍；金融资产的预测误差率下降 50%。

（三）基于互联网的客户管理和风险管理

互联网时代的客户管理和风险管理的基础工作是对数据的收集。通过企业间共享获取数据，用更先进的技术为客户提供更加全面优质的服务。以“闪电贷”为例，招商银行在预授信阶段，需要评估客户在金融交易中的各类行为数据，通过数据挖掘，作出营销决策。借助大数据和信息技术收集并分析客户历史交易数据、贷款数据、资产情况、信用评级等，从而确定可以贷款的客户以及对该类客户的定位划分，完成贷款额度的确定，最终实现在分类管理客户的同时，进行精准和科学风控，完成对风险的管理。借助互联网，招商银行可以建立先进的客户关系评价模型，完成如交易链智能获客、客户规模变动分析、客户价值弹性预测、客户流失预警等工作，而这些工作最终能够帮助招商银行实践覆盖客户生命周期全过程的整合营销。

7.2.4 小结

通过本节的学习，我们梳理了招商银行的发展历程，并从直接和间接两个角度，剖析了招商银行互联网金融渠道策略。此外，我们基于互联网和大数据技术，进一步分析招商银行的整合营销模式，其创新之处在于充分借助互联网力量，以实现横纵向传播范围更广、时间效力更长的营销效果。本节知识点可归纳为如下三点：

第一，在发展历程上，招商银行于 1987 年在深圳蛇口成立，2015 年推出了 ATM“刷脸取款”业务，而后通过系统直联深圳市税务局区块链平台，开出了首张区块链电子发票，成为全国首个区块链电子发票的试点银行。

第二，在渠道建设上，招商银行互联网金融渠道策略可以分为直接渠道策略和间接渠道策略两种。在直接渠道方面，招商银行充分利用自家的网络平台，如招商银行官网、招商银行电子银行、招商银行手机银行以及相关的各类 App 等，通过对网络平台的升级，丰富平台可操作的功能，并增加更多更有效的同客户进行沟通宣传的途径，增加更多场景化服务，提升客户黏度。在间接渠道方面，招商银行积极寻求和专业的第三方线上金融平台合作，这些平台包括互联网金融的中间商、配对用户和金融产品，提供不同机构间产品的比对和评级，以“搜索 + 匹配 + 推荐”的模式满足需求。

第三，在整合营销上，招商银行通过互联网企业合作、大数据技术挖掘与利用、基于互联网的客户管理和风险管理三种方式进行整合营销传播。在互联网企业合作方面，除产品合作（如招商银行推出的微博达人信用卡、人人网信用卡等）外，还包括渠道合作（如微信客服、QQ 客服）、品牌合作（如招商银行和中国移动、中国联通达成的战略合作关系）。在大数据技术的挖掘与利用方面，招商银行运用大数据精确把握客户需求，掌握全流程包括供应链和消费金融的客户消费习惯和投资倾向。在基于互联网的客户管理和风险管理方面，招商银行借助互联网建立客户关系评价模型，完成如交易链智能获客、客户价值弹性预测、客户流失预警等工作。

7.3 数字人民币

7.3.1 发展历程

法定数字货币是法定货币的数字化，也称央行数字货币（Central Bank Digital Currency，简称 CBDC），是中央银行以国家信用为担保负债发行的数字化支付和结算工具。我国的法定数字货币为中国人民银行发行的数字人民币。

从开始研发到局部试点，中国数字人民币的发展历时不到十年。早在 2014 年，中国人民银行就已成立专门团队，开展对数字货币进行专题研究，此时的数字货币依然处于概念层面的探索。2016 年，中国人民银行明确提出发行数字货币的目标，并在 2016 年 11 月把数字票据交易平台定为法定数字货币的正式开发试点。2017 年，央行数字货币研究所成立，数字人民币开始正式进入研发阶段。

经过一系列的项目开发合作和“闭环测试”，我国已基本完成了法定数字货币顶层设计、标准制定、功能研发和联调测试。2020 年 4 月，全球首张法定数字货币在中国诞生。2020 年 10 月，深圳市人民政府联合中国人民银行开展了数字人民币红包试点工作，向中签人员派发总计 1 000 万元的数字人民币红包；2020 年 11 月，苏州市人民政府发放了总计 2 000 万元的数字人民币红包，并首次面向少数中签者开放了双离线支付体验。

目前，我国正在国家层面加速推进法定数字货币的应用。

7.3.2 特点

数字人民币主要具有支付路径短、双离线支付和可控匿名三大特点。

支付路径短指数字人民币通过智能合约的方式实现了定点到人交付。由于数字人民币的支付流程中只存在付款方与收款方两个节点，因此交易可以在数毫秒内完成。

双离线支付指数字人民币的使用环境，即只要手机有电，即便交易双方处于离线状态，手机之间碰一碰，钱包密钥完成交换，转账交易就可随之完成。相较于第三方支付工具对于网络的要求，数字人民币的支付交易更为便捷。

可控匿名指数字人民币具有私密性、安全性、可溯源追踪性的特点。在数字人民币体系中，针对可疑的交易记录，中国人民银行拥有最终追踪权限，能较为容易地实现对洗钱等不法交易的甄别和追溯、拦截。此外，除政府部门合法行使职权外，商户、第三方支付平台无法通过数字人民币获取用户的支付数据，用户可以免受营销侵扰，这极大地保护了使用者的隐私和个人信息安全。

7.3.3 体系架构

（一）货币定位

数字人民币所具有的全新的形态特征不同于以往任何形式的基础货币①，因此，数字人民币的出现会在一定程度上改变央行基础货币的结构。

作为法定数字货币，数字人民币是中央银行的负债，由中央银行进行信用担保，具有国家主权信用背书，有无限法偿性，即具有不能拒绝接受的性质。目前，我国现有货币供应量主要分为三个层次：一是流通中现金（M0），即银行体系以外各个单位的库存现金和居民的手持现金之和；二是狭义上的货币供应量（M1），指 M0 加上单位在银行的活期存款；三是广义上的货币供应量（M2），指 M1 加上单位在银行的定期存款和城乡居民个人在银行的各项储蓄存款以及证券客户保证金。

数字人民币作为我国货币体系的补充，定位为主要替代我国现有货币层次中的 M0，而非 M1 和 M2。主要原因有两个：一是基于银行账户的 M1、M2 已基本实现了电子化和数字化，银行支付清算系统、商业银行系统和非银行支付机构等各类支付手段已经能够满足现阶段经济发展的需要，倘若使用数字货币替代 M1 和 M2，会对现有系统造成资源浪费，而且不具备明显的效率收益；二是改造 M1、M2 可能会引发明显的连锁效应，会因影响商业存款而引发信用扩张和货币乘数效应，扰乱现有经济秩序。

作为 M0 的补充或替代部分，数字人民币的价值属性和纸钞、硬币相同，是具有价值特征的数字支付工具，同时能满足便携和匿名的要求。数字人民币支持银行账户松耦合功能，不需要依赖账户就能实现价值的转移，即本身已具备“价值特征”。在交易过程中，使用者无须绑定实名账户或验证持有者身份，而只需要验证数字人民币本身的价值。此外，数字人民币也不计付利息（见表 7－1）。

表 7－1　数字人民币、现金、银行存款、第三方支付机构账户余额的比较

	数字人民币	现金	银行存款	第三方支付机构账户余额
载体形式	数字钱包 App	纸币或硬币	银行卡、电子账户	电子账户
债权关系	央行负债	央行负债	银行负债	支付机构负债
准备金制度	100% 缴纳法定准备金	—	法定＋超额准备金	100% 缴纳备付金
无限法偿性	是	是	否	否
货币供应量层次	M0	M0	M1 或 M2	M2
交易方式	在线/离线支付	当面结算	在线/读写设备	在线支付
计付利息	无	无	有	有

① 基础货币由银行体系的法定准备金、超额准备金、库存现金以及银行体系之外的社会公众的手持现金四部分构成。

（二）运营体系

中国人民银行数字货币采用双层运营体系。传统的单层运营体系是指中国人民银行直接对公众发行数字货币，而双层运营体系是指数字人民币由央行授权分发机构发行，由分发机构向企业或居民兑换，即中国人民银行负责批准指定商业银行或第三方发行机构发行数字人民币并进行全生命周期管理；作为指定机构的商业银行或第三方发行机构向公众提供数字人民币的兑换服务和数字人民币的流通服务。

在双层运营体系框架中，中国人民银行仍然保持在投放数字货币过程中的绝对中心地位，数字人民币是中国人民银行对社会公众的负债，中国人民银行依然行使货币调控职能，原有的货币政策传导方式保持不变，这一点明显区别于比特币等加密数字货币。

此外，关于数字货币的技术，中国人民银行扮演着技术中心的角色，并不预先设定技术路线，即不会干预商业银行和商业机构的技术选择。下层分发机构选用区块链分布式账本技术还是传统账户体系取决于其自身的选择。

因此，双层运营体系不仅仅能够巩固我国法定货币的主权地位，还能使商业银行或第三方机构在技术路线的选择上更加多元化。

7.3.4 运行框架与流程

（一）运行框架

数字人民币的运行框架主要包括“一币、两库、三中心”。

“一币”：央行担保发行的数字人民币 DC/EP。“DC” 是指 Digital Currency 数字货币，“EP” 是指 Electronic Payment 电子支付。

“两库”：中国人民银行的数字货币发行库和商业银行的数字货币银行库；DC/EP 先在中国人民银行和商业银行间发生转移，即 DC/EP 的发行与回笼，之后再由商业银行转移到居民与企业手中。

“三中心”：登记中心、认证中心和大数据分析中心。登记中心负责对 DC/EP 的权属进行登记并记录 DC/EP 流水，登记 DC/EP 从发行、流通、回笼、清点核对到消亡的整个周期过程；认证中心负责集中管理 DC/EP 用户的身份；大数据分析中心负责利用大数据技术分析支付行为，以支撑监管。

“一币、两库、三中心”的架构设计是“坚持数字人民币发行的中心化管理”的基础和保障，有助于保证数字人民币的币值稳定性、安全性和法偿性，抵御加密资产的不法侵蚀。

（二）运行流程①

数字人民币的运行流程主要有发行环节、流通环节、回笼环节。

（1）发行环节。

首先，申请方发送关于数字货币发行的请求，接着，数字人民币发行系统对请求进行相关的审查。审查通过后，数字人民币发行系统会进一步向 ACS（Accounting Data Centralized System，中央银行会计核算数据集中系统）发送扣减法定准备金的请求。当 ACS

① 参考数字资产研究院等推出的《人民币 3.0：中国央行数字货币运行框架与技术解析》。

允许请求后，数字人民币发行系统会根据相关规定生产并发送数字货币给申请方。

（2）流通环节。

通常情况下，付款端的数字人民币保管箱处会存放有一定数量的数字人民币字串，字串上面会有付款端专属的所有者标识字段和金额字段。

如图 7－2 所示，根据所需的付款金额数目，付款端将从保管箱中选择数字人民币字串组成支付来源数字人民币字串集，并发送给管理端。管理端收到字串集后，会根据字串标识将该字串登记为作废状态，然后根据付款金额生成匹配付款金额、所有者标识为收款端的支付去向数字人民币字串集，继而发送给收款端。

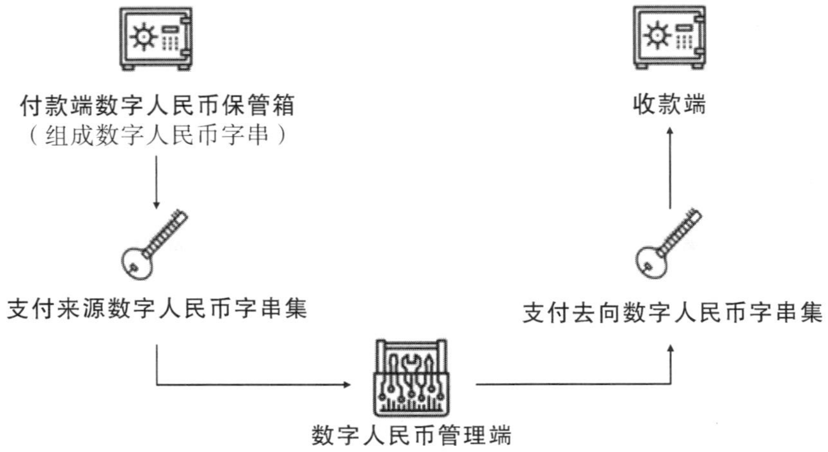

图 7－2　数字人民币流通环节流程图

（3）回笼环节。

首先，数字回笼货币系统接收申请方发送的货币回笼请求，请求包括待回笼的数字人民币。当数字货币回笼请求核查通过后，系统向 ACS 发送增加法定准备金的请求。ACS 成功应答后，数字人民币回笼应答将会再次发送回申请方。

7.3.5　多元场景，赋能数字化生活

（一）应用场景

截至 2020 年 8 月底，数字人民币全国共落地试点场景 6 700 多个，覆盖饮食购物、出行、政务等领域。相较于支付宝和微信支付，数字人民币的应用场景更广泛，并且能在一些极端场景发挥作用。

2021 年，数字人民币正加速线上、线下场景的试点，除大型商超、便利店外，银行保险等金融机构、公益慈善机构、第三方支付机构等也纷纷参与数字人民币试点。

例如，2021 年 4 月，中国石油首单集成模式数字人民币收款业务在北京诞生。区别于普通数字人民币的支付方式，钱款会在消费者扫码后自动登记录入企业银行账户和加油站管理系统，整个流程环节完全实现了自动化运转，与加油站数字人民币脱机模式支付相比，集成模式数字人民币具备更高的安全性和推广性，为加油站场景中数字人民币的推广

奠定了坚实的基础。

在 2021 年 5 月中国国际消费品博览会的数字人民币体验活动专区，参会人员可以体验各式各样的钱包产品，并通过扭蛋机、咖啡机、售卖机等体验数字人民币支付的便捷功能。

（1）数字贸易领域。

数字贸易主要是指数据和以数据形式存在的产品及服务。由于其虚拟属性，数字商品在生产交易的过程中会面临信息不对称、信息造假、交易不安全、数据质量的标准化难度较大等问题。因此，数字商品的定价和交易面临着巨大的挑战。目前，现有传统货币难以在确定数据商品所属权、确定价格等方面发挥作用。而数字人民币的诞生，可以为数字商品的生产流通、推动数字贸易发展等方面发挥其自身独一无二的作用，主要体现为：通过搭载可确定归属权的智能合约，数字人民币能够确保产权所有者依规获得相应回报，明晰数字商品的产权界定、强化数字商品的产权保护；通过搭载可溯源信息的智能合约，数字人民币可以识别数据资产的质量，直接对接数据资产定价。

数字人民币和数字商品在生产、流通、定价、交易等各环节的深度耦合，有助于将数据资源转化为数字商品，推动数字贸易的新发展。

（2）工业互联网领域。

目前，具有可计付利息性质的第三方电子支付已占据较大的 C 端市场份额，而仅作为 M0 数字化的数字人民币可能会在一定程度上面临市场空间有限的问题。尽管当下数字人民币的试点场景主要针对 C 端的小额零售场景，但是从未来的发展趋势看，由于数字人民币具有内嵌智能合约的可能性，其应用场景将会延伸至 B 端，促进货币的循环流动，助推工业互联网的发展。它可以拓宽 B 端更为丰富的应用场景。

（3）宏观调控。

在发挥宏观调控财政政策作用的过程中，政府采用数字人民币形式发放的补贴将会更加精准，并且能够做到资金流动的公开透明性，有助于提升监督效用。此外，数字人民币的应用也可以进一步拓展到税收、企业五险一金等场景，为未来数字经济社会的构造奠定基础。

在发挥宏观调控货币政策作用的过程中，数字人民币的结算方式有助于提升货币政策执行效率，升级货币调控和监管系统。依靠区块链等金融科技，中国人民银行可以充分收集数字人民币的整个生命周期的流转信息，通过分析流动情况实施更具针对性、准确性、有效性的货币政策，捕获不法交易信息和犯罪记录，精准打击违法犯罪行为，从而维护金融稳定。

（二）支付场景流程

数字货币的支付场景有线下终端设备之间的支付和商业银行数字货币系统撮合下的数字货币支付，目前主要试点为线下终端设备之间的支付场景。

线下支付场景中，终端设备之间会进行交互流程。当接收到外部输入的付款金额需求时，付款方的终端设备会识别出收款方标识和取款识别码。随后，付款方终端设备会在数字货币钱包内选取对应等量付款金额的数字货币，通过近场通信方式发送给收款方标识所对应的收款方终端设备。收款方终端设备接收到数据信息后，会将数字货币和取款识别码通过网络发送给商业银行数字货币系统。商业银行数字货币系统再将数字货币和取款识别码发送给央行数字货币系统。由央行数字货币系统更改数字货币的属主信息，由付款方更改为收款方并且备注取款识别码消费环节。

在数字人民币支付流程中，用户在数字人民币 App 上的具体付款操作可以分为用户扫描商户收款码消费和商户扫描用户付款码消费两类。

目前，数字人民币钱包支持“上滑付款”“下滑收款”“碰一碰支付”操作，其线下支付流程如图 7－3 所示。

1 **用户扫描商户收款码消费**

登录“数字人民币”App，
点击“个人数字钱包”，
点击右上角“扫码付”，
即可扫描商户收款码付款

2 **商户扫描用户付款码收费**

登录“数字人民币”App，
点击“个人数字钱包”，
点击“上滑付款”，即可显示“向商家付款”，
用户第一次付款可选择开启小额免密，
若选择开启，则输入密码后显示付款码；
若选择不开启，则直接支付

图 7－3　数字人民币线下支付流程

在线上支付场景中，数字人民币的使用离不开商业银行的数字货币系统。

根据接收的付款指令，用户终端在数字货币钱包内选取对应等量付款金额的数字货币，同时，生成包括第二用户终端标识和数字货币的第一请求发送给商业银行数字货币系统。在接收到第一请求后，商业银行数字货币系统会生成第二请求并发送给央行数字货币系统。根据第二请求，央行数字货币系统会执行数字货币的属主变更，继而返回操作成功的指示给商业银行数字货币系统，商业银行数字货币系统再将数字货币发送给第二用户终端。

7.3.6　小结

在数字经济的时代背景下，数字人民币的研发和试点是推进数字产业化、推动构建数字社会的重要一环，也是支持构建新发展格局的重要举措。作为法定数字货币，数字人民币有以下特点：

一是作为我国货币体系的补充，数字人民币的定位为 M0 的替代或补充。

二是数字人民币具有支付路径短、双离线支付、可控匿名三大特点。

三是数字人民币采用双层运营体系，运行框架主要包括“一币、两库、三中心”，从发行、流通到回笼都必须满足相应的规范和要求。

四是数字人民币的应用场景广泛，多元赋能餐饮交通、购物旅游等生活场景，并有望在数字贸易、工业互联网领域和宏观调控等方面发挥更大的作用。

从发行、流通到被市场认可，数字人民币的发展需要一个较长的过程，其间必然会接受很多考验。但可以预见的是，数字人民币未来的使用方式将会更多，适用范围将会更广，支付方式将会更多样化，为构建智能数字化生活献力。

7.4 拓展阅读

平安云加速银行数字化转型

随着云计算、大数据、人工智能等新一轮技术革命席卷全球，传统的银行业受到巨大冲击，如何在变局中寻求突破，如何紧跟时代步伐融入互联网金融潮流，是整个传统银行行业需要共同面对和思考的问题。

作为平安集团IT技术的赋能者，平安云银行解决方案采用开放的分布式互联网技术架构，自主获取弹性计算存储资源，其资源管理与调度平台能够对底层基础设施、IaaS及PaaS服务进行统一纳管。

(1) 银行业务风控。近年来，大、中、小规模银行陆续被监管机构开出巨额罚单，风控管理成为银行业普遍存在的“硬伤”。业务风控解决方案在银行业务核身、面签面审、洗钱防范等场景中，帮助银行客户增强银行关键业务的风控能力，控制风险。

(2) 银行展业营销。随着互联网金融异军突起、利率市场化快速蔓延，商业银行坐等客户上门的时代一去不复返。展业营销解决方案通过大数据精准营销和移动展业服务，帮助银行实现线上、线下渠道的精准获客以及多项业务场景移动化，提升银行零售业务水平。

(3) 银行智能客服。作为银行服务工作的重要窗口，客服中心在服务质量提升、服务方式创新、服务渠道拓展等方面取得了快速发展。智能客服解决方案帮助银行搭建全渠道多媒体的统一识别客服平台，将人力成本降低30%，客户等待时间降低53%。

(4) 银行智慧办公。银行业在借助新技术推进金融科技的同时，企业内部也在探索智慧办公的诸多可能。智慧办公解决方案通过人脸识别、语音交互等AI应用，提供集办公自动化、移动办公、差旅费控于一体的综合智慧办公平台，帮助银行业提高办公效率。

资料来源：每日经济. 平安云加速金融行业数字化转型 [EB/OL]. (2020-01-02) [2022-06-20]. http://cn.dailyeconomic.com/roll/2020/01/02/95471.html.（有改动）

7.5 思考题

1. 在互联网金融进入全面监管的时代背景下，请结合国家政策，探讨招商银行未来的商业策略及发展前景。

2. 数字人民币的推广会对现有电子支付平台（如支付宝等）带来哪些机遇和挑战？

8 互联网医疗

【知识框架图】

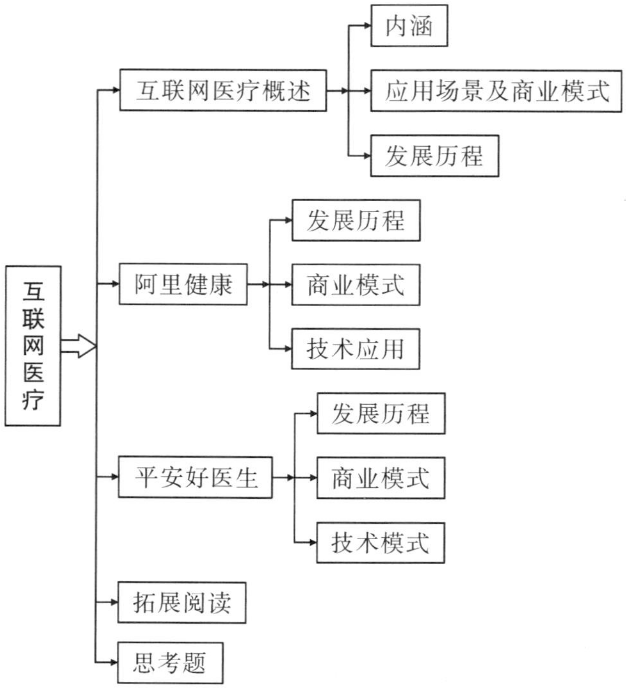

【学习目标】

知识目标：

了解互联网医疗的发展历程。

掌握互联网医疗的应用场景及商业模式。

了解阿里健康和平安好医生的发展历程与特征。

技能目标：

掌握阿里健康的运营、盈利模式及相关技术的应用。

掌握平安好医生的商业模式与技术增效。

情感目标：

了解医疗行业的发展新方向，正确理解互联网医疗由线上资讯平台向线上问诊、医药电商、预约挂号等新型服务转变的发展趋势。

深入理解互联网医疗的内涵、意义与发展模式，总结“互联网+医疗”的高质量发展实践经验。

【先导案例】

互联网医疗照进现实

刚刚开业的乌镇互联网医院这两天成为与会嘉宾的一个参观热点，并受到高度评价：“乌镇互联网医院是‘互联网+医疗’的卓越代表，也是乌镇在首次世界互联网大会之后产业转型的一个成功典范。”作为乌镇互联网医院的合建方，刚刚完成3.94亿美元融资的微医集团（前身为挂号网），现已成功进入互联网医疗领域“独角兽”行列。这家总部位于杭州市萧山区的创业企业，成长迅速，人员也在短短几年内极速扩张到超过1 000人。

微医集团创始人兼CEO称，过去几年，微医集团主要做了三件事。第一件事，通过互联网把医院窗口外移至手机端，形成基于移动互联网的就医流程优化体系。借此，微医集团与全国27个省份1 900多家重点医院建立了信息系统的深度连接。其中，三甲医院的接入率达到70%，汇聚了20万名医生资源。第二件事，在团队医疗方面的探索。借助微医App这一平台，通过互联网均衡医疗资源，优化配置，也就是分级诊疗。将顶级医院资源和专家经验下沉，提升基层医生的服务能力和患者满意度，以此弥补当前医疗体系的缺陷。在第二届世界互联网大会召开前夕，互联网医院横空出世，并于日前开出“第一张互联网医院电子处方”，这一新闻吸引了无数人的关注。建设互联网医院，是微医集团正在做的第三件事。

时下，大众创业、万众创新的浪潮在神州大地上激流涌动。微医集团创始人认为，中国医疗的核心症结在于医疗资源的配置不均衡。而互联网医院的实质就是借助互联网这一工具，优化和重组医疗资源。乌镇互联网医院就是这一理念的最新实践者。

一个投资不大的互联网医院，可以撬动全国医患资源。按照微医集团创始人的设计思路，如果推进顺利，轻资产的互联网医院将变成虚拟的全国分诊中心，未来可以调度患者在不同医院间分诊，倘若再嫁接上医疗险、医药电商和电子健康档案，一个隐形的超级健康管理机构呼之欲出。这家没有自己医生的医院，却有可能成为最大的医院。

资料来源：刘乐平. 微医集团创始人兼CEO廖杰远——互联网医疗照进现实［N］. 浙江日报，2015-12-15.（有改动）

【拓展思考】

1. 根据PEST分析法，分析乌镇互联网医院成功的关键因素。
2. 你还了解哪些相关的互联网医疗企业，请举例说明。

8.1 互联网医疗概述

8.1.1 内涵

互联网医疗是互联网在医疗行业的新应用，有广义和狭义之分。广义上的互联网医疗是指借助互联网、物联网以及依托于其之上的大数据、AI、区块链、5G 等技术，实现健康医疗服务从被动就医到主动预防、从治疗疾病到健康管理、从以疾病为中心到以用户为中心的跃迁。狭义上的互联网医疗是指以提升医疗服务的质量、效率和公平感为目标，在医疗服务的全链条上应用互联网的产品、技术和服务等。

互联网医疗代表了医疗行业新的发展方向，是国家积极支持、鼓励发展的新型医疗服务模式，是实现“健康中国”战略目标的重要组成部分。其以扩大医疗资源供给，优化医疗资源配置，创新医疗服务模式，提高医疗服务效率，降低医疗服务成本，满足人民群众日益增长的医疗卫生健康需求为目的，有利于解决中国医疗资源不平衡和人民日益增长的健康医疗需求之间的矛盾，也是卫健委积极引导和支持的医疗发展模式。

8.1.2 应用场景及商业模式

（1）应用场景。

随着互联网技术日趋成熟，国内互联网医疗应用的领域越来越广，几乎涵盖健康管理、疾病预防、就诊安排、疾病诊疗、费用结算、后期康复等全服务链。依据应用软件功能和受众的不同，互联网医疗可以分为预约挂号、问诊咨询、医药服务、资讯文献、慢性病管理辅助、医疗信息化等类别。如表 8－1 所示，归纳了目前互联网医疗的应用领域、服务种类及不同的应用场景。中国互联网医疗行业正借助移动端打造线上、线下联动的医疗健康服务模式，形成由线上资讯平台向线上问诊、医药电商、预约挂号等新型服务转变的过程，这也是未来医疗行业的发展方向。

表 8－1　互联网医疗的应用领域、服务种类及不同的应用场景

<table>
<tr><th colspan="2">特征</th><th>内容</th></tr>
<tr><td colspan="2">应用领域</td><td>医疗服务、公共卫生、药物管理、计划生育、医疗保障、综合管理、电子商务等</td></tr>
<tr><td colspan="2">服务种类</td><td>网络健康教育、医疗健康信息查询、在线疾病风险评估和疾病诊疗咨询、网上就诊预约、网上或远程医疗服务、线上医疗支付、电子处方、在线健康监测、慢性病管理、康复指导以及由云医院、网络医院提供的多种形式的医疗健康相关服务等</td></tr>
<tr><td rowspan="2">应用场景</td><td>按时间</td><td>诊疗前、诊疗中和诊疗后三个环节</td></tr>
<tr><td>按诊疗流程</td><td>医院挂号、检测诊疗、药物购买、健康监测、支付与保险五大核心模块</td></tr>
</table>

（续上表）

特征		内容
应用场景	按诊疗场所	线上诊疗和线下诊疗

资料来源：于保荣，杨瑾，宫习飞，等．中国互联网医疗的发展历程、商业模式及宏观影响因素［J］．山东大学学报（医学版），2019，57（8）：39－52.

按照医疗场景的远近，可大概划分互联网医疗业务场景的层级图。如图8－1所示，第一层为基础业务层，通过医学信息高频触及用户，开展医患问诊，开具处方和购药；第二层为扩展业务层，包含以基础业务场景直接对外扩展的一些付费场景；第三层为外延业务层，是由基础业务带动，形成面向B端需求的业务形态。

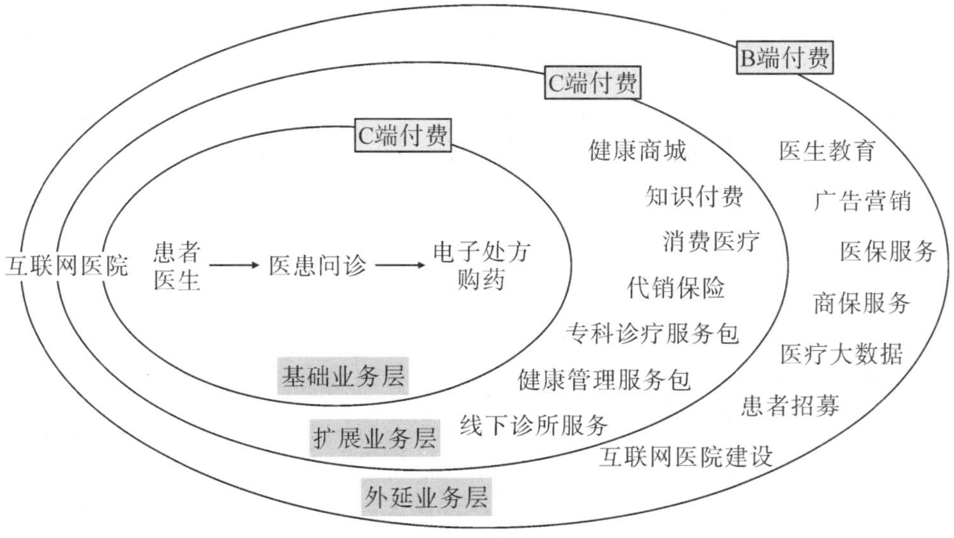

图8－1 互联网医疗的业务场景

资料来源：人人都是产品经理．互联网医疗运营（一）：工作概览［EB/OL］．（2020－12－04）［2022－12－14］．https：//www. woshipm. com/operate/4288670. html.

其中，与基础诊疗业务息息相关的商业模式及其主体包括：互联网医疗平台提供的在线健康咨询问诊、互联网医院提供的互联网诊疗活动、部分适用于诊疗场景的医疗AI产品等。

（2）商业模式。

互联网医疗的出现，给患者提供了更加便利的就医服务。目前，互联网医疗模式仍在创新发展，业务范围也在不断扩大，但其主要的商业模式是围绕患者的医疗场景而展开，可将国内互联网医疗的商业模式归纳为以下四种（见表8－2）。

第一种为在线问诊模式。

在线问诊模式主要是指互联网公司与医生之间达成合作协议，患者通过在线网络平台或专门的App，对病情进行描述，与医生进行线上交流咨询的模式。在线问诊是患者及家属初步了解病情及治疗方向的一种途径，可为疾病管理及治疗方式的选择提供重要参考。

第二种为医药电商模式。

医药电商模式应用计算机和网络技术，在医药公司、医药生产商、医药信息服务提供商、医疗机构、银行、第三方机构等市场主体之间，进行医药产品交换，提供相关的健康服务，主要依托在线平台或专门的 App。网上零售药品的模式打破了药品信息的交易壁垒，消费者不仅可以通过比较买到价格低廉的常用药，而且在隐私药、短缺药和新特药的购买上更为便利。在未来，线上 O2O 有可能成为线下实体药店的标配，它通过与线下药店互动而成为继线下实体药店外重要的行业形态。医药电商模式又可具体分为自营式 B2C 模式、平台式 B2C 模式、医药电子商务 O2O 模式、外卖 O2O 模式和医疗资源整合 B2B2C 模式五种服务模式。

第三种为健康监测管理模式。

由于移动互联网用户的规模效应及技术加强，以及人们健康意识的提高，人们对可穿戴设备的健康监测功能产生了需求。健康监测管理模式是利用技术将多媒体与传感器相结合，通过可穿戴设备的传感器动态监测身体健康状态，并对获取的数据进行分析。

第四种为互联网医院。

互联网医院有两种发展模式。一种由医院主导，将线下的医疗服务互联网化；另一种由企业主导，利用互联网技术提供医疗服务。医院主导模式的形成背景是医院为防止门诊量流失和医生流失；企业主导模式则是相关企业瞄准了处方药市场的消费，希望能够更多地掌握处方药使用的主动权。

继全国首家乌镇互联网医院建成后，互联网医院快速发展。国家卫健委 2022 年发布的《关于促进“互联网 + 医疗健康”发展情况的报告》指出，全国目前已有 158 家互联网医院，如微医集团的宁夏互联网医院、银川丁香互联网医院、春雨医生的银川春雨互联网医院、京东的银川京东互联网医院等互联网医院。其中，微医集团是在互联网医院体系下最活跃的互联网企业，其旗下有 21 家互联网医院。

中国互联网医疗不同的商业模式对比分析如表 8－2 所示。

表 8－2　中国互联网医疗不同模式的商业对比分析

商业模式	在线问诊模式	医药电商模式	健康监测管理模式	互联网医院
运营形式	在线网络平台、App	在线网络平台、App	便携式可穿戴设备	医师多点执业
适用人群	偏远地区患者、基础病患者、慢性病患者、大众用户	行动不便患者、大众用户	运动健身爱好者、慢性病患者、大众用户	行动不便患者、大众用户
优点	初步询诊建议、引导就医；慢性病管理	方便购药；破除以药养医	身体健康数据收集；慢性病管理	便捷；提高运营效率
缺点	资源可靠性无保障；法律法规不健全	缺乏完善的售前引导和售后服务；药品流通缺乏监管	数据收集科学性待完善；数据隐私安全性待加强；数据处理整合性较低	监管政策不完善；利益分配不均衡

（续上表）

项目	在线问诊模式	医药电商模式	健康监测管理模式	互联网医院
发展方向	深入重大疾病管理	开拓医药运输和医疗器械等方面	“奢侈品”转变为“必需品”	加强医院与企业在资源与技术方面的合作

资料来源：于保荣，杨瑾，宫习飞，等．中国互联网医疗的发展历程、商业模式及宏观影响因素［J］．山东大学学报（医学版），2019，57（8）：39－52.

8.1.3　发展历程

互联网医疗具有“医疗卫生”和“新型技术”两大属性，发展至今已经趋于成熟，但行业生态、服务模式、商业模式都在持续演化之中。其发展历程可分为以下五个阶段：

（1）萌芽期（1980—1999 年）。

我国最早于 20 世纪 80 年代开始实施医疗电子化，医院工作流程与计算机相结合。在这个阶段，医院系统信息化初步搭建，远程医疗开始起步，但仅作为线上咨询平台，进行简单的医患交流，为患者提供医学知识。1999 年，原卫生部印发《关于加强远程医疗会诊管理的通知》，规范在线医疗行业会诊。

（2）起步期（2000—2010 年）。

21 世纪的第一个十年，随着互联网技术的不断发展，远程医疗逐渐互联网化，在线医疗逐渐崛起并成为互联网医疗的重要组成部分。基于 PC 端的预约挂号、分诊、电话咨询等服务，使得传统医疗模式得到初步的改变。互联网与医疗的最初融合始于医药电商，2006 年第一家提供在线健康咨询服务的互联网医疗企业“好大夫在线”成立；丁香园论坛开始商业运营，开发医生点评系统、网上问诊等。在这一阶段，由于受互联网基础设施与技术的限制，加上国家层面暂时未出台支持政策，互联网医疗行业规模有限。

（3）成长期（2011—2015 年）。

互联网医疗真正的发展是从“十二五”时期开始的，春雨医生、平安好医生等互联网医疗企业创立，2012 年 2 月，天猫医药馆正式上线。2014 年原卫生计生委发布《关于推进医疗机构远程医疗服务的意见》，首次放开 B2C 业务，明确了在线医疗的重要性。与此同时，在资本的加持下，叮当快药、京东健康、阿里健康等医药电商开始发力，开始从患者端和医生端切入，应用场景不断丰富。传统医疗机构开始与互联网企业合作，探索医疗服务新模式，由此出现了最早一批的互联网医院，如广东省网络医院、乌镇互联网医院等。

在这一阶段，中央和各地陆续出台更多规范和细化互联网医药电商的政策。同时，国家食药监局批准 95095 医药平台、八百方、1 号店等部分互联网第三方平台开展为期一年的药品网上零售试点。国家开始重视互联网医疗发展。

（4）稳步发展期（2016—2019 年）。

2016 年 8 月，国家食药监局结束互联网第三方平台药品网上零售试点工作。2017 年原卫生计生委在《关于征求互联网诊疗管理办法（试行）（征求意见稿）》和《药品关于推进互联网医疗服务发展的意见（征求意见稿）》中提出，互联网医院不再直接面向患者，互联网诊疗范围仅包括医疗机构间的远程医疗服务。政策的不确定性使互联网医疗产业发展放缓。直到 2018 年，国家卫生健康委员会和国家中医药管理局出台相关管理办法，才明确界定了互联网诊疗、互联网医院、远程医疗服务的概念，允许依托医疗机构发展互联网医院，对开展远程医疗提出了明确要求。2019 年 8 月，国家医疗保障局印发《关于完善“互联网 +”医疗服务价格和医保支付政策的指导意见》，将互联网医疗纳入医保体系。规则的明晰给互联网医疗发展指明了方向，使其告别野蛮生长，形成了逐步细化的商业模式。

（5）高速发展期（2020 年至今）。

2020 年，新冠肺炎疫情促进了互联网医疗行业的快速发展。互联网医疗在疫情防控中的作用突出，线上医疗行为快速普及。《2020 年中国互联网医疗行业研究报告》显示，2020 年在线医疗月活用户峰值超 6 000 万人，互联网医疗已经成为重要的医疗服务形态。鼓励、规范和细化互联网医疗发展的政策层出不穷，互联网医院数量激增。各类企业也借助政策红利、行业发展趋势，通过各种创新发展方式，横向拓展业务，纵向提升专业度。2020 年 4 月，京东健康与天津市南开医院合作搭建南开京东互联网医院，深入医疗院内场景提供定制化解决方案，并开展供应链和物流合作。阿里健康不断探索智慧医疗领域，通过数字基建寻找新的增长点。同年 11 月，阿里健康布局的熙牛医疗与浙江大学医学院第一附属医院共同打造的“未来医院”信息系统上线，成为全国首个基于云架构的智慧医院信息系统。

8.2 阿里健康

8.2.1 发展历程

阿里健康是阿里巴巴集团“DoubleH”战略（Health and Happiness，健康与快乐）在大健康领域的旗舰平台，是阿里巴巴集团投资控股的公司之一，秉承着“让健康触手可得”的使命。目前，阿里健康已经从一家单一的医药电商逐渐发展为多业务抓手的线上医疗健康服务平台，其发展历程可概括为以下三个阶段：

（1）进入市场阶段（2014 年）。

阿里健康原本是中信集团旗下的医药健康产业，2014 年 1 月，阿里巴巴集团联手云锋基金，对其注资 1.7 亿美元，而后被收购改名为“阿里健康”，这也是阿里巴巴集团对于医药健康产业的重要布局。同年，阿里巴巴启动“药品安全计划”，通过移动终端扫描药品监管码，了解药品安全信息。

（2）成长与定型阶段（2015—2018 年）。

2015 年，阿里健康 App 2.0 版本正式上线。新增预约挂号和加号功能，接入新浪“爱问医生”资源，在线问诊业务初具雏形。2016 年，阿里健康战略调整，通过收购广州五千年医药连锁有限公司，启动医药电商自营业务。开始试水医药健康市场，开展 B2C 药房业务，并联合 65 家连锁药店，成立 O2O 先锋联盟。与此同时，药品电子监管码叫停，阿里健康上线追溯平台“码上放心”，为食品和药品提供追溯服务。

2017 年，阿里健康的医药电商服务业务拓宽，注入了天猫平台“蓝帽子”保健食品在线业务，大力发展其医药电商平台业务。同年，智慧医疗服务与健康管理业务上线，业务格局初步定型。2018 年 8 月，阿里健康联手东仁堂大药房、海王星辰健康药房和九洲大药房等多家连锁药房，以及如家、君亭等连锁酒店，在杭州试水全链路打通医药新零售，并在杭州上线24 小时在线买药，实现“白天30 分钟，夜晚1 小时内”的送药上门服务。同年 10 月，阿里健康与饿了么、蜂鸟联手，在天猫“双十一”购物节开启之际全面升级北京、广州、深圳、重庆、成都等 20 多个城市、数千家线下药店的药品配送能力。其中北京、广州、深圳将延续杭州“7 ×24 小时”的全天候“急送药”服务。

（3）业务深耕阶段（2019 年至今）。

在目前阿里健康转亏为盈的情况下，企业不断进行业务深耕，力图打造一个线上线下一体式的医药健康服务网络，形成完整的生态闭环。2019 年 9 月，阿里健康大药房发布超级药房 2.0 标准，从药品零售平台升级为以家庭为核心的健康服务平台。2020 年，阿里健康 App 更名为“医鹿”，向线上医疗服务倾斜，不断推陈出新，包括推出健康险业务及打通 18 个城市的线上医保支付等。面对新冠疫情，阿里健康第一时间推出疫区免费在线问医、送救命药上门、医护人员和患者家属心理援助、新冠防疫指南、疫情地图实时播报、密切接触者查询、辅助诊断等服务。而后为积极响应新冠疫情防控工作，2021 年阿里健康联合专业机构，在此前在线预约新冠核酸检测服务的基础上，增加上门核酸服务。2022 年 1 月，阿里健康电子商务（杭州）有限公司成立。

8.2.2　商业模式

阿里健康凭借阿里巴巴集团在电子商务、互联网金融、物流、大数据和云计算等领域的优势，以用户为核心，全渠道推进医药电商及新零售业务，并为大健康行业提供线上线下一体化的全面解决方案，以期对现有社会医药健康资源实现跨区域的共享配置，同时在保障专业安全的基础上，大幅提高患者就医购药的便捷性，满足消费者对健康生活方式的追求。

（1）产品定位。

阿里健康的 App 产品“医鹿”是一款集医药电商、健康管理、产品追溯、智慧医疗四个模块于一体的多功能服务 App。其中，在智慧医疗模块中，用户可以通过“疾病常识”“重症指南”“问医生”“健康问答”功能，获得医疗知识普及、重症问题解读、专家查询、线上问医以及用药咨询等服务，解决用户各方面的疑问。在健康管理模块中，产品为用户提供了疫苗预约、健康数据远程监控服务，为用户提供诊前、诊中、诊后的健康管理，为康复助力。医药电商模块则为需要购买医疗产品的用户提供方便的渠道以及优惠的价格，同时增设了稀缺药品查询功能，解决买药难、买药贵的问题。另外，在产品追溯模块，如在药品、保健品、食品等安全问题上提供产品流通信息，保证购买与使用的安全。

综上所述，“医鹿”是集四个业务模块于一体，为有医疗健康相关需求的用户提供从问诊到康复的一站式服务的 App。

（2）运营模式。

阿里健康是以医药电商为核心市场，并与健康管理、产品追溯以及智慧医疗三大业务线并行，搭建“互联网 + 医疗健康服务”的巨大平台。

①医药电商。

医药电商为阿里健康的主营业务，以用户为核心，积极运用互联网技术、物联网技术，全渠道推进以医药自营业务、天猫医药平台以及新零售业务相结合的运营模式，继续积极拓展与上游优质品牌商的合作，进一步加强与医药、滋补保健、医疗器械厂商和国内大型医药经销商的业务合作，为有健康需求的用户建立起线上线下一体化的综合医药服务平台。

医药电商主要包含两大业务，即电商自营业务和电商互联平台业务，所涉及的医药产品包括非处方药、医疗器械、计生用品等。

阿里健康的电商自营业务包括 B2C 药房零售业务、B2B 集采分销业务以及相关广告业务。阿里健康企业的互联在线自营店归属至 B2C 商业模式，主要是通过阿里健康大药房和阿里健康海外旗舰店运营，开展 C 端业务，消费主体能够进行在线式挑选药妆商品与母婴商品、OTC 商品以及境外商品等，再通过线下方式经过专业化物流队伍获取商品。而 B2B 业务主要是通过集采分销的方式，从上游经销商采购，在下游医药企业或者天猫超市分销。经过几年的发展，作为阿里健康最主要的业务，通过不断投资入股龙头连锁药店，继续打通线上线下相结合的销售网络。根据阿里健康财报统计，截至 2022 年 3 月 31 日，12 个月内阿里健康医药自营业务收入达 179. 1 亿元，同比增长 35. 5%，线上自营店的年度活跃消费者超过 1. 1 亿。

阿里健康的医药电商互联平台业务又分为天猫医药馆平台和新零售模式，这类业务属于第三方销售平台。其中，天猫医药馆这种高曝光流量以及客户规模大的互联平台对阿里健康企业的发展战略有重要意义。阿里健康企业通过代理运营模式与收购模式，从而努力实现全类目覆盖的根本目标。据阿里健康财报统计，截至 2022 年 3 月底，阿里健康运营的天猫医药平台已服务超过 2. 6 万个商家，较半年前增加 1 000 个；向消费者提供的商品超过 4 400 万个 SKU，较半年前快速增加 400 万个。

而新零售模式归属至“O2O + B2C”商业化运营模式，即线上与线下的结合式销售。消费群体能够在线上选择想要的商品服务，并使用支付宝进行付款购买，再到相对应的线下实体店面进行体验。假使消费群体存在着一定的急切需求，同样能够通过极速输送方式或者自提方式获取药品。经过互联网医院和线下药店的深度合作，推出了多模式、多阵地线上医保购药试点，形成一个线上线下的购药闭环。在统一监管的基础上，为复诊患者提供互联网医院问诊，处方续方和送药上门的全链路购药服务，提升大众就医购药的便捷指数。

②健康管理。

健康管理业务可帮助用户通过使用各类健康设备，记录并上传测试数据，形成健康档案，再引入家庭医生的远程指导，为用户提供个性化的医疗服务和健康周期管理。在健康管理业务中，阿里健康从健康服务、本地医疗和社会公益三个方面展开布局。

在健康服务方面，为更好地满足用户在线就医的需求，阿里健康于 2020 年 9 月推出独立的医疗健康服务 App——“医鹿”。以技术和模式创新为手段，建立包括儿科中心、直播科普、社群互助等多元化、多维度的医疗工具及服务功能，使用户可以获得一站式便捷的在线医疗健康服务。除此之外，医鹿自建“鹿苗”疫苗服务平台，提供一站式数字化疫苗预约服务，让用户享受包括儿童疫苗、成人疫苗、流感疫苗等疫苗登记、预约、智能规划、提醒等在内的全流程服务，同时可以享受专业的疫苗科普和咨询服务。

在本地医疗方面，截至2021年3月底，阿里健康已与3 000家公立和民营体检机构建立合作关系，为用户提供消费级和专业医疗级的检测，支持上门检、送检或自检等多元化的检测方式，并可通过医鹿、天猫、支付宝、钉钉等多阵地提供多样化的产品服务。此外，在2021年春节新冠肺炎疫情反复期间，阿里健康第一时间上线“全国核酸检测地图”，为全国各地用户提供附近核酸检测机构查询服务以及检测报告查询服务、上门核酸检测服务与反响政策查询服务等。

在社会公益方面，随着公益医疗的理念逐渐深入人心，阿里健康联合中华医学会、中国红十字基金会机构，上线“医蝶谷一起学”基层医生公益培训平台。通过开展线上线下结合的帮扶计划，线下包括义诊赠药、手术带教、提供省级医院进修实践机会，结合线上持续的系统化专科内容培训、远程病例讨论、远程查房等，为县域医疗振兴提供学习帮扶平台，推动提升整体医疗水平、改善就医环境。截至2021年3月底，“医蝶谷一起学”帮扶平台已经覆盖了19个省，切实帮助了超过120家医院的1 200多名医护人员提升业务水平，累计培训医生近2万次。

③产品追溯。

依托阿里云的计算和数据处理能力，阿里健康自主研发了自己的第三方追溯平台“码上放心”，为企业用户、各层级政府部门大力提供产品生命周期的基本追溯服务，业务服务流程如图8－2所示。其始终凭借着线上线下相结合的模式，大力提供基本服务与增值服务，主要包括医保控制费用服务与渠道治理服务、病患教育服务与药品追溯服务等。药品生产商、经销商和零售机构可以通过购买“码上放心”平台的“接口调用”这项功能，辅助企业进行药品流通管理，这也是“码上放心”的营收来源之一。除此之外，随着“码上放心”搭建的追溯服务技术越来越成熟和国内医保系统的逐渐完善，“码上放心”和医保体系的切合将变得越来越密切，通过“码上放心”不仅可以追溯药品来源、物流等企业方的信息，还可以查看药品的走向，利用一药一码的特点对骗保行为进行监控和遏制。

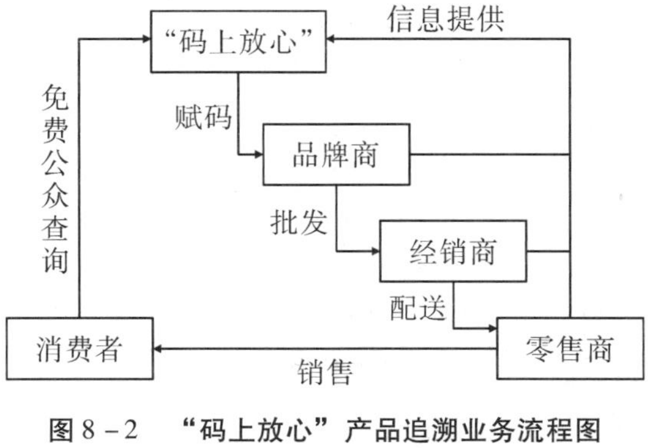

图8－2　“码上放心”产品追溯业务流程图

资料来源：雪球. 互联网医疗政策利好来袭，细说阿里健康商业模式［EB/OL］.（2019－07－05）［2021－07－25］. https：//xueqiu. com/8415140265/129186485.

目前，“码上放心”平台入驻的药品生产企业量在国内药品生产企业总数占比超

80%，其中重点关注品种如疫苗等覆盖率超 95%。提供的服务包括药品追溯和找回、疫苗冷链追溯等。在新冠肺炎疫情防控期间，阿里健康配合国家和企业，完成对紧急使用的新冠疫苗的全程可追溯，确保最小包装药品的全过程冷链温度可追溯，运输轨迹可查询。

④智慧医疗。

阿里健康的智慧医疗是指基于以云计算为基础的强大的医疗大数据挖掘分析能力，与公司内外部机构建立联动合作机制，致力于打造有实际应用场景的医疗 AI 系统。其通过互联网医院、AI、健康管理三部分运作。

首先是互联网医院。阿里健康与武汉市中心医院、江苏省第二中医院等医院建立合作关系，入驻阿里健康平台的网络医院，使互联网医院落地在实体的医疗机构，线上线下实现统一监管。阿里健康投资阿里云，主要为医院提供大数据平台服务，以及临床辅助决策引擎等针对医院和医生设计的多款产品，提升了广大医生的体验感，同时可帮助其提升专业水平和工作效率。

其次是 AI。阿里健康 AI 开放平台是由阿里健康联合医疗健康 AI 生态伙伴，基于医学 AI 及数据智能技术建设而成，提供医疗 AI 建模、训练及开放应用服务，针对医疗机构真实的临床场景，提供乳腺 X 射线、肿瘤靶区勾勒等多部位、多病种医学 AI 系统应用及糖尿病用药、宫颈癌筛查等 AI 辅助诊断决策系统应用平台。2017 年，阿里健康与万里云合作开发了“Doctor You”智能医学影像云平台。该平台提供医疗 AI 建模、训练等多项服务，以及提供肿瘤靶区勾勒等系统应用。

最后是健康管理。阿里健康“个人健康管理中心”秉承“让大数据助力医疗，用互联网改变健康”的愿景，通过大数据分析应用，以“智能医疗器械 + 云端增值服务”相结合的模式，以医鹿 App 为阵地，为用户提供个性化、专业化、智能化的健康管理方案，实现预防治疗、健康管理等全套服务。消费者可以根据自身情况选择适合自己的方案，如慢性病管理、母婴管理、减重管理等不同需求的方案，根据健康数据，匹配用户急需的健康知识，实现健康管理。

（3）盈利模式。

根据阿里健康现阶段提供的产品和服务，以及收入来源的不同，可将阿里健康的主要盈利模式划分为进销差价模式、平台佣金分成模式、销售软件系统模式和免费增值模式四种。

①进销差价模式。

进销差价是指商品购进价与销售价之间的差额。阿里健康凭借其强大的供应链系统，将上游的优质药品或者医疗器械直接通过阿里健康大药房和阿里健康海外旗舰店对接下游的天猫超市、医药连锁企业等。消费者可以用较便宜的价格购买优质的商品，根据阿里健康 2022 年财报，其医药自营业务收入达 179.1 亿元，同比增长 35.5%，占总收入的 87.0%。因此，进销差价模式是阿里健康的主要盈利模式。

②平台佣金分成模式。

平台佣金分成模式是指企业通过连接不同商业群体来创造价值的盈利模式。阿里健康通过医疗服务平台或医药平台向用户提供相关服务或产品并抽取佣金。除了阿里健康代运营的天猫医药馆外，阿里健康还向医院、线下连锁药店、医美机构、医生等使用阿里健康平台的机构或人群抽取一定比例的交易费用或问诊费用。

③销售软件系统模式。

阿里健康为医院提供互联网医疗管理系统和医学辅助软件，为患者诊治带来了福音，特别体现在医院对患者的就医流程、电子病例的管理，以及医生的培训等。管理系统能够摆脱传统医院排队时间长等痛点，并使患者就医的各个环节留下痕迹，更重要的是患者能够借助这些软件得到更加方便快捷和实用的治疗服务。目前，阿里健康的医疗大脑 2.0 启动，包括糖尿病辅助用药决策 AI、癫痫脑电分析引擎、胎盘检测引擎等在内的先进医疗技术手段。

④免费增值模式。

免费增值模式是指同时提供免费服务与增值服务的盈利模式。在这种盈利模式中，免费服务与增值服务是交叉补贴的关系，即增值服务赚取的费用常用于补贴免费服务。在阿里健康的业务中，平台追溯业务是典型的免费增值盈利模式。享受免费服务的群体只能享受有限制的服务，想要享受更好的服务就必须付费。除此之外，阿里健康 App 的健康管理平台提供的服务也是免费增值模式。健康管理平台提供的服务包含减肥、宝宝健康、养生、女性健康等模块，用户在模块里可以免费享受对自身和家人的健康检测，但若想获得相关建议就需要付费。

8.2.3　技术应用

近年来，云计算、AI、5G 等技术快速发展，使得医疗健康服务有了丰富的创新实践。阿里健康的数字基建布局也从最初的医药电商销售平台发展为健康管理服务平台，随着互联网技术的更新迭代，又形成了线上线下一体式的互联网分级诊疗体系。而后紧跟数字技术的潮流，布局医疗行业数字基础建设，开启阿里健康 3.0 时代，转型升级为全领域布局的医疗科技和服务企业。

2020 年 11 月，阿里健康与浙江大学医学院附属第一医院共同打造的“未来医院”信息系统上线，成为全国首个基于云架构的智慧医院信息系统。该系统的开发团队源于阿里健康在数字医疗领域的重要布局——熙牛医疗。新冠疫情之下，5G、物联网等新技术的切入使得老一代集成 HIS（Hospital Information System，医院信息系统）难以兼容，而日益增长的数据及其利用需求则对传统系统及其存储提出了重要考验。阿里健康通过数字化医疗新基建，触达医院的生产环境，实现从药到医、从线上到线下、从院内到院外的整合，打通整条价值链的闭环，并依托互联网、大数据、AI 等技术创新布局，打造多样化的关联服务与模式。

大数据为阿里健康勾勒出了精准的用户画像。2020 年“双十一”，阿里健康与合作方共同开发了一系列专为年轻人“量身定制”的即食类健康食品，如枸杞原浆、酸枣仁膏、黑芝麻丸、胶原蛋白软糖，阿里健康 2021 财年中期业绩报告数据显示，“双十一”期间，四款产品销量同比增速分别达到了 401%、178%、215%、114%。

AI 是阿里健康切入智慧医疗的另一个核心点。以医疗 AI 为例，各种智能算法可以帮助提升医疗、药品及慢性病管理等方面的服务。基层医疗健康是数字技术最有温度、最有效率的一个应用场景。其中，医学知识图谱是医疗 AI 的基础技术，也是阿里健康“三朵云”（云医院、云药房、云服务）的基础技术。通过动态数据的挖掘、关联、推理、融合，以及统一的专业术语和编码标准建设，形成标准化、高效率、高智能的医学知识库，从而提升在线诊疗、药品供给、慢性病管理、医学科普等工作的水平。

而追溯技术是阿里巴巴集团起步最早的行业基础建设。在药品流通环节，基于追溯技术，阿里健康在2020年“双十一”时推出首个网上买药保真机制，消费者可以通过淘宝、支付宝扫码的方式追溯药品源头，同时获得保险保障，假一赔十。除药品流通领域之外，阿里健康也已经将其拓展至新药研发临床试验和非药品追溯领域。在新冠药物临床试验中也首次试水了“码上放心”追溯技术。在药物编盲时采用统一的编盲方法和编号规则，利用扫码编盲加密设备和相关技术，实现简单编盲操作的同时确保药物盲底安全。

8.2.4 小结

通过本节的学习，我们梳理了阿里健康的发展历程，并剖析了阿里健康发展的战略转型与商业模式。此外，我们还从技术视角出发，进一步分析了阿里健康的数字基建布局，其紧跟数字技术发展潮流，依托互联网、大数据、AI等技术创新，打造多样化关联服务与模式。本节知识点可归纳为如下三点：

第一，在发展历程上，阿里健康自2014年进入市场后，经历了成长与定型阶段和业务深耕阶段，从一家单一的医药电商逐渐发展成为多业务抓手的线上医疗健康服务平台。

第二，在商业模式上，阿里健康凭借阿里巴巴集团在电子商务、互联网金融、物流、大数据和云计算等领域的优势，以用户为核心，围绕医药电商核心市场，与健康管理、产品追溯以及智慧医疗三大业务线并行，搭建“互联网+医疗健康服务”平台，打造了以四个模块为一体的多功能服务App“医鹿”，并通过进销差价模式、平台佣金分成模式、销售软件系统模式和免费增值模式四种盈利模式创造营收，以支撑平台发展。

第三，在技术应用上，阿里健康依托大数据技术勾勒精准的用户画像，借助医疗AI的各种智能算法提升医疗、药品及慢性病管理等方面的服务；以追溯技术为支撑积极响应国家药品追溯政策，持续为品牌商、消费者、经销商、政府等提供合规解决方案并拓展更多增值服务。阿里健康充分运用各类互联网、5G、AI等技术创新，从最初的医药电商销售平台发展为健康管理服务平台，随着互联网技术的更新迭代，又形成了线上线下一体式的互联网分级诊疗体系。而后紧跟数字技术的潮流，布局医疗行业数字基础建设，开启阿里健康3.0时代，转型升级为全领域布局的医疗科技和服务企业。

8.3 平安好医生

8.3.1 发展历程

平安好医生是一家互联网医疗健康服务平台，也是中国平安旗下第一个上市的“独角兽”企业，秉承“省心、省时、省钱”的价值主张，以“让每一家企业拥有幸福职场、让每一个家庭拥有专属医生、让每一位用户拥有平安健康”为愿景，构筑专业医患桥梁，用心呵护全民健康。其作为平安集团HMO（Health Maintenance Organization，医疗保健组织）管理模式的重要组成部分及医疗生态圈的典范之一，发展历程可概括为以下三个阶段：

（1）进入市场阶段（2014—2015 年）。

平安好医生的前身为平安健康险的互联网业务。2014 年 8 月，平安健康医疗科技公司（平安好医生经营主体）成立，为平安保险集团向互联网医疗产业布局奠定基础；2015 年 4 月，“平安健康管家”（后改名为“平安好医生”）App 正式上线，以医生资源为核心，提供实时咨询和健康管理服务；8 月，平安好医生的健康商场上线，增设医药电商核心业务板块，几大业务板块已现雏形。

（2）快速扩张阶段（2016—2018 年）。

“平安好医生”App 上线后进入了快速扩张阶段，2016 年 5 月，平安好医生正式对外宣布完成 5 亿美元 A 轮融资，估值 30 亿美元，刷新了全球范围内移动医疗初创企业单笔最大融资及 A 轮最高估值两项纪录。同年 8 月，“平安好医生”App 注册用户数首次突破 1 亿，成为国内覆盖率第一的移动医疗应用。2017 年 12 月，平安好医生获软件银行集团 4 亿美元注资，投前估值达 50 亿美元。2018 年 5 月，平安好医生在港交所挂牌上市，成为平安旗下第一只上市“独角兽”，也被公认为全球医疗科技第一股；同年 10 月，平安好医生宣布，其自主研发的国内首个中医“智能闻诊”系统已正式上线。该系统融合 AI 医疗科技和传统中医理论精髓，通过采集用户声音并进行 AI 分析，识别患者是否属于气郁、气虚、阳虚等中医体质，实现听音辨病。

（3）业务深耕阶段（2019 年至今）。

2019 年 6 月，平安好医生平台推出“私家医生”产品，进一步丰富健康管理业务，与公司更多高端保险业务客户进行捆绑；同年 11 月，投资收购中国最大的连锁药店渠道 ERP/SaaS 供应商之一的海典，覆盖超 12 万家线下药房，形成“线上 + 线下”的流量闭环；12 月，平安健康医疗科技与泰国曼谷杜斯特医疗服务公司合作落地海外医疗服务项目，为平安好医生的用户提供泰国顶尖医生的视频咨询以及二次诊疗意见。自 2019 年下半年开始，平安好医生股价持续上涨，至 2020 年 4 月，公司总市值突破 1 000 亿港元。2020 年 3 月，平安好医生旗下互联网医院联手湖北省医保在线支付，成为全国第一个开通互联网医疗医保在线支付的互联网医疗公司；同年 4 月，平安好医生 AI 系统获 WONCA（The World Organization of Family Doctors，世界家庭医生组织）颁发认证，成为全球首个达到国际化标准的 AI 医疗系统。2021 年初，伴随公司由医疗服务到“医疗 + 健康”服务的全面升级，“平安好医生”App 正式更名为“平安健康”；2 月，公司成立保险事业部，全面推进与平安健康险的线上业务的深度合作，通过联合开发定制化的医疗“健康 + 保险”服务组合产品等方式，实现医疗健康服务与保险服务的相互赋能。

8.3.2 商业模式

秉持丰富的支付方资源、完善的供应商网络、领先的服务体系以及强大的生态赋能等核心竞争优势，平安好医生逐步建立以“HMO 健康管理 + 家庭医生会员制 + O2O 医疗健康服务”为基础的独特商业模式，发展至今，已成为专业、全面、高品质、一站式的企业健康管理服务提供商。平安好医生拥有差异化的商业模式，其专注于在线医疗服务价值链上游（在线咨询服务）的业务深耕。

（1）产品定位。

平安好医生以医生资源为核心，利用移动互联网平台进行医患实时沟通，包括预防保健、导医初诊、预约挂号等诊前服务，以及复诊随访、康复指导、慢性病管理、用药提醒等诊后服务，是一款集“家庭医生、名医问诊、健康社区、健康评测、健康习惯、健康档案”六大特色服务于一体的医疗健康服务 App，为用户提供一站式健康咨询及健康管理服务。

（2）运营及盈利模式。

作为医疗健康生态系统中的一站式门户，平安好医生建立基于综合技术平台、专业自有医疗团队、优质医疗健康服务提供商网络、多元化及不断变化的服务及产品种类、成熟的消费者参与策略及完善的分销渠道，其核心模式是通过 B 端采购服务实现盈利。平安好医生的利润对象包括患者、医院、保险公司、医疗器械公司等，付费用户是其主要利润对象。此外，企业经过两次战略调整，从最初的移动医疗到涉足医药再到如今的医疗生态，已经建立起较为清晰完备的医疗生态体系，满足顾客多样化和个性化的需求，可以提升利润杠杆。

在持续的摸索发展过程中，平安好医生也有了自己的变现方式，组建了四类业务收入来源，即在线医疗（家庭医生服务）、消费型医疗、健康商城、健康管理及健康互动业务。

①在线医疗（家庭医生服务）。

平安好医生提供在线医疗服务，主要包括 7 × 24 小时在线咨询、转诊及挂号、购药、1 小时送药、住院安排以及二次诊疗意见。平安好医生的核心优势是家庭医生服务，这是其区别于其他互联网医疗企业的不同之处，也是其未来发展的核心利润点。平安好医生拥有一千多位自有医生，他们可以及时回复用户大部分的问题。在线医疗解决了用户的痛点问题，如线上预约挂号可缩短线下看病等待时间，线上诊病让患者足不出户就能看病，极大地改善了用户的看病体验，在一定程度上解决了医疗资源分配严重不均衡的问题。

②消费型医疗。

平安好医生提供多种整合医疗健康机构服务的标准化服务方案，以满足用户持续性、预防性及其他健康相关需要，如体检、基因检测及医美。消费型医疗产品与健康商城的第三方产品相似，采用合作的方式将客户的产品投放在平安好医生的平台上进行推广或交易，平台收取佣金或销售提成。

随着居民对消费需求发生转变，其医美等部分细分行业的发展促进了个性化医疗需求的增加，对消费型医疗市场产生了积极的作用。

③健康商城。

健康商城是平安好医生的重要业务，主要采取自营和平台两种模式。截至 2019 年底，合作的商户数量共 1 400 家。平安好医生的健康商城提供多元化及不断变化的产品类别，包括医疗健康产品（如药品、健康营养品及医疗器械）、健身产品（如健身设备及配件）、个人护理用品以及其他产品。平台销售产品所得收益和来自第三方商家赚取的佣金收入为健康商城业务模块的收入流。

④健康管理及健康互动。

平安好医生制订各种健康计划、开展各种活动，并向用户推荐个性化内容以协助其保持健康的生活方式。App 中患者社区、小视频等模块可让患者披露自我，在轻松的环境下得到一些帮助，帮助用户制订健康计划，调动用户的积极性，有效地利用有限的资源来达到最大的健康效果，变被动的疾病治疗为主动的健康管理，帮助、指导用户成功有效地把握与维护自身的健康。

在健康管理业务板块中，平安医生主要提供两种业务，即向个人提供家庭私家医生套餐和向企业提供企业管家式健康管理。同时，这些业务大都与平安保险业务有所捆绑，进而完成销售。

8.3.3　技术模式

互联网医疗可以帮助专家将诊断和治疗方案快速下沉；结合 AI 辅助的医疗团队，能够快速弥补基层医生诊断经验和治疗技术的不足。平安好医生凭借“互联网 + AI + 自有医疗团队”的优势，在互联网医疗公司的队列中，迅速成为引领行业的排头兵，并成功上市。

自成立之初，平安好医生便开始大力研发 AI 技术，凭借深度学习技术、NLP（Natural Language Processing，自然语言处理）技术、知识图谱和大数据超算平台方面的持续投入，其 AI 辅助诊疗系统得以持续优化，并借助 AI 增效，以技术维度助力分级诊疗。2018 年 11 月，平安好医生自主研发的国内首个商业化运营的无人诊所——“一分钟诊所”落地互联网重镇乌镇。“无人诊所”包含独立问诊室和智能药柜两大功能模块，内嵌多项 AI 科技应用，可为用户提供初步问诊建议，智能药柜内可即买即取超过百种常见药品。

平安好医生能够在市场快速发展，不仅在于其一站式医疗健康服务和成熟的 AI 医疗技术，还在于它通过科技手段强化了这些资源的应用效率，以及通过 AI 等科技推出了新的服务模式。

平安好医生以“家庭医生服务”作为核心业务，提供一站式医疗健康服务，从而解决百姓寻医诊疗过程中供需不平衡的问题。平安好医生智能辅助问诊系统前期可以分为四大阶段。第一阶段是用户提出基本主诉，随后是智能分诊，通过文字处理、NLP 技术等，将之对应到具体的病史收集方案中，最后得出智能诊断推荐。同时，平安好医生为用户提供 7 × 24 小时在线咨询、转诊及挂号、购药、1 小时送药、住院安排以及二次诊疗意见等一站式服务。这些服务切实有效地支持了分级诊疗，极大地促进了医疗体系的控费增效，为医院和社会减轻了负担。

8.3.4　小结

通过本节的学习，我们梳理了平安好医生的发展历程，剖析了平安好医生发展的产品定位与运营及盈利模式。此外，我们还从技术视角出发，进一步分析了平安好医生的数字基建布局，其借助 AI 增效，以技术维度助力分级诊疗，并通过科技手段强化了这些资源的应用效率，通过 AI 等科技推出了新的服务模式。本节知识点可归纳为如下三点：

第一，在发展历程上，平安好医生自 2014 年进入市场后，通过软件系统开发和不断融资，快速发展扩张市场，而后专注于平台产品及业务的丰富与深耕，实现公司战略由医疗服务到“医疗 + 健康”服务的全面升级。

第二，在商业模式上，平安好医生建立以“HMO 健康管理 + 家庭医生会员制 + O2O 医疗健康服务”为基础的独特商业模式。从最初的移动医疗到涉足医药，再到如今较为清晰完备的医疗生态体系，平安好医生以患者、医院、保险公司、医疗器械公司等为利润对象，通过组建在线医疗（家庭医生服务）、消费型医疗、健康商城、健康管理及健康互动业务四条主营业务线，满足用户多样化和个性化的需求。

第三，在技术模式上，平安好医生大力研发 AI 技术，凭借深度学习技术、NLP 技术、知识图谱和大数据超算平台方面的持续投入，以及“互联网 + AI + 自有医疗团队”的优势，通过科技手段强化了其资源的应用效率，创新了服务模式。

8.4 拓展阅读

用户规模达 6.61 亿人　互联网医疗火了更要走稳

随着互联网医疗的蓬勃发展，网上问诊、在线就医、无接触式购药等模式逐渐走进人们的日常生活。在经历快速发展之后，互联网医疗行业如何走得更稳？

（1）“智慧医院”方便快捷。

网络问诊后拿到电子药方，药品直接快递到家；打开手机软件进行网络复诊，与医生实时交流病情；通过云医疗服务平台，在乡镇卫生室也能得到省级专家的诊疗和救治；电子社保卡绑定移动支付平台，扫码结算方便快捷……如今，越来越多的人享受到了互联网医疗带来的便捷服务。艾媒咨询的数据显示，2020 年中国移动医疗用户规模达 6.61 亿人，中国移动医疗市场规模达 544.7 亿元。业内人士分析指出，人们对医药电商、互联网医疗等平台的使用需求进一步提升，“互联网 +”在医疗领域的应用逐步扩大，中国互联网医疗行业迎来了新的机遇。

“借助互联网技术，实体医疗服务得以延伸和下沉，在一定程度上打破了优质医疗资源的地域及供需不平衡。”中南大学湘雅三医院院长指出，疫情防控期间，互联网医疗大大缓解了线下门诊的压力，避免了交叉感染，满足了人们防控疫情的迫切需求。

（2）发展瓶颈亟须突破。

过去一年多，在线购药、远程问诊等需求呈爆发式增长，互联网医疗的价值被不断释放，成为众多资本眼中的“香饽饽”，但互联网医疗火热发展的背后，行业仍有诸多局限性和待解决的问题。

2020 年 11 月，国家医疗保障局发布《关于积极推进“互联网 +”医疗服务医保支付工作的指导意见》，强调完善“互联网 +”医保服务的医保支付政策，并鼓励各地依托全国统一的医保信息平台实现处方流转。业内专家指出，处方流转不等于处方外流，纳入医保的前提是医疗机构要有电子处方流转的能力，而哪些药、哪些病可以线上报销以及异地就医、如何结算等细则还需进一步明确。

互联网医疗迅速发展的背后，是刚性的民生需求。互联网医疗仍然面临用户习惯养成、市场推广、商业模式等方面的难题。“互联网医院建设大多需要与技术公司合作。如何在保障医疗质量和安全的同时探索出成功的商业模式，维持自身生存与发展，这是我们面临的一个困惑。”中南大学湘雅三医院院长指出，目前，互联网医院的服务范围从慢性病管理拓展到多病症诊疗，质量把控是重点也是难点问题。“一些第三方互联网医院平台‘电商化’特征明显，利用流量‘卖药变现’成为常见模式，必须加以警惕。”

北京中医药大学法律系一位教授分析，互联网医院连接多主体、服务方式和种类多样化，是未来“互联网+医疗服务”深化发展的重要方向。但目前来看，互联网医院存在线上服务功能定位分级不清晰的问题，未形成与线下同质统一的云端分级诊疗功能。在商业模式不完善、盈利能力不足等诸多问题中，现行互联网医疗服务模式还存在“以药养医”等风险。此外，信息安全保护、药事监管等问题也亟待重视。

（3）让医疗服务更有“温度”。

据国家卫健委统计，目前全国30个省份已建立了互联网医疗服务监管平台，提升了线上监管能力。专家指出，在互联网医疗准入、设立、运营、信息安全等方面，要加强对互联网医疗的事前、事中、事后监管，使互联网医疗发展更加规范。

对互联网医疗的监管对策应包括以下几个方面：一是明确各级互联网医院和医疗服务的功能定位，形成互联网医疗分级诊疗新格局；二是构建具有可操作性的互联网医疗信息监管机制，加强对数据生命周期各个环节的保护；三是加强互联网医疗服务监管平台的建设，通过大数据、人工智能手段构建互联网药品智慧监管机制。

中国医院协会副会长方来英指出，互联网医疗是在新型互联网技术、医疗关系、产品设施的基础上发展而来的，相关制度法规、职业准则亟待完善。除了规范化，互联网医疗的发展还应该注意保持医疗服务的温度。

“‘互联网+医疗健康’本质上应是‘医疗健康+互联网’，即互联网是手段，医疗质量和安全永远是第一位的。”中南大学湘雅三医院院长指出，在互联网医疗火热发展的今天，要敢于“泼冷水”，在积极投入资源的同时应高度关注其问题和短板。“今后，要在远程诊疗、审核处方、线上交易等各个环节进行严格的闭环管理。互联网医疗行业的从业者要清醒地认识到，必须严格要求自己，确保对患者的人文关怀。只有这样，互联网医疗才会有明天。”

资料来源：李嘉宝．用户规模达6.61亿人　互联网医疗火了更要稳［N］．人民日报（海外版），2021-04-21.（有改动）

8.5　思考题

1. 结合本章的案例，请探讨互联网医疗能够解决当下哪些医疗问题，并分析其未来发展的方向和趋势。

2. 思考在我国医疗行业数字化与智慧化转型发展背景下，互联网医疗在未来发展中可能会面临的机遇和挑战。

第三篇

新业态电商类

9 内容类社交电子商务

【知识框架图】

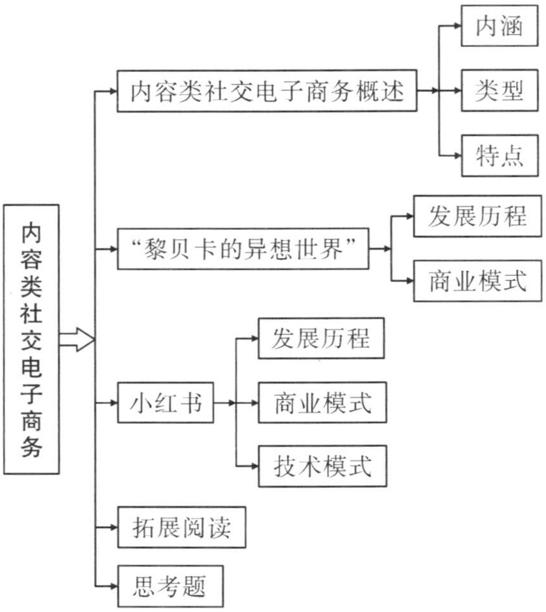

【学习目标】

知识目标：

了解内容类社交电子商务的基本概念与分类。

掌握典型的内容类社交电子商务案例。

理解内容类社交电子商务的优势与作用。

技能目标：

能够基于社交平台完成简单的内容类社交电子商务运营实践。

情感目标：

学习内容类社交电子商务的数字知识和技能，提升自身数字素养，培养数字人才。

关注社交平台的数字不平等现象，帮助数字弱势群体，缓解“数字贫困”问题。

【先导案例】

两年前开玩内容电商 小红唇如今还想干点啥?

小红唇是一款美妆垂直内容电商平台，主要面向购买力极强的年轻女性群体，通过在平台上输出内容，吸引用户购买其平台上的产品。部分用户在平台上发布有关美妆的内容，积累了一定的粉丝量，成为平台达人，并在视频中分享产品链接，引导一般用户购买。

依靠网红拉动销量是小红唇的经营模式，也出现了一些电商共通的隐患。以小红唇为例，首先，平台任由达人自行发挥，缺乏有效的管理，导致平台输出内容杂乱；其次，平台没有独立的品牌和工厂，货品供应不稳定，且售后困难，甚至影响平台声誉；最后，内容电商难以形成流量闭环，需要和一般电商平台争夺用户。

面对这些问题，小红唇的创始人姜志熹作出了回应。在姜志熹看来，第一梯队的电商是在帮用户解决买不买得到和便不便宜的问题，内容电商则是在解决推荐和发现商品的问题。相比而言，内容电商的效率更高，小红唇选择了差异化竞争策略，避免在流量变现上与淘宝、京东产生正面竞争，因为用巨头的方法是无法打败巨头的。不过，巨头们也慢慢认识到，若平台只具备单纯的购买功能会导致用户的黏性不高。为了占据用户更多的时间，巨头们想尽了一切办法。借此东风，短视频市场经过几年的自由发展后，从去年开始逐渐被推上了风口浪尖，也成为各大平台抢夺用户时间的工具。例如，淘宝今年力推短视频导购平台——映象淘宝，该平台上传审核通过的短视频，将会以标签的形式被分发到手机淘宝的多个导购场景，如有好货、每日好店、必买清单、爱逛街、猜你喜欢、淘部落等。不过，开始涉足内容的大玩家们并没有选择直接和个人内容生产者合作，而是选择重点 MCN 机构进行扶植。因为与个人相比，MCN 机构可以为这些大平台提供更具规模化和规范化的内容，而且在管理控制上也更为简单。亿邦动力网了解到，小红唇在去年 8 月份成为微博重点合作扶持的 MCN 机构。微博会为合作的 MCN 机构持续提供流量，机构也可以在微博上直接进行商业变现。而与淘宝的合作则和微博不同，“淘宝一方面会邀请小红唇的达人入驻，另一方面小红唇商城可以利用自身的美妆供应链优势，直接和淘宝对接开旗舰店，虽然交易需要走在淘宝上，但是我们并不排斥。淘宝提供流量，我们来提供内容和商品”，姜志熹说道。

那么，在为淘宝等平台提供内容支撑的同时，以“社区 + 电商”定位的小红唇会不会导致自己平台达人和用户的流失呢？对此，姜志熹并不担心，他认为原因共有以下几点：第一，内容根源还是掌握在小红唇等 MCN 机构手里，一个 App 的所有关系链和内容无法全部移到另一个平台上去。小红唇在和“爱逛街”App 合作时发现，双方对内容的需求存在偏差。比如，小红唇生产的内容 100% 都符合自己的平台，但只有 20% 适合“爱逛街”App，要想观看剩下 80% 的内容，用户还是需要来到小红唇。第二，小红唇在前期掌握了粉丝关系，还可以提供和淘宝相比差异化的价值。可能有部分的小红唇达人入驻淘宝，但是自有平台上还会有更多的达人在进行推荐。第三，在购买商品方面，小红唇也具有自营优势。小红唇可以通过沉淀的用户关系和数据，为用户推送他们喜欢的达人动态，到达用户的路径是多元的。第四，在用户构成方面，小红唇的用户更加垂直，内容和讨论也更加专业。此外姜志熹还表示，MCN 机构只有两种形态，一是掌握内容或供应链，与大平台进行合作；二是在合作的同时，成长为垂直平台。MCN 机构和大平台是互相拉动、相辅相成的关系。目前巨大的流量还集中在淘宝、微博等大平台上，小红唇这类垂直领域创业的公司可以借助和大平台的合作来引流。同时，淘宝、微博等大平台也需要小红唇这种垂直机构的帮助，打造整个生态系统，未来的中国也许会诞生很多这种类型的垂直机构。

不过，小红唇虽然已开始为淘宝、微博等大平台输送内容和达人资源，但它的野心不仅如此。据悉，在 2017 年 6 月 1 日，小红唇正式宣布收购韩国快时尚彩妆品牌珂曼(CAREMILLE)，收购交易总价值达数千万人民币。姜志熹在签约仪式上称，此次收购韩国珂曼是小红唇美妆新国货战略的重要组成部分，小红唇将整合珂曼韩国团队的研发和设计能力，通过全球采购的模式汇聚亚太地区的原材料和生产工艺。在未来 3 ~5 年，小红唇将努力孵化若干个美妆新国货品牌，打通产业链上下游，构建变美服务的生态闭环。此外，小红唇方面还向亿邦动力网透露，小红唇的首家线下体验店将在 2017 年 7 月开业，位于北京朝阳区龙湖长楹天街。而龙湖——这家老牌地产公司，也正是小红唇的投资方之一。

姜志熹表示，小红唇的线下店不是传统意义上的线下店。小红唇将打通线上线下，除了让顾客体验商品之外，也可以提供相关的化妆服务。达人在线上是老师，在线下同样可以是老师，小红唇不仅要告诉消费者买什么，也可以通过线下店构建整套的服务和培训体系。

资料来源：亿邦动力网. 两年就开玩内容电商　小红唇如今还想干点啥? [EB/OL]. (2017 -06 -13) [2022 -09 -20]. https://www.ebrun.com/20170613/235076.shtml. (有改动)

【拓展思考】

你曾使用过哪些内容类社交电子商务? 你了解哪些时尚类 KOL? 你是否受其影响而进行消费? 为什么?

9.1　内容类社交电子商务概述

9.1.1　内涵

社交电子商务（Social Commerce）是根植于社交媒体和 Web2.0 技术的产物。随着社交媒体的普及和发展，消费者之间能够通过互动，了解彼此对产品的评价，从而作出更明智的购买决策。社交电商是以“人”为纽带，通过互联网社交关系网络在各类去中心化媒介渠道进行信息传递和商品交易的网络零售模式。基于人与人之间的信任程度，社交电商可以分为熟人关系、粉丝关系和属地关系三种类型，并从中衍生出更具体化、细分化的社交电商模式。

2015—2017 年，一批善于打造个人品牌的 KOL（Key Opinion Leader，关键意见领袖）凭借优质的内容汇集粉丝，将粉丝流量导向电商变现，内容导向型的电商变现模式兴起。因此，内容型社交电商更多地以粉丝关系为基础，平台通过对图文、短视频、直播等内容的运营输出，实现引流、变现、服务或导向第三方平台/商家实现变现。2018 年以来，众多社交电商企业涌入市场，反映了社交电商的商业模式成型和资本市场对社交电商的认可，行业迎来争鸣时期，商务部公开征求《社交电商经营规范》意见，以规范社交电商的后续发展。2020 年，受新冠疫情影响，足不出户的境况带动直播电商火热发展，丰富了社交电商的表现形式。

对于社交电商，只有人在当中作为 KOL 发挥社交和信任机制的才属于内容型社交电商范畴，传统电商店铺商品的图文详情或升级后的短视频介绍并不属于社交电商内容范畴①。

9.1.2　类型

如表 9－1 所示，基于媒介性质的内容类社交电商类型可以分为商品驱动型、内容驱动型和“商品＋内容驱动”型。不同类型的平台在生产链上具有不同的比较优势：商品驱动型平台一般为电商平台，具有完善的供应链，保障商品的丰富，并通过加入外部内容创作者或在内部开发内容社区吸引消费者购买，如淘宝网、京东等平台。内容驱动型平台则相反，如抖音电商、快手电商等。出于优势互补的目的，两类优势开始融合，内容社区开发自营平台，自营平台兼顾内容创作，形成了“商品＋内容驱动”型平台，如蘑菇街、小红唇等。

表 9－1　基于媒介性质的内容类社交电商类型

类型	商品驱动型	内容驱动型	“商品＋内容驱动”型
本质	电商平台内容化	内容平台电商化	“电商＋内容”双轮驱动
内容运营方式	多为平台方连接分散的内容创作者及 MCN 内容机构	多为自建内容团队，作为 MCN 机构产出并进行内容分发	多为平台自建内容制作团队，同时连接外部“网红”及 MCN 内容机构
商品运营方式	以“自营＋平台”为主	以“导购＋平台”为主	以“自营＋平台”为主

① 参考亿邦智库《2020 社交电商发展报告》。

（续上表）

类型	商品驱动型	内容驱动型	“商品 + 内容驱动”型
缺陷	缺乏优质内容 内容分发渠道受限	缺乏电商供应链，商品丰富程度受限且品质、服务质量难以保证 增加商业化内容时运营不当反容易透支品牌信用 用户规模受自身粉丝数制约	需要兼顾内容与产品供应链，运营难度较大
典型案例	淘宝、京东	美图美妆、一条	蘑菇街、小红唇

资料来源：基于艾瑞咨询《2019 年中国社交电商行业研究报告》整理所得。

如表 9 – 2 所示，基于内容载体的内容类社交电商类型可以分为图文、短视频和直播三类。这一分类以技术发展为分割线，揭示了不同时期技术变革与消费趋势的关系。最常见的、使用最久的是图文类内容，适用于所有消费者，具有覆盖性优势。随着图文内容的体量在网络中迅速膨胀，人们对图文的精美程度、文字写作水平要求越来越高；与此同时，短视频凭借其形式灵活、内容多元和病毒式传播的特点快速崛起，受到了越来越广泛的关注。近年来，5G 等通信技术为直播提供了技术支持，与提前录制好的短视频相比，即时性的直播具有更强的互动性和更好的娱乐体验。再如明星与“网红”的“破次元壁”结合成为粉丝热议的话题，吸引了更多的流量，成为明星、“网红”的新变现方向。

表 9 – 2　基于内容载体的内容类社交电商类型

内容载体	类型适用	用户特性	覆盖范围	相关示例
图文	全类目商品	普遍网络消费者	最广	什么值得买
短视频	体验需求强的商品	重体验网络消费者	较广	小红书、二更
直播	体验需求强的商品和增强信任加持的小种商品	重体验且休闲时间多，有娱乐需求的网络消费者	较广（兼有即时性）	淘宝直播、抖音直播

资料来源：基于亿邦智库《2020 社交电商发展报告》整理所得。

9.1.3　特点

（一）代替甄选，降低筛选成本

KOL 为用户甄选适合的商品，通过内容运营激发用户购买热情，为用户“种草”，节省用户选购的时间与精力，降低购买商品时的筛选成本。同时，通过用户对内容的反馈，进一步了解用户喜好，提高选择商品的能力。

（二）以内容链为切入口，社群互动泛社交化

在内容类社交电商平台中，用户之间的互动是弱关系的社交：以内容链为流量入口，用户通过共同的社交主题形成不同的社群，并在其中互动；或搜索不同主题下的关联商品购买信息，强化购买动机，获得相关生活方式的认同感。通过这种互动方式，人们形成了广泛且无处不在的基于网络社交平台的社会交往活动。

（三）运营环节易有短板，平台供应链管理困难

内容类社交电商的本质包括内容平台电商化和电商平台内容化等。其中，对于内容平台而言，盈利能力更多依赖于流量变现的效率和推广等费用，难以构建完善的盈利模式，加上产品质量和售后服务都需要依靠平台外部供应方，导致管理难度大，更容易影响平台本身的信任度。

（四）重视内容生产能力，强调优质创作可持续化

KOL 通过打造高质量的内容、维护用户关系，促成私域流量聚集和变现，进一步促进内容价值和传播效率的提升，并要求可持续、高质量、泛社交内容的挖掘和推送，由此形成循环。

9.2　“黎贝卡的异想世界”

9.2.1　发展历程

“黎贝卡的异想世界”由《南方都市报》前首席记者方夷敏于 2014 年创立，以图文形式分享穿搭资讯、时尚心得与生活态度（见图 9－1）。

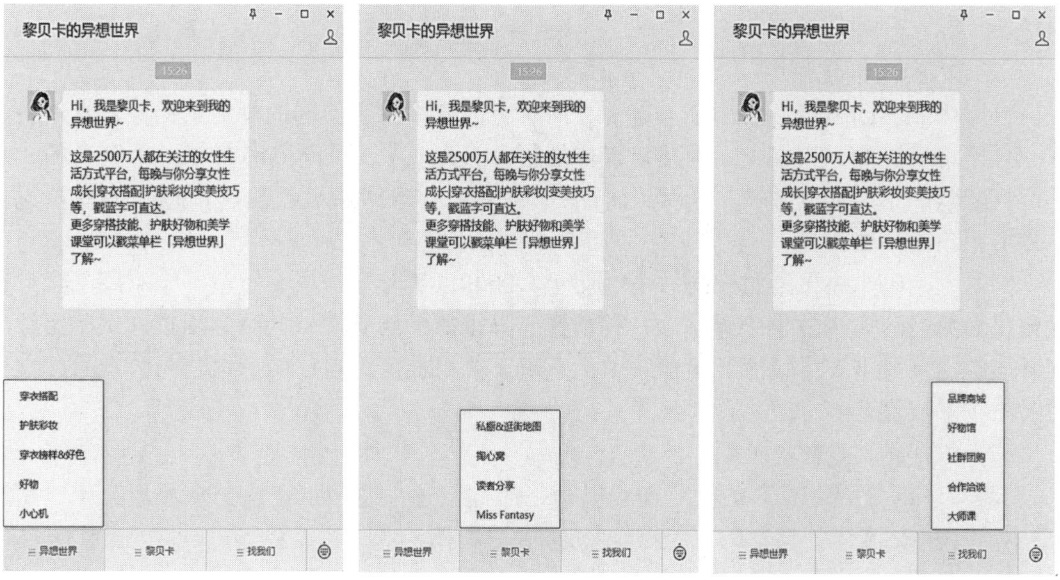

图 9－1　“黎贝卡的异想世界”微信公众号界面图

截至 2020 年 1 月，“黎贝卡的异想世界”时尚矩阵全网读者已达 1 500 万，头条平均阅读量 50 万，位居“2019LOOK ×新榜”时尚公众号商业影响力年度榜单首位。2021 年 10 月，黎贝卡在视频号完成七周年直播，场观突破 101 万，点赞量达 680 万，以极高活跃度的互动量，刷新了微信官方栏目记录。“黎贝卡”的热度不仅反映在统计数据里，推文底部的精选留言和粉丝群的互动也凸显了粉丝对她的喜爱与信任。

9.2.2 商业模式

（一）目标用户

“黎贝卡的异想世界”将受众定位为18—28岁的有一定经济实力的独立女性群体。据调查，社群成员普遍年轻化、学历高且具有稳定的工作与高收入水平，她们追求高品质生活，极易受新鲜事物吸引、追逐新潮，重视消费品质、个人形象和生活品位，因此经常关注时尚类信息，并呈现出强劲的购买欲。她们经常在消费上遇到“选择困难症”，容易受KOL的影响，专业耐心的黎贝卡自然凭借着她的购买推荐，牢牢抓住这一批用户的心理。

（二）个人形象IP

（1）传统媒体人成功转型的经验与光环。

黎贝卡是暨南大学新闻与传播学院学生课堂上出现频率最高的“知名校友”，而这归功于她“前传统媒体人”的身份。在传统媒体总被质疑“式微”和“末路”的时代，黎贝卡从“首席记者”转型为“时尚ICON”，获得了大量的关注，为她带来了持续不断的流量。

作为前首席记者，黎贝卡本身掌握了丰富的时尚资源，较普通博主而言，她的起家有更深厚的基础。另外，多年积累的写作经验和捕捉热点的能力帮助“黎贝卡的异想世界”推广传播，专业、扎实的媒体工作履历使“黎贝卡的异想世界”在运营方面有得天独厚的优势。

（2）内容人格化输出。

自媒体能够凸显运营者的个人魅力，用户在内容中感受不同的行文风格并建立对自媒体的人格特质感知。人格化运营使自媒体变得“接地气”，用户仿佛在与一个时尚的、有品位且幽默的、亲切的“人”互动，而不是向一个冷冰冰的机器发送消息，从而拉近自媒体与用户之间的距离。

同时，黎贝卡主要通过主题故事、明星八卦和读者分享板块，塑造并维系着公众号的人格化形象。从人生故事中提炼出一种情怀，筛选能够与其产生共鸣的用户，这些留存的读者能够与黎贝卡产生情感和价值观上的共鸣，并可能反馈自己的感悟，与公众号建立互动关系，形成循环。

（3）“闺蜜”式社会关系。

“黎贝卡的异想世界”的文章通常以第一人称叙述，通过将企业公众号拟人化，塑造“一对一”的交流体验感。用户能够轻易地代入文中的“你”，将“黎贝卡”当作自己的好朋友、“闺蜜”，通过后台留言的方式分享自己的观点，进而从中挑选出“粉丝故事”或合成为“主题故事”。让用户也成为推送中的主人公，加深“闺蜜”的陪伴感。在互动中，用户与“黎贝卡”建立起深厚的情感联系，深化了用户对“黎贝卡”IP形象的认知。

（三）用户关系管理

（1）全平台导流潜在用户。

自媒体的优势在于其广泛的传播方式，各种载体形式能够无缝衔接，以丰富的渠道吸引潜在用户。根据不同媒体平台的不同特征，黎贝卡分别在微博、微信公众号、小红书等多个渠道多点开花，提高个人订阅号的知名度，引导关注订阅号。

（2）选题策划贴近用户需求。

“黎贝卡的异想世界”采用扁平化的策划形式，栏目包括周期性、常态化的栏目和话题性的栏目，简单直接，便于用户分辨阅读。对于固定的栏目，黎贝卡借鉴供职于传统媒体时的策划经验，打造为王牌栏目；而话题性栏目则以趣味性为主，输出黎贝卡的情感与观点，侧重体现区别于传统媒体的个性化自媒体风格。无论是哪一类栏目，由于黎贝卡是以“闺蜜”的身份与用户交往，因此非常重视选题与用户需求的紧密性。黎贝卡的选题参考素材包括用户发送至后台的提问和不定期的纯文字分享邀请，根据用户的反馈信息，黎贝卡整理出对应的选题。

（3）培养用户定时阅读习惯。

“黎贝卡的异想世界”的推送保持除周末外每天更新一次的频率，并通常在22点30分~23点发布，逐渐培养起用户定时阅读的习惯。据《微信公众号10w+文章数据报告》，22点和23点时段是推送“10w+”文章最多的（第二名和第五名），可见在这期间阅读公众号的人流量庞大，即“黎贝卡的异想世界”的推文时间很符合当下读者的作息规律，为培养用户的阅读习惯奠定了基础。

（4）全方位高频率交流互动。

黎贝卡与用户的互动贯穿线上线下。在线上，用户从关注公众号起收到不同的自定义自动回复，包括被添加时的自动回复、发送信息的自动回复和关键词自动回复，用户也可以给文章点赞、评论，或在后台留言；黎贝卡会不定期地发送纯文字推送，邀请用户参与不同的话题分享，并集合推送，加强用户的参与感。在线下，黎贝卡成立了Fantasy Club，不定期举办线下主题活动，联合包括品牌方、各领域达人专家与用户交流，并精心准备礼物赠送给到场粉丝。

（5）培养与维护粉丝社群。

微信公众号后台留言具有时效性，而推文的评论互动有回合限制，因此无法保证及时有效的沟通。2015年4月，黎贝卡单独设立了第一个微信粉丝群“黎贝卡全球贝壳交流群”（黎贝卡的粉丝名为“贝壳”），随着粉丝不断增加，几乎各个主要城市都有自发形成的微信粉丝群。在粉丝群中，黎贝卡和“贝壳”们通过分享和交流进行情感互动，比如发送红包、祝福以庆祝群里成员的生日。黎贝卡可以在粉丝群里直接获得粉丝对公众号运营的反馈意见，也能通过粉丝群征集志愿者帮助校对推文，让粉丝有更多与“偶像”互动交流和参与运营的机会，一份枯燥的工作在KOL的个人魅力下成为“福利”。

截至2021年3月，“黎贝卡的异想世界”公众号仍然维持着“10w+”的平均阅读量，预估活跃粉丝达到960 450①；与此同时，其还举办过多次线下粉丝活动。坚实的粉丝基础为黎贝卡带来了长久持续的转化率，其联名付费的美妆课程在半天内迅速以一万份

---

① 资料来源：清博指数。

的数量售罄。

（四）盈利模式

（1）发布商业广告。

相比于传统媒体，自媒体投放更能满足高性价比的精准投放和效果评估。自媒体广告生产周期短，投放门槛低，可以通过用户人口统计和行为数据分析，对目标人群精准定位，在传播过程也能根据实时指标及时调整策略，以数字化的呈现形式便利广告效果评估与成本控制。

时尚类自媒体具有内容垂直度高的特点，内容直接牵动需求，并拉动消费；黎贝卡浸淫传统媒体多年的写作能力和“时尚 ICON”的头衔更为她撰写软文、吸引用户注意力助力。

（2）携手品牌打造联名。

当运营者从内容走到台前，订阅用户将他们对自媒体的信任感投射到具体的个人形象上，运营者由此建立起“个人 IP”，而所积累的用户口碑则为商业化运营奠定了基础。

“黎贝卡的异想世界”运营成功后，黎贝卡以“时尚 ICON”的身份走到台前，与品牌直接互动，进行代言和联名产品推广。双方合作引来的媒体的曝光，一方面反哺订阅号，另一方面发挥了粉丝的经济效应。

（3）开发运营者个人品牌。

2017 年，“黎贝卡 official”服饰品牌横空出世。三年微信公众号运营的沉淀，黎贝卡拥有消费能力强大的庞大的粉丝基础；搭配饥饿营销，并使用便捷的微信小程序平台，同平台用户导流也更为高效。相比于联名合作，个人品牌的盈利更直接地归属于运营者本人。

（4）内容付费。

随着自媒体尤其是原创内容的个人订阅号的崛起，我们逐渐认识到内容产品自身能够实现盈利的趋势，如黎贝卡工作室推出系列知识付费课程，涉及美妆、理财、时间管理等女性自我提升领域①。这种盈利模式既保障了付费用户享受特别服务的权利，为运营者提供稳定收入，又能激励未付费用户向付费用户转化，增加收益的可能性。

（5）线下活动。

“黎贝卡的异想世界”不定期举办线下粉丝活动，联合各品牌商以获得赞助；同时，粉丝互动是维系用户关系、培养信任的途径之一，从而提高用户的忠诚度，提高流量转化率。除此之外，线下活动还包括 TED 演讲、时尚周邀请等活动，这些活动一方面让黎贝卡有更多的曝光度和知名度，另一方面体现了黎贝卡的专业性水平，吸引更多人的关注。

9.2.3 小结

“黎贝卡的异想世界”是一个针对女性群体专注时尚传播的自媒体品牌，除了微信公众号外，该自媒体还在微博、小红书等多平台进行传播，获取流量。同时，开创了服饰品牌，提供利用率高的都市女性衣橱，延伸产业链，打破了收益渠道单一的局限性。通过本

---

① 姜雅玲. 著名博主黎贝卡前途如何“越走越宽”[EB/OL].（2020-08-28）[2022-9-23]. http://beckysfantasy.com/n_7696.

节的学习，我们梳理了“黎贝卡的异想世界”的发展历程，并剖析了其发展过程中的用户关系管理及盈利模式。本节知识点可归纳为如下两点：

第一，在发展历程上，“黎贝卡的异想世界”创立于2014年，基于对基础生活美学的分享和普及，逐渐建立起一个庞大的生活方式社群。以图文形式分享穿搭资讯、时尚心得与生活态度。

第二，在商业模式上，黎贝卡以18—28岁的有一定经济实力的独立女性群体为目标受众，借助传统媒体人成功转型的经验与光环、内容人格化输出和“闺蜜”式社会关系打造个人形象IP，通过全平台导流潜在用户、选题策划贴近用户需求、培养用户定时阅读习惯、全方位高频率交流互动，以及培养与维护粉丝社群的方式进行用户关系管理。以发布商业广告、携手品牌打造联名、开发运营者个人品牌、内容付费和线下活动的方式渠道作为盈利模式，以维持平台日常运作。

9.3 小红书

9.3.1 发展历程

小红书是一个生活方式分享社区，创立于2013年6月，多数用户为一线城市的85后和90后。其中，学生和“白领”居多，女性占比超过半数。除社交平台外，小红书兼具电商交易功能，即小红书是“社区+内容+电商”的平台。小红书的发展历程如图9－2所示。

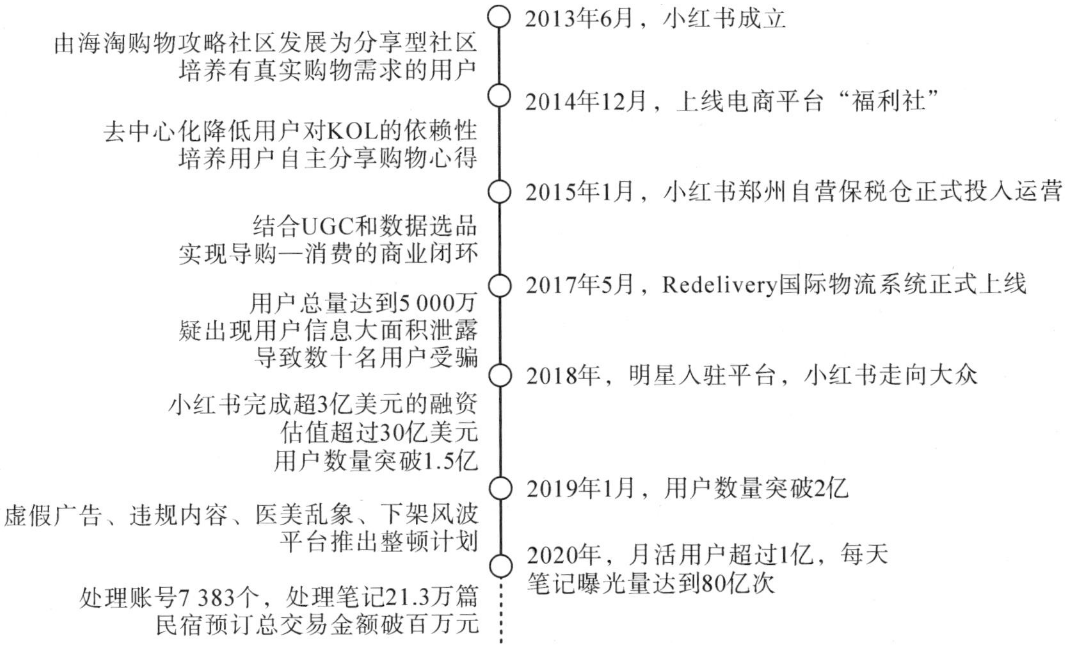

图9－2 小红书的发展历程

资料来源：基于文献及商业报告整理所得。

如今，小红书成为全球优质的“社区 + 内容 + 电商”平台，具有体量庞大且用户黏性高的优势。与此同时，由阿里巴巴集团领头，金沙江创投、腾讯等企业也加入 2018 年的融资轮次，至 2021 年，小红书的估值已达 200 亿美元，足见资本对小红书的认同。

9.3.2 商业模式

（一）目标用户

从城市分布看，一线城市的小红书用户占比较多，与此同时，二、三线城市占比上升，市场空间潜力巨大。

如图 9 – 3 所示，从性别分布看，女性占比 89%，可见女性更愿意参与即时互动，在虚拟社区中表现得较为活跃，既频繁使用“社区资源”，也积极向“公共资源池”贡献内容，具有较高的用户黏性。

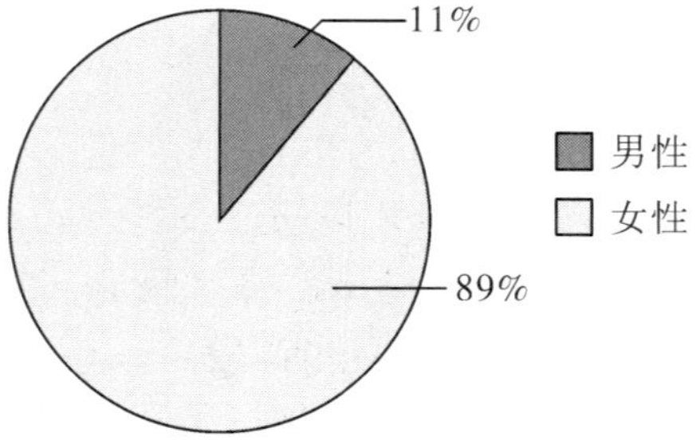

图 9 – 3 小红书用户性别比例

资料来源：基于文献及商业报告整理所得。

（二）用户关系管理

（1）“分享—购物—再分享—再购物”的生态循环圈。

小红书既是社交平台，也是虚拟分享平台。相较于微信等主要由现实中的亲朋好友构成的社交网络，小红书的用户一般互为陌生人，不需要顾虑熟人社交中的压力与约束，分享者可以自由地袒露自己的想法或感受，将小红书视作“精神自留地”。除社交需求外，部分用户基于过往的经历，愿意无偿地分享自身经验，期望个体的行为能够使他人获利；部分用户希望通过分享“好物”，暗示其品位与社会地位，期望从中得到认可和赞美等。无论是“社交”“利他”还是其他，小红书调动了尤其是年轻女性在网络社区的分享动机，使用户积极地投入社区分享中。

其中，部分分享者通过优质的内容吸引了大量关注，拥有了较强的号召力。他们可以通过这部分流量与品牌方合作，导流向外部电商平台或小红书自营电商，部分被导流的用户在购买后自发地在小红书中反馈购买体验，当其体验为正向时，将再次吸引一部分用户前往购买。

（2）“社区—社群”的关系强化。

小红书成立初期，以海淘购物攻略社区吸纳了社会各阶层的女性用户，鼓励用户分享生活，逐渐向分享型社区过渡。用户在小红书发布真实的使用感受，记录生活中的点滴，构建起“重内容”的社区氛围。随着社区内容多元化发展，更多的用户加入分享，这种分享的社区文化在无形中形成组织承诺，督促社区成员自觉维护“求真去伪”的社区文化。除了文化规范，小红书平台打造了一套“成员等级体系”，从“尿布薯”到“金冠薯”，形成了社区成员的形象符号，赋予成员身份认同感。而社区认同感能够提升个人的参与度，即增加其参与社区和帮助其他成员的动力。在小红书中，典型的社区参与表现在评论和点赞中，为其他消费者提供购买意见。

小红书的主力用户大多是休闲娱乐时间相对宽裕的在校大学生，以及拥有中高收入的都市“白领”。不同的群体所关注的侧重点各不相同，学生普遍关注与教育学习相关的内容，如改进学习方法、提升效率等；而“白领”们可能更需要职场经验。除此之外，面对不同的人生阶段，又会产生新的群体分类，如毕业期、求职期等。因此，社区内部基于不同的需求形成了不同的社群，社群内部具有较强的同一性和归属感，其活跃度和互动频率也更高。对此，小红书平台拥有相应的算法机制，根据用户选择的“兴趣标签”或系统检测的“用户偏好”推荐相应的社群内容和关联博主，巩固并扩大社群，提高用户黏性。

（三）盈利模式

（1）自营电商。

小红书于2014年上线电商平台，2015年运营保税仓，2017年上线国际物流系统，逐步形成了“海外直购＋自营保税仓＋国际物流”的电商模式。这一供应链模式既能够集合大批量货物以降低物流边际成本，又可以节省海淘货物的运输时间，同时，自营仓库由小红书自有团队管理，通过严格把控每一个环节，避免假货流入，最大限度地保障商品品质和物流速度。

在销售商品的选择上，小红书结合了三种方式：统计用户笔记“赞”和“收藏”数据，挖掘热门产品；引入“冷门”品牌，打造爆款；与日本COSME大赏等拥有多个品牌售卖权利的经销商合作，快速拓展商品品类。产品的丰富和差异化使小红书从众多电商平台中脱颖而出。

小红书电商平台商品种类丰富，包括美妆个护、母婴用品、家居百货等，且均为跨境网购品类中的巨头，表明小红书跨境电商市场规模庞大，且平台交易量有望逐步增长。

2018年，小红书推出了自有品牌“有光REDelight”，品类包括美妆、电器、家具、3C产品等多种类型，并短暂地经营了线下体验店REDhome，月销售额达50万元[①]。

2020年，民宿预订进入小红书，当日直播间互动率超过22%，总交易金额破百万元，超过3 000家民宿企业入驻小红书。小红书拥有大量优质的旅游类用户生成内容，成为众多旅游者出游前的攻略搜索平台和游后体验分享平台。因此，包括民宿预订在内，旅游出行品类成为仅次于美妆个护的第二增速品类。

然而，目前电商仍然是小红书内容变现的主要渠道，自2017年起，中国跨境进口零售电商交易规模增速下降。因此，如果小红书不能及时拓宽其他变现渠道，将不利于长久发展。

---

① 36氪．小红书线上“渡劫”，线下实体店表现如何？［EB/OL］．（2019－08－14）［2022－09－29］．https：//baijiahao. baidu. com/s？ id＝1641812147294705244&wfr＝spider&for＝pc.

（2）平台保证金与佣金。

平台保证金和佣金包括第三方品牌入驻需缴纳的 3 500 美元（境外店铺）[①] 或 20 000 元人民币（境内店铺）[②]。产品佣金和年度技术服务费 1 000 元。其中，平台保证金属于可退金额，符合退出条件的商家退出三个月后可退还；佣金则根据不同类目抽取 5% ~ 15% 不等。

（3）商业广告。

2018 年底，小红书开始以信息流的形式开放广告资源招商；2020 年 11 月，小红书被评为“中国市场广告价值最高的数字媒介平台”之一[③]，且消费者对小红书的广告态度表现为“消极”的比例占 24%[④]，是所有数字渠道中最低的，可见消费者对小红书广告的认可度。

小红书中原生广告的传播者包括品牌商这一隐形传播者，也包括品牌官方号、明星、KOL 和 KOC（Key Opinion Consumer，关键意见消费者）等显性传播者。品牌商在小红书的投放以腰部红人为主，这一部分红人的选择更多，能够触达的消费圈层更加丰富，性价比高，大体量的广告资源吸引了一大批广告主。据统计，小红书的投放预算持续攀升，2020 年同比增长了 5%。“双十一”期间，护肤类品牌在小红书投放广告笔记占 30%，洗护类占 14%，彩妆类占 12%[⑤]，远超其他行业的投入，表明小红书的广告投放以美妆个护用品为主。

近年来，小红书频频陷入舆论风波。与此同时，微博仍然是品牌商投放广告的首要选择。如何挽回市场认可度、有效转化消费者对小红书的信任与依赖，是平台方和 MCN 机构都需要思考的。

（四）营销模式

（1）口碑营销。

小红书的主要营销模式是口碑传播，多发生于亲戚、朋友、同学之间，这种基于强关系模式的推荐具有信任度高的优势。口碑营销的传播主体是消费者，客体包括小红书的品牌形象、笔记内容质量、电商产品与服务，以及相关的营销活动与事件等。2014 年以来，小红书力求打造去中心化社区，普通用户的活跃使用户黏性显著提升，小红书的品牌形象一度以优质内容示人，小红书的核心优势在于用户们的口碑评论。

但是，2019 年小红书舆情事件频发，如虚假广告、违规内容、医美乱象等一系列问题在网页和论坛上引爆舆情，《南方都市报》等媒体的报道和工信部等官方部门的点名引起了网民的集中讨论，小红书的言值在 7 月 30 日为 2.0[⑥]，表明了网民对品牌的极强负面态度。为了挽回用户信任度，重塑平台口碑，小红书于 2020 年 9 月对全站笔记进行地毯

---

① 资料来源：《小红书境外店铺资费一览表》，2019 年 9 月 4 日修订。

② 资料来源：《小红书境内店铺资费一览表》，2019 年 9 月 4 日修订。

③ 资料来源：凯度《Media Reactions 2020（媒体反应 2020）》。

④ 资料来源：凯度《Media Reactions 2020（媒体反应 2020）》。

⑤ 资料来源：千瓜数据《2020 年小红书双十一行业投放报告》。

⑥ 资料来源：艾媒报告中心《2019 小红书社交电商平台舆情大数据监测报告》。

式检查，共处理账号 7 383 个，笔记 21.3 万篇①。

（2）UGC 营销。

小红书作为分享型社区，给消费者提供了一个品牌口碑传播、商品信息收集的渠道，以“种草”的形式帮助消费者决定是否消费。平台的算法机制确保笔记符合规范，特别对于 KOL 的“种草”内容进行审核管理，确保 KOL 内容的质量，为“种草”内容提升用户触达效率和曝光覆盖面。对 UGC 的充分利用一方面能够与 KOL 合作抽佣，另一方面则为品牌主提供流量采买的选择，其本质是保障内容社区的繁荣，用高质量内容提高平台的商业价值。

（五）运营模式

针对电商产品，在小红书的用户生产内容中，用户能够通过页面右下角的“可购买商品”功能直接进入商品购买页面，也容易受到产品图片的“标签”功能的影响，接收与商品相关的优惠信息、限时特价等多种诱导消费的信息，从而被情感驱使购买。

针对小红书用户，平台设置两种用户运营体系：黑卡会员和普通成员等级体系。黑卡会员为用户提供六种特权服务，包括物流服务、客服服务和优先特权等，满足追求高品质服务的用户需求，提高用户黏性。普通成员等级体系要求成员通过发布笔记、点赞等方式提升等级，保证了社区 UGC 生态的良好发展。

在自营电商中，小红书自创“红色星期五”和“66 周年庆”等购物节，形成了独特的活动运营，为用户提供折扣价、“红包雨”和满减活动等多种促销方式，通过大量的优惠活动为平台带来了庞大的流量。

小红书走向大众的关键点之一是明星进驻。明星进驻势必吸引明星的粉丝加入使用；同时，明星带货作为一种“粉丝经济”形式契合小红书电商变现的需求，能够将粉丝流量通过商品运营，导向小红书平台本身。

9.3.3 技术模式

2016 年 1 月，小红书将人工运营改为机器分发模式，主要步骤为机器审核、去重检测、人工审核，其核心逻辑是特征匹配，将用户的特征与内容的特征相互匹配，最终完成笔记分发。

一篇笔记制作出来后，首先进入审核系统，即系统识别笔记是否存在敏感词或敏感图片，判定笔记是否违规或疑似违规。如是，则直接被封禁；否则，标记处理，在去重检测后进入人工审核。

已成功发布的笔记会形成一个内容库，通过机器审核的待发布笔记将与库中的内容进行对比，如重复率超过规定区间，则被封禁；如重复率较高，但未达到区间，则进入人工审核。

人工审核是对疑似违禁或抄袭的笔记进行二次复核，由于人工审核成本较高，人工审核的机会较低。由于小红书曾陷烟草软文风波，因此人工审核会更多偏向涉嫌违法的

---

① 中国日报网．小红书啄木鸟计划处置账号 7 383 个　处理 21.3 万篇笔记［EB/OL］．（2020－10－23）［2022－10－10］．https：//chuangxin.chinadaily.com.cn/a/202010/23/WS5f928b69a3101e7ce972af69.html.

领域。

特征匹配主要以笔记本身标记的关键词、标签和话题等为依据，但系统也会根据笔记的具体内容进行分析，如关键词提取、词义分析等。被提取特征的内容会与用户相匹配，用户的特征来源于用户画像和人口统计等信息，包括用户注册时填写的性别、年龄等静态信息，以及用户在使用时的点赞、评论等动态行为信息。匹配后，笔记进入分发流程。

从发布者的角度而言，笔记在分发阶段首先会被分发给可能感兴趣的其他用户，而这一分发逻辑通常为“基于内容的推荐”，算法如图 9－4 所示，对用户曾经购买过、浏览过的所有物品通过信息加权整合，形成对应内容画像。

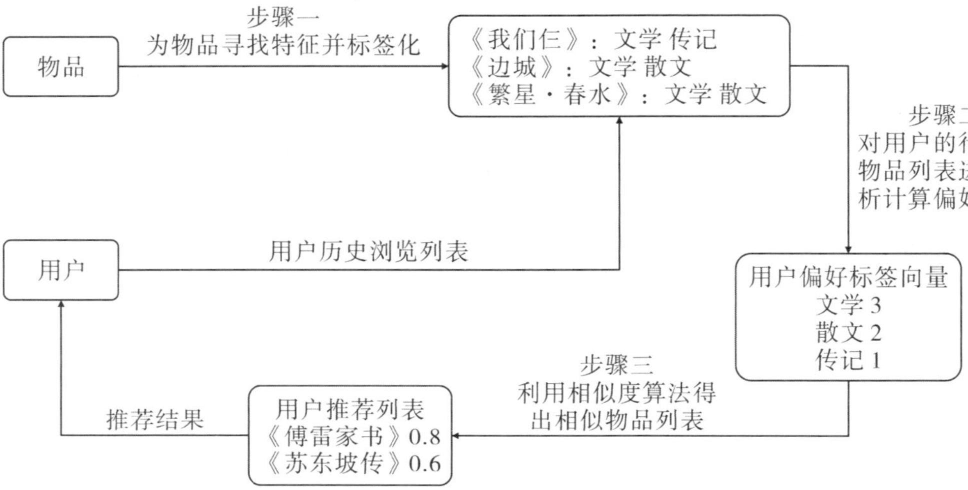

图 9－4　基于内容的推荐算法

资料来源：基于文献及网络课程整理所得。

内容画像形成后，通过计算新物品与内容画像之间的相似度进行推荐。推送后，系统根据用户的点赞、收藏、评论等交互行为，为笔记打分，以决定是否继续推荐。该评分体系在小红书内部被称为“CES 评分”，公式为：

$$CES = 点赞数 \times 1 + 收藏数 \times 1 + 评论数 \times 4 + 转发数 \times 4 + 关注数 \times 8$$

得分优质的笔记将会被系统推荐给更多的其他用户，甚至得到小红书站内搜索和百度搜索等流量的加持。除此之外，发布笔记的用户账号权重也非常重要，粉丝数多的账号所发布的笔记本身拥有更庞大的阅读基础，也更容易被推荐和分享，形成裂变式增长。账号权重受到三种因素的影响：注册时间、账号等级和互动频率。值得一提的是，小红书设置了“违禁词”，笔记中如果出现了违禁词则会被限流，同时账号的权重也会受到影响。

从浏览者的角度而言，小红书的流量逻辑是内容标签匹配和社交关系链推荐。内容标签匹配包括文本和图片两种方式，即笔记标题及文案关键词、参与话题等文本信息和笔记中的图片。系统利用相似度算法对内容进行审定，进而推荐相似度高的其他笔记。社交关系则着重用户的关注列表，推荐与关注博主类型相似的其他用户，常见的相似度算法包括余弦相似度和皮尔逊相似度。

9.3.4　小结

通过本节的学习，我们梳理了小红书的发展历程，并剖析了小红书发展的用户关系管理以及盈利模式和营销模式。此外，我们还基于技术视角，从发布者和浏览者两个角度切入，进一步分析小红书机器分发模式的运行逻辑。本节知识点可归纳如下三点：

第一，在发展历程上，小红书自2013年以来，逐步从海淘购物攻略社区发展为“分享型社区”，以明星效应带动平台流量，目前已成为全球优质的集社区、内容、电商为一体的平台。

第二，在商业模式上，小红书搭建“分享—购物—再分享—再购物”的生态循环圈，巩固并扩大社群，提高用户黏性。通过口碑和UGC进行平台营销，并通过自营电商、平台保证金与佣金、商业广告渠道获取收入，以保证平台的稳定运转。

第三，在技术模式上，小红书将人工运营改为机器分发模式，主要步骤为机器审核、去重检测、人工审核，其核心逻辑是特征匹配，将用户的特征与内容的特征相互匹配，最终完成笔记分发。

9.4　拓展阅读

知乎借电商、直播等变现　商业化与社区文化平衡成关键

近日，知乎商业化动作不断。继内测“好物推荐”，在回答和文章中插入商品卡片后，有消息称知乎直播将于10月11日正式上线。

无独有偶，今年8月，知乎正式启动MCN机构招募，服务于内容创作者与品牌主，主要为优质创作者提供孵化扶持、商业机会优先合作、运营绿色通道等多项激励权益。

总体而言，更看重社区文化的知乎在流量变现方面一直显得较为克制，因此迟迟未探索出可规模化盈利的商业模式。

(1) 知乎聚焦高价值内容，知识付费产业尚处起步阶段。

知乎上线于2011年，最初知乎的定位是一个高端、专业的垂直知识问答社区，聚集了各领域内的精英人群。知乎CEO周源透露，知乎在上线之初，互联网技术类的问题占到了50%以上。彼时，知乎采取邀请式注册。“我们平台有一些高级的算法和数学公式是其他社交分享平台无法输入与显示的，这也吸引了一部分高精英人群来此分享和结交志同道合的人。”知乎内部人士对蓝鲸TMT记者表示。2013年3月，知乎面向公众开放注册，不到一年的时间，平台注册用户由40万迅速增至400万。据蓝鲸TMT记者了解，知乎现有社区内容、会员和商业广告三大事业部，其中“会员+广告”的模式是知乎后期商业发展的双引擎，定制化会员体系则是知乎聚焦“高价值内容”的途径。

(2) 知乎商业化再提速，如何与社区文化平衡成关键。

知乎的定位是让每个人高效获得可信赖的解答，由此形成了独特的产品机制、社区讨论氛围和创作环境。近期，知乎的商业化进程再提速，知乎于今年8月内测“好物推荐”功能为京东导流。具体而言，用户可通过这一新功能在回答和文章中插入商品卡片，如果用户购买该商品，问题回答者可以获得相应的佣金收益。被邀请用户首先需绑定京东账号，目前知乎已和京东全线打通，内测用户可以直接为京东商品导流。10月11日，通过“直播”方式与知友们实时互动，工作人员会与首批受邀用户沟通直播时间等相关事宜。截至2019年6月，我国网络直播用户规模达4.3亿，占网民整体的50.7%。据艾媒网预测，预计2020年之后，直播用户数保持在较低的个位数增长区间。有专家分析称，虽然直播用户增速持续放缓，但直播平台仍有存量，具体发展情况还要看知乎如何平衡商业化与社区文化变现之间的关系。

资料来源：蓝鲸财经. 知乎借电商、直播等变现，商业化与社区文化平衡成关键[EB/OL].（2019-10-09）[2022-10-20]. https://lanjinger.com/d/123388.（有改动）

【拓展思考】

知识付费与社交电商的区别在哪里？分析艾媒商城知识付费与社交电商平台的融合模式，为知乎变现设计一种优化方案。

9.5 思考题

1. 请选取一个时尚自媒体平台，对比“黎贝卡的异想世界”公众号的用户关系管理模式与盈利模式。

2. 请举例说明属于知识付费领域的内容类社交电子商务平台，思考如何改进在线知识付费平台的盈利模式。

10 直播电子商务

【知识框架图】

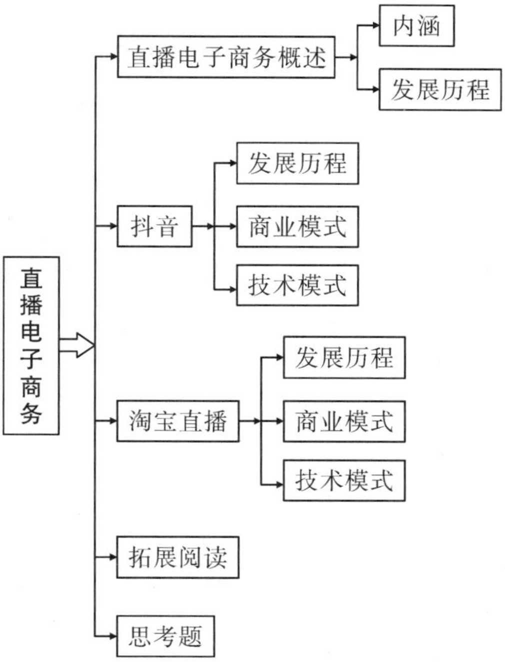

【学习目标】

知识目标：

掌握直播电子商务的内涵及其发展历程。

基于抖音、淘宝直播两个案例了解直播电子商务平台的商业模式及技术模式。

技能目标：

通过案例学习，提高行业报告解读、数据分析的实践能力。

掌握营销策略、运营理念、变现逻辑等内容的底层分析逻辑。

情感目标：

正确认识直播电子商务的兴起和未来发展形势，构建基于5G的应用场景，促进数字技术与实体经济深度融合，赋能传统产业升级转型，探索直播电子商务助力后疫情时期经济恢复的可能性。

【先导案例】

“谢谢你为湖北拼单”

2020年4月6日晚，央视新闻“谢谢你为湖北拼单”首场公益直播开播，当晚销售额超4 000万元，在一定程度上解决了湖北受疫情影响的农产品的滞销问题。该直播由总台央视主播和淘宝直播主播组成搭档，在央视新闻客户端、淘宝、微博等平台开播，向网友推荐香菇、莲藕、茶叶等湖北待销农副产品。为做好疫情防护，减少人员聚集，直播通过视频连线的方式进行。在长达两小时的直播里，在线观看网友超1 000万，观看人次累计达到1亿2千多万，许多产品一经上架便被一扫而空，累计售出商品总价值达4 014万元。

为落实中央“支持湖北经济社会发展”的要求，助推优质湖北农副产品走出去，央视新闻新媒体联合淘宝、京东、拼多多等于4月1日启动“谢谢你为湖北拼单”大型公益活动。活动推出以来，受到各企业和网友的热烈响应，各大电商平台、生活服务平台与社交平台以及连锁超市，线上线下联动售卖湖北农副产品。网友们纷纷表示，“没机会为湖北拼命，现在就为湖北拼个单”，用这样的方式为湖北经济复苏贡献一份力量，帮助湖北相关产业尽快复工复产。

资料来源：央视网．“谢谢你为湖北拼单”首场公益直播销售额超4 000万元［EB/OL］.（2020－04－08）［2022－11－05］. http：//gongyi. cctv. com/2020/04/08/ARTIKkTZ4NB7T0CqqqioKAFp 200408. shtml.（有改动）

【拓展思考】

1. 请从直播电子商务人、货、场重构的角度分析“小朱配琦”（朱广权、李佳琦）主持的“谢谢你为湖北拼单”活动为何成效显著。

2. 谈谈直播带货在后疫情时代如何维持热度，助力数字经济建设。

10.1 直播电子商务概述

10.1.1 内涵

直播电商（E-Commerce Live Streaming），是指明星、“网红”、KOL、创作者等主播通过视频直播、短视频等形式推荐卖货并最终成交，有利于营销升级和利润增长的新兴电商业态。它是以直播为渠道来达成营销目的的电商形式，是数字化时代背景下直播与电商双向融合的产物。

直播电商的核心构成要素是人、货、场，体现了真实性、实时交互性、社群性和沉浸性等特征。它通过分析消费数据来引导消费，让商业更紧密地结合情感传递，进而更好地满足用户需求，实现“品效合一”，体现了“消费升级”的本质。作为一种基于互联网技术的线上零售场景，直播电商在本质上仍然属于电子商务。但与传统电商相比，直播电商在内容形式、流量分发、用户标签、互动形式等方面均存在显著差异（见表 10 - 1）。目前，直播电商主要分为以淘宝为代表的传统电商平台、以抖音为代表的娱乐内容平台、以蘑菇街为代表的导购社区平台三种类型。这三类平台入局直播电商的逻辑与侧重点各有不同，以传统电商平台与导购社区平台的对比为例，具体如表 10 - 2 所示。

表 10 - 1　传统电商与直播电商业态特征对比

电商形式	传统电商	直播电商
内容形式	以图片、文字形式呈现	以视频形式呈现
主要特征	营销	娱乐与营销结合
商业逻辑	人找货，用户主动搜索所需商品	货找人，主播向用户呈现商品
流量分发	搜索引擎模式，中心化平台分发	用户关注为主，KOL 入口分发
商品价格	稳定折扣小，价格优势不明显	优惠手段多样，价格优势较大
用户标签	弱标签化，根据购买记录推荐	个性化推荐，根据用户关注贴标签
互动形式	图文互动	直播/短视频互动
专业程度	一般	较强
转化率	较低	较高

资料来源：钟涛．直播电商的发展要素、动力及成长持续性分析［J］．商业经济研究，2020（18）：85 - 88.

表 10 - 2　传统电商平台与导购社区平台业态特征对比

平台形式	传统电商平台	导购社区平台
主要特征	商品种类丰富，供应链完善，利用直播拉新转化	流量优势显著，以直播切入，探索流量变现的新路径
主播类型	以商家自播为主	以达人主播为主
用户画像	以消费为导向	以娱乐为导向
商品画像	SKU 丰富	以白牌或品牌商品为主
成交路径	平台自主成交	以跳转第三方电商平台成交为主
转化率	中等偏高	较低
代表平台	淘宝	蘑菇街

资料来源：基于 36 氪研究院《2020 年中国直播电商行业研究报告》整理所得。

作为一种新兴的电商业态，直播电商融合了社交电商和内容电商的属性，具有动态化、去中心化、强标签化、高互动性等特点。主播在传承“内容为王”，依靠高质量内容吸引粉丝群体、汇集流量的同时，通过实时互动增强粉丝的体验感，从而建立起信任关系，使粉丝转变为消费者，实现流量变现。从商业模式来看，直播电商主要有两大实现形式：一种是电商平台创立自己的直播平台，进行消费类直播，如淘宝直播；另一种是电商卖家通过其他直播平台进行营销类直播，如借助抖音平台直播等。但殊途同归，这两种方式的本质都是打造情景化消费场景，刺激人们的消费欲望，从而实现流量变现。

10.1.2 发展历程

网络直播诞生于2005年，在2016年爆发。在此期间，直播的战场逐渐由PC端转向移动端，而直播的内容也由单一秀场直播朝着电商、体育、教育、社交等多个领域渗透。随着网络直播的迅速发展、4G及移动端的普及，直播加速向娱乐、营销等多元场景渗透。2016年被称为“直播元年”，同年3月和5月，蘑菇街与淘宝相继上线直播功能，我国直播电商发展正式拉开序幕。发展至今，直播电商已从致力于内容建设与流量变现阶段转为逐步实现产业链完整化、多元化阶段。其具体发展历程如表10－3所示。据艾媒网统计，2017年，中国直播电商市场规模为190亿元，2018年达1 330亿元，2019年达4 338亿元，2020年达9 610亿元，行业发展迅猛。[①] 当前直播电商行业正处于爆发式增长的良好阶段，头部流量平台和交易平台资源持续性向直播倾斜，直播成为各大平台的主流趋势。

表10－3 直播电商发展历程

阶段	行业事件	发展概况
萌芽期（2016—2017年）	2016年3月蘑菇街上线直播功能； 2016年5月淘宝正式上线直播功能； 2016年9月京东开启直播功能	为降低拉新成本、提升用户黏性，电商平台开启“直播＋内容＋电商”模式；开放直播入口、孵化培育带货达人，积极与综艺跨界融合
成长期（2018年）	2018年6月快手上线快手小店； 2018年12月抖音全网开放购物车功能	以直播推动流量变现，快手、抖音等短视频平台及社交平台入局
爆发期（2019年至今）	2019年1月淘宝推出淘宝直播App； 2020年1月拼多多开启多多直播； 2020年4月小红书上线直播入口	2019年平台加码、政府政策支持、头部主播凸显，推动直播电商进入爆发期；2020年初，新冠疫情催生的“宅经济”促进直播营销快速渗透

资料来源：基于36氪研究院《2020年中国直播电商行业研究报告》整理所得。

① 资料来源：艾瑞咨询《2017—2018中国在线直播行业研究报告》《2019—2020中国在线直播行业研究报告》。

直播电商能与多种业态相融合，在本质上是一种工具。其发展至今，已形成了各种类型的直播行业。直播行业主要分为泛娱乐直播和“直播+”两大类别。

比较泛娱乐直播和直播电商，以才艺为主的泛娱乐直播具备更强的娱乐属性；以卖货为主的直播电商则具备更强的实用属性，现正进入黄金时期，用户规模增长速度快，行业红利仍将持续，其发展情况具有以下特征：

（1）高成长性。用户规模处于爆发式增长阶段；渗透率较低，成长空间较大；直播电商相关投融资大幅上升。

（2）生态化。产业生态链正在不断丰富，主要包括供应链、直播服务商、主播、渠道平台、用户以及其他服务直播商和支持服务商等；基础作业链条分工细化、闭环完善，根据渠道类型的不同，将直播电商划分为电商平台和内容平台两大类。

（3）多元化。根据人、货、场以及渠道的不同划分为多种模式（见图10－1）；内容与形式多元化，直播尝试与更多娱乐内容相结合，融入综艺元素，进一步增强娱乐性。

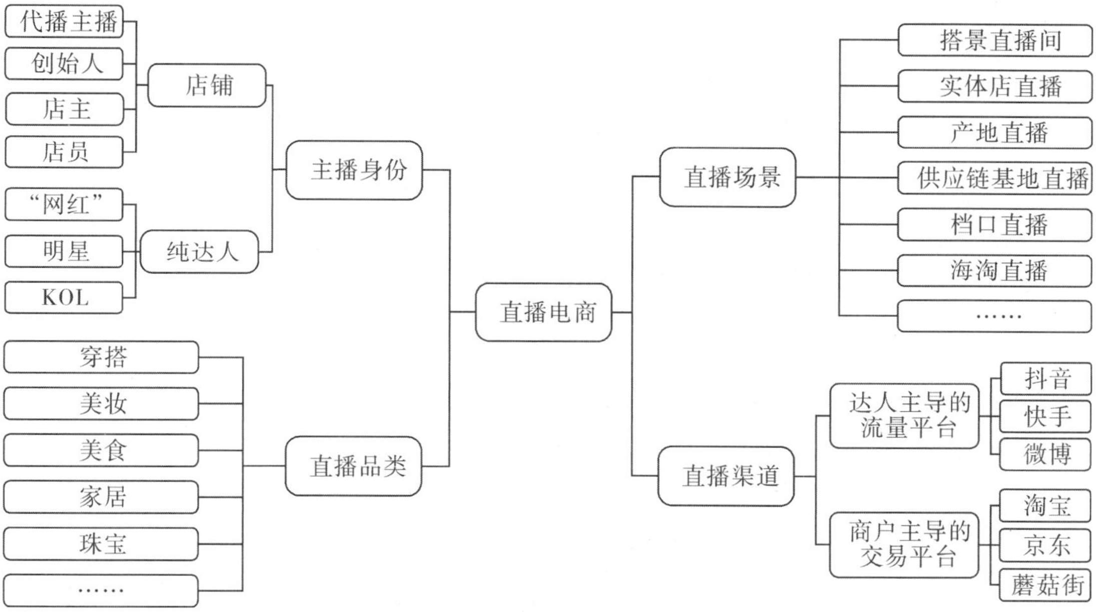

图10－1　直播电商不同维度的分类

资料来源：基于艾瑞咨询《2020年中国直播电商生态研究报告》整理所得。

在了解直播电商的内涵，梳理直播电商的发展历程后，为探索直播电商在短时间内迅猛发展的原因，下面将选取直播电商的两个典型案例——娱乐内容平台的代表抖音和传统电商平台的代表淘宝，就其发展历程、商业模式、技术模式展开进一步探索。

10.2 抖音

10.2.1 发展历程

2016 年 9 月，抖音 App 正式上线。它是字节跳动旗下，由“今日头条”App 孵化的一款定位于音乐创意短视频的社交软件，是一个专注于年轻人的 15 秒音乐短视频社区。其发展历程主要分为以下三个阶段①：

（1）蛰伏打磨期（2016—2017 年）。

①抖音不断更新迭代产品，逐步优化各类功能。2016 年，抖音先后更新支持邀请通信录、QQ 好友，分享美拍等功能。

②借助超级算法机制，精准分析用户数据，传递用户可能感兴趣的视频内容。2017 年，抖音故事栏目上线，支持用户私密发布内容，并新增直播功能。

③采取“明星合作 + 综艺植入”等方法进行营销推广。例如，2017 年 3 月，岳云鹏在微博转发带有抖音水印的视频；同年，抖音投放《高能少年团》《中国有嘻哈》《快乐大本营》等 12 档综艺节目。

（2）用户爆发期（2018 年）。

①抖音的月活跃用户数量在一年内从不到 1 亿增长到 2 亿多，用户规模急剧扩大。

②春节期间上线《百万英雄》直播答题，热度攀升，火爆全国。

③加强监督管理，进行内容整顿。2018 年 4 月，抖音关停“内涵段子”。

④进行商业化探索，变现思路清晰，广告成为核心营收，加强与购物第三方的合作联系。2018 年 3 月，百万粉丝账号上线购物车功能，支持跳转淘宝；2018 年 5 月，上线抖音小店，开放商品橱窗；2018 年 12 月，全网开放购物车功能，与购物车运营商合作。

（3）多元变现期（2019 年至今）。

①用户占有率第一，总规模破 3 亿，增长放缓。

②上线极速版，抢占下沉用户。抖音针对三、四、五线城市的用户情况，推出安装包更小、下载速度更快的极速版。

③海外市场占有初见成效。截至 2019 年 12 月，抖音海外版 Tik Tok 已进入 150 个国家和地区。

④致力于与直播相关的商业变现，接入多个购物平台。2019 年 1 月，“好物联盟”扶持达人，接入今日头条放心购平台；2019 年 4 月，上线小程序电商，连通京东、唯品会等平台。

⑤加强自身平台独立盈利的能力，去中心化。2020 年 6 月，上线抖音小店商家独立后台操作 App“抖店”；2020 年 10 月，直播间切断第三方平台链接。

从发展历程来看，抖音逐渐从依赖外部平台过渡到独立盈利。早期抖音电商化阶段，红人资源、直播场景较为丰富，但商品资源较为匮乏，因此扮演着“引流”的角色，很

---

① 基于 Mob 研究院《2020 中国短视频行业洞察报告》、36 氪研究院《2020 年中国直播电商行业研究报告》整理所得。

大程度上依赖于外部平台及其背后的供应链。直至2019年，抖音开始脱离“引流”的角色，逐渐上线独立的电商购物程序，无须跳转，并致力于构建自身的供应链，逐渐完善人、货、场闭环，降低了对第三方电商平台的依赖。

10.2.2　商业模式

抖音作为一款社交类App，以PGC（Professional Generated Content，专业生产内容）+UGC的形式为主体，兼顾了娱乐性与创意性。作为“内容+娱乐社交”类短视频平台，抖音在引流上具有天然的优势。在上线之初便迅速吸引了大批年轻用户，短时间内快速积累了极大的流量，这在很大程度上得益于抖音的商业模式。

（1）定位精准明确。

抖音本质上作为一个专注于年轻人的音乐短视频社区，用户可以通过选择背景音乐、编排动作和加工特效来创作自己的短视频。它给用户提供了一个上传和分享奇闻趣事、生活学习、商品买卖等各方面信息的平台，其产品定位及功能如图10-2、图10-3所示。

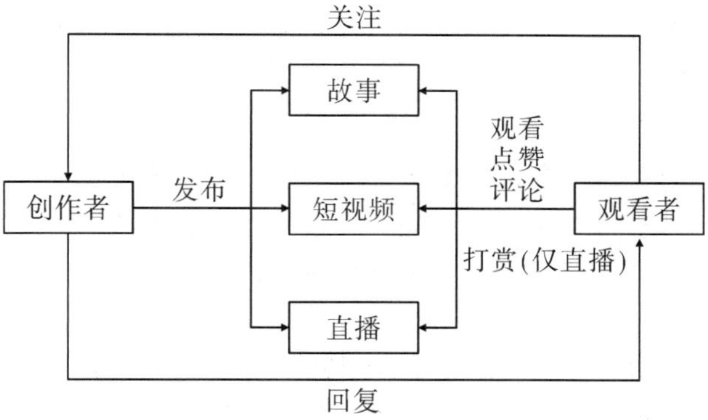

图10-2　抖音的产品定位

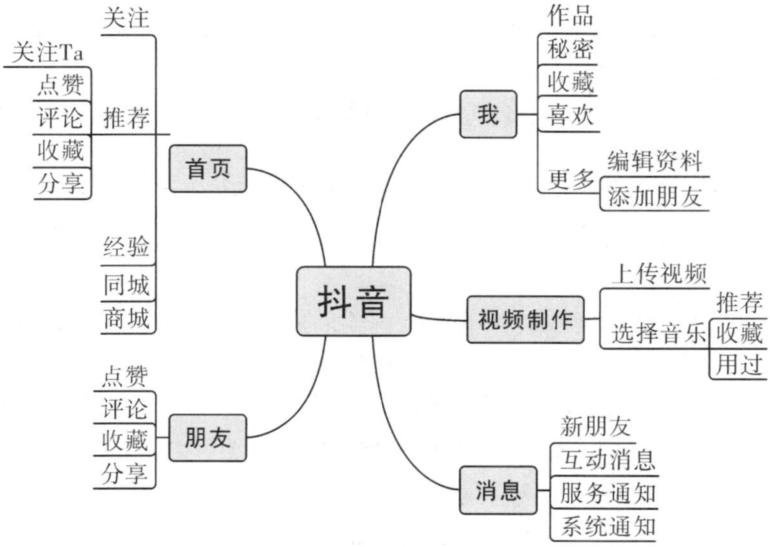

图10-3　抖音的产品功能

（2）营销模式多元化。

①娱乐营销。充分利用明星效应，邀请流量大、热度高的明星、“网红”注册抖音账号，从而吸引其粉丝下载该平台，提高平台影响力。

②热点营销。紧跟热点趋势，打造互动话题。

③精准营销。通过大数据构造用户画像，根据用户的年龄、性别、爱好等，有针对性地推送不同内容。目前，抖音与淘宝合作，若用户在淘宝浏览过某些商品却没有购买，其在刷抖音时会被推荐相关内容，潜移默化地影响用户的决定，实现流量变现。

（3）业务模式逻辑清晰。

①内容免费型业务模式。这是早期的主要模式，能在短期内使优质内容获得高关注，从而提升粉丝数量和影响力。主播们在跻身当红主播前，都曾依赖免费内容积累人气，再进入 MCN、带货、广告、演艺等领域。

②用户付费型业务模式。该模式抓住用户痛点，进行精准营销，使得用户主动为内容付费。主要分为用户打赏、用户订阅、知识付费三种形式，三者的特点和代表性事件如表 10－4 所示。

表 10－4　抖音用户付费型业务模式

业务模式	特点	代表性事件
用户打赏	凭借主播颜值、才能以及人格等个人魅力吸引用户主动打赏	2020 年 2 月 8 日上海 TAXX 酒吧抖音直播“云蹦迪”
用户订阅	分为单次订阅和月度/年度订阅；费用不会过高	无
知识付费	强调内容实用性，用户付费意愿强，动机明确	抖音账号“英语雪梨老师”通过“直播＋短视频”获得超过千万的粉丝

资料来源：吕梅. 抖音直播平台的商业模式创新研究［J］. 传媒，2020（21）：76－78.

③企业付费型业务模式。通过广告、导购/带货方式最大限度地解决企业的实际营销问题。其中，广告模式主要采用“广告主—媒体/平台—用户注意力”的二次销售逻辑，将产品或品牌广告插入“大 V”账号直播的相关页面，内容提供方从中获得广告分成。导购/带货模式则是通过直播平台，打造大众化的主播进行导流，建立商家与消费者之间的信任，引导消费者购买，从而提高产品销量。

④平台付费型业务模式。高人气主播接受平台支付的费用进行孵化，从而创造更大的商业价值。具体可分为三种模式：一是发行平台的版权模式，内容提供商向内容发布者或内容聚合分发平台提供版权分发，并从中获取利润；二是抖音平台的扶持模式支持主播或高质量内容创作者，激励他们继续创造出更多更好的内容；三是 MCN 孵化模式，孵化平台整合优质资源，批量孵化主播或“网红”，并提供定制化直播内容和带货模式。

（4）盈利模式注重流量变现。

作为娱乐性社交内容平台，抖音有效利用自身的流量优势，构建起直播电商的生态闭环。在正式进入电商领域后，抖音致力于探索流量变现路径，目前形成了以直播、POI、购物车、抖音小店为核心的产品矩阵，实现线上线下联动，赋能直播商家[①]，如图 10－4 所示。

图 10－4　抖音流量变现产品矩阵

资料来源：基于 36 氪研究院《2020 年中国直播电商行业研究报告》整理所得。

（5）典型实践运营案例。

抖音为 2021 年央视春晚独家互动合作伙伴。2021 年 1 月 19 日，“抖音支付”正式上线，在抖音 App 内购物结算时，除了支付宝、微信支付外，还添加了“抖音支付入口”。除夕当晚，抖音在春晚直播期间分出 12 亿元，用户在观看春晚的同时，依据主持人发布的口令打开抖音操作即可获得红包。此外，抖音、今日头条、西瓜视频也全程直播了央视春晚。

抖音也是华侨城集团旅游宣传的“扬声器”。随着抖音日渐进入人们的视野，短视频直播成为集团宣传的有力渠道。华侨城作为规模宏大的集团也加入抖音，通过抖音向更多人传递“优质生活创想家”的品牌理念。在抖音上关注华侨城集团官方抖音号（“OCT 华侨城”），即可及时关注其新发布的旅游宣传短视频。做工精细、画面精美、言辞精彩等特点，为其吸引了数量可观的粉丝，截至 2023 年 6 月 19 日，“OCT 华侨城”粉丝数量超过 12 万，视频获赞数量累计超过 82 万。

10.2.3　技术模式

抖音作为字节跳动旗下由“今日头条”App 孵化而来的产品，基于强大的 AI 引擎，为用户在视频信息流中的关注、转发、点赞、评论等行为贴上相应的标签，每次按照标签进行精准推送。对于用户感兴趣的内容，AI 引擎将会增加同类题材权重，逐渐增加推荐量，从而进行叠加推荐。个性化的推荐使得用户只需要动一下手指头即可看到感兴趣的内容，节省了大量自主筛选的时间，让用户在抖音提供的舒适区中养成沉浸式浏览的习惯，从而提升用户黏性。抖音在短短几年内扩大市场，积累用户，跻身短视频行业榜首，其成

① 参考 36 氪研究院《2020 年中国直播电商行业研究报告》。

功离不开背后的智能算法团队。算法主要分为以下三种模式：

（1）基于用户信息的基本协同过滤。

这是抖音算法中最基础的算法，也是视频推广中应用最广泛的算法。抖音可以通过获取用户注册时输入的性别、年龄、兴趣等基本信息来绘画用户画像，并在信息分发过程中，通过计算用户之间的相似度推荐相似内容。随着用户使用时间增加，平台可以获取更详细、准确的用户信息，也可以推荐更贴近用户真实需求的内容。

（2）基于社交关系“去中心化”的精准推荐。

抖音作为短视频类社交媒体的代表，基于社交关系的算法使得精准推荐成为可能。“去中心化”是社会化媒体的显著特征，作为传播节点，用户摆脱被动单向接受内容的角色，拥有独立生产内容的权利。用户关注、点赞、转发等社交行为成为平台判断其爱好的重要依据。基于社交关系的算法推荐主要分为以社交图谱为代表的强关系推荐和以兴趣图谱为代表的弱关系推荐两种，前者是基于用户通信录信息，对其亲友等人的使用偏好和习惯进行抓取，分析其重合内容，从而向用户优先推荐该部分内容；后者是基于兴趣内容的筛选，结合用户习惯，通过分析相同职业、爱好、话题等相近的兴趣集合进行内容推荐。

（3）基于内容“流量池”的叠加推荐。

“流量池”是指通过流量的获取、存储、运营和发掘，实现信息的再传播，从而获得更多的流量。叠加推荐是以内容的完播率、点赞量、评论量、转发量等指标为综合权重，设置梯度差异的评估标准，当达到一定水平后，平台将以大数据算法和人工运营的双重模式进行不断推荐。基于内容“流量池”的叠加推荐模式是抖音目前使用最广泛的算法（见图 10－5）。当用户发布一条视频时，平台会将其分配至一个“流量池”之中，并分发到一定数量的用户的推荐界面，接着统计该视频的播放效果，形成加权分数，分数越高则越有可能获得叠加推荐的机会，再次进入推荐范围更大的“流量池”进入第二轮分发，而分数低的则会丧失推荐的资格，沉至“流量池”底部。

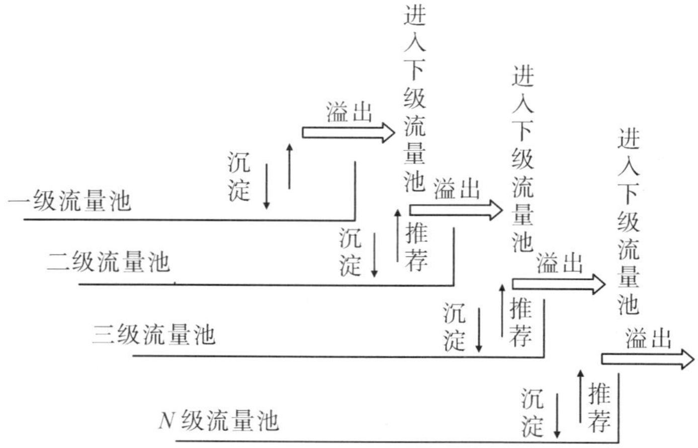

图 10－5　抖音基于内容“流量池”的叠加推荐模式

资料来源：赵辰玮，刘韬，都海虹．算法视域下抖音短视频平台视频推荐模式研究［J］．出版广角，2019（18）：76－78．

由上可知，基于用户信息的基本协同过滤算法推荐的内容精确度不够；基于社交关系“去中心化”的精准推荐虽然内容精准但会出现“信息茧房”现象；基于内容“流量池”的叠加推荐会出现“马太效应”，且不可避免会出现打造虚假爆品的恶性行为，每种算法在实现一定功能的同时，都存在一定缺陷。

10.2.4 小结

通过本节的学习，我们梳理了抖音的发展历程，了解了每个阶段抖音为不断完善自身而推出的新功能、新产品，以及实行的新措施。此外，我们还了解到抖音作为短视频平台中的佼佼者，它的成功离不开正确的商业模式以及强大的技术支持。通过不断更新迭代产品，发展完善新功能，利用算法进行精准推荐，抖音在保持现有用户量的同时将吸引更多的粉丝。可将本节归纳为如下三点：

第一，在发展历程上，抖音经历了蛰伏打磨期（2016—2017 年）、用户爆发期（2018 年）、多元变现期（2019 年至今）三个时期，抖音也逐渐由为其他电商平台引流转向构建自身供应链，完善人、货、场闭环，减少对第三方平台的依赖，实现了质的转变和飞跃。

第二，在商业模式上，抖音定位精准明确，凭借着娱乐营销、热点营销、精准营销多元化的营销模式，最大限度地利用了流量优势。通过内容免费型、用户付费型、企业付费型、平台付费型四类业务模式，逻辑清晰地构建立抖音的业务系统，并通过直播、POI、购物车、抖音小店建立起变现矩阵，实现流量变现。

第三，在技术模式上，抖音中常用的推荐算法主要包括基于用户信息的基本协同过滤、基于社交关系“去中心化”的精准推荐、基于内容“流量池”的叠加推荐三种算法。

随着短视频下半场战争的打响，“下沉、出海、跨界”将会成为主流出路，以期抢占三线及以下城市的流量红利，布局海外市场，实现“短视频 +”跨界融合，从而寻求新的增量。无论是抖音还是同类短视频平台都具有较大的发展空间。而目前，抖音海外版 Tik Tok 面临着来自各地政府和海外巨头的威胁，如何在保持国内短视频龙头企业地位的同时，更贴合不同国家的政策、文化基因，减少出海风险，也成为抖音需要关注的重点问题。

10.3 淘宝直播

10.3.1 发展历程

2016 年，淘宝以手机淘宝 App 内嵌模块的形式正式推出淘宝直播，2019 年研发了淘宝直播 App，逐渐形成了手机淘宝 App 与淘宝直播 App 双入口。从 2016 年直播电商萌芽期到 2020 年爆发红利期，从内嵌模块到独立 App，淘宝持续注重对直播的投入，凭借着多年来运营传统电商的经验，形成了完善的直播电商生态，其发展历程（2016—2020 年）如图 10 -6 所示。

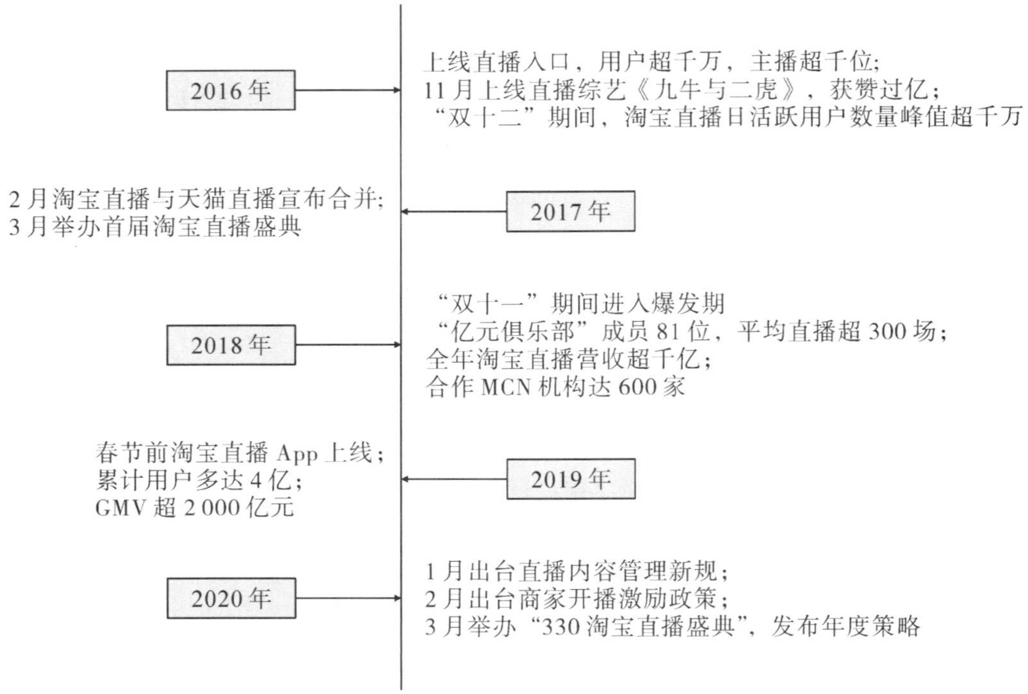

图10－6　淘宝直播发展历程

资料来源：基于36氪研究院《2020年中国直播电商行业研究报告》整理所得。

2016年上线直播入口，自试运营以来，收看直播内容的手机用户超过1 000万，主播数量超过1 000位，每天有近500场直播节目，其中超过一半的观众为90后。同年11月上线直播综艺《九牛与二虎》，获赞过亿，“双十二”期间，淘宝直播日活跃用户数量峰值超千万。

2017年2月淘宝直播与天猫直播宣布合并，3月举办了首届淘宝直播盛典。

2018年“双十一”期间，淘宝直播进入爆发期，“亿元俱乐部”共有成员81位，平均直播超300场，全年无休直播超350场的主播不在少数，且单场直播平均时长超6小时，引导销售额破亿元。

2019年春节前上线淘宝直播App，累计用户多达4亿，GMV超过2 000亿元。

2020年1月出台直播内容管理的新规定，2月出台商家开播激励政策，3月举办“330淘宝直播盛典”，发布年度策略。

现阶段淘宝注册用户超过5亿人，且用户活跃度较高。Mob研究院2020年数据显示，近一年来，淘宝直播用户数量呈现爆发式增长，同比增长470%，行业红利将持续。从诞生至今，借助“网红”效应，平台高度曝光，使得直播带货逐步常态化。

10.3.2　商业模式

淘宝直播以PGC为主要生产模式，在网络营销和信息传播中发挥主播的KOL作用。主播自身对于信息的选择、加工、制作和输出过程影响着消费者对商品的关注、对信息的解读和购买行为。淘宝直播体系注重重构人、货、场闭环，主播类型、直播商品类目、受众圈层都朝着多元化的方向发展。凭借多年在电商领域积累的经验，淘宝直播成为行业内当之无愧的“领头羊”，这与其较为成熟的商业模式密切相关。

（1）品类多元化，全方位满足用户需求。

淘宝直播最初定位于“生活类消费品展示与销售”，但随着淘宝直播 App 面世，产品的品类也开始朝着多元化的方向发展。淘宝直播子菜单丰富多样，针对不同性别、年龄段开通了诸如时髦穿搭、一起变美、亲子萌娃、乐活时光、全球扫货、吃货推荐、男生潮范等各式各样的主题入口，集网络购物、娱乐互动、直播于一体。用户可有针对性地进入对口板块，自主选择喜爱的直播节目。同时，平台会根据用户画像精准推送个性化精品。

（2）四大直播模式满足各类商家需求。

①淘宝店铺直播。中小卖家在达到直播准入条件后，通过直播的方式介绍与销售店内商品。

②淘宝达人直播。主播在绑定支付宝完成实名认证后，注册成为达人，通过内容运营，做好控场和互动，吸引更多粉丝，实现流量变现。主播们借助淘宝直播的方式介绍与销售其他店铺或品牌的商品。淘宝直播需要主播与机构签约，主播专业程度较为突出，直播质量有保障，才能打造良好的口碑，有助于长远发展。相较传统电商，直播带货优势显著。深度解读产品特点，实时反馈与回应，在缩短电商决策路径的同时提升了消费者的信任感与互动性。从表面上看，电商直播是“‘网红’/明星 + 促销福利”大捷，但实质上是“品牌新代言 + 直播内容创新”的试水成功。

③天猫直播。自带浮现权，对微淘粉丝量要求较高，该类直播要求强大的运营团队支持，适用于品牌商家。

④淘宝全球买手直播。在全球各地的商场中，卖家通过直播的方式进行营销，要求淘宝店铺处于正常运营状态，同时要求综合运营能力稳定。

（3）变现逻辑清晰的店铺及个人变现模式。

淘宝直播的盈利模式主要分为店铺直播变现模式和个人主播变现模式两种类型。对于前者而言，淘宝直播平台不提供打赏主播的功能，店铺直播除了随机掉落优惠券外并没有更多营销花样，通过提高销售额获利而变现，其变现模式与实体店销售并没有很大的区别，仅仅是线上线下的差异。而后者是拥有个人店铺的主播通过电子商务的模式变现。此外，“与商家洽谈—承接合作—广告推广—从中获取提成”是另一种变现模式。具体方式包括主播详细了解商家寄送的样品，以便于直播时更好地向粉丝销售；利用直播间的秒杀活动刺激消费者消费，促使流量变现；通过高转化率提高购买率，主播得以从中赚取销售额 20% ~40% 的佣金；针对专场直播，视主播人气给予 300 元以上的专场费用。

10.3.3 技术模式

淘宝直播的业务体量庞大，需要强大的系统支持，生产侧分为采集、增强、感知处理、S265 编码四个环节；云端则有边缘接入、中心接入、切片录制、CDN 分发以及边缘分发；播放端则有拥堵控制、解码、渲染、显示功能。此外，云端还需要完成内容审核、质量监控、内容理解、智能分发环节①，详细系统架构如图 10－7 所示。其中，720p 指的是在逐行扫描下达到 1 280×720 分辨率的显示格式；800k 指的是视频编码率为 800 千比特率，即每秒传送 10 万字节；artc 指的是使用阿里降噪算法对音频进行降噪处理；artp 指的是使用阿里传输协议对音视频进行实时传输。

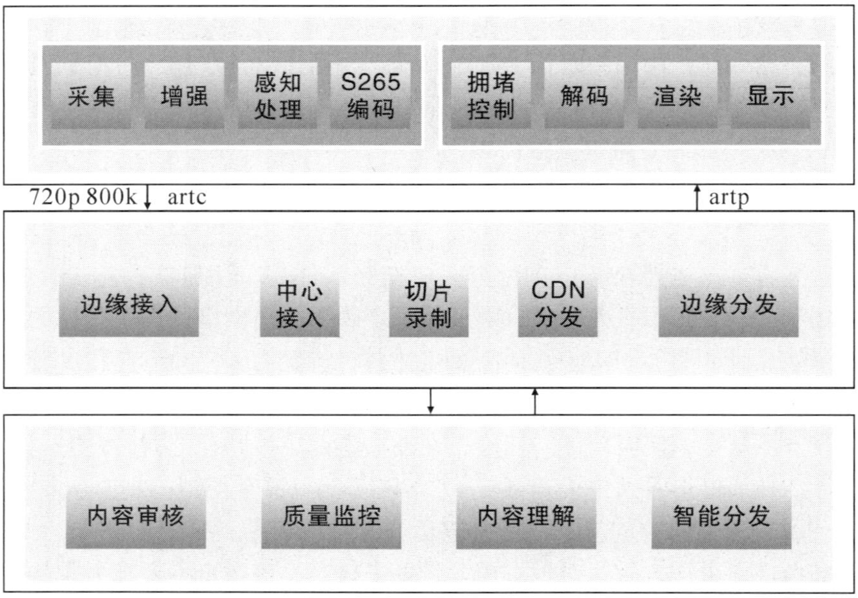

图 10－7　淘宝直播系统架构

资料来源：微信公众号“大淘宝技术”文章《淘宝直播三大核心技术揭秘》。

面对成本（包括带宽、存储、转码）、用户体验（包括画质、音质、秒开、卡顿、延时）、效率（包括开播效率、审核效率、分发效率）等方面的难点和挑战，淘宝直播在优化成本和体验上运用了以下三大核心技术：

（1）端上窄带高清技术。

淘宝直播采用基于 AI 的图像增强、美颜和语音增强技术提高生产的质量，从而增强音视频效果；采用信源信道联合自适应编码实现感知处理；应用 S265 编码器，领先业界，S265 编码器是淘系技术团队联合阿里云开发的高性能编码器，具有高压缩、高效率、适应场景广的特点。为实现图像增强，提高主观质量，在前期处理中，淘宝直播引入了图像增强技术，对编码前的视频实现去噪、去抖、纹理增强、美颜、美型等操作；在后期处理则引入 SR（Super Resolution，超分辨率）和 HDR（High Dynamic Range Imaging，高动态范围成像）技术提高观看质量，并在美颜、美型及图像处理上引入了 GPU（Graphics Processing Unit，图形处理器）技术，具体如图 10－8 所示。此外，淘宝直播采用了智能降噪技术优化音质。

① 参考微信公众号“大淘宝技术”文章《淘宝直播三大核心技术揭秘》。

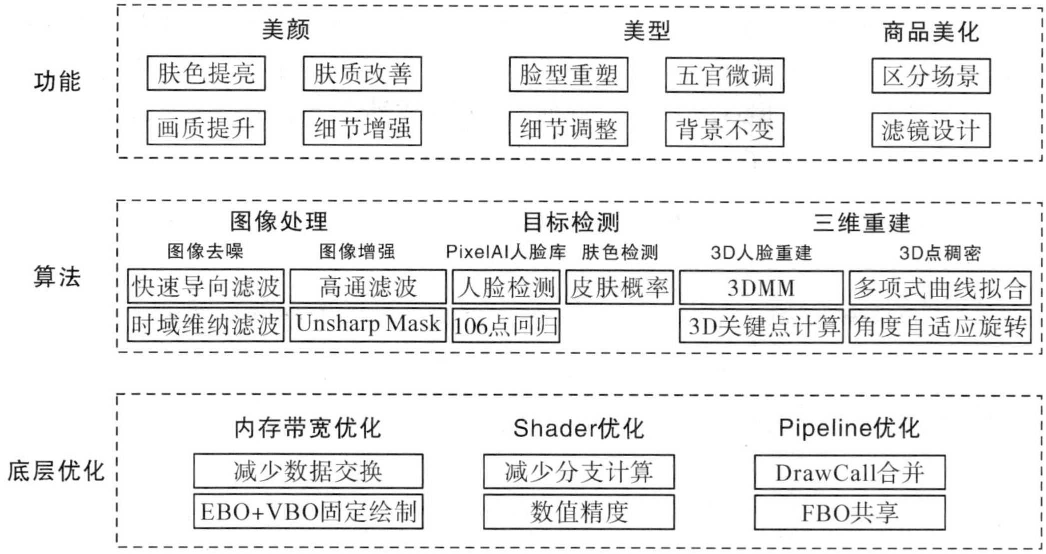

图 10-8 淘宝直播图像增强

资料来源：微信公众号“大淘宝技术”文章《淘宝直播三大核心技术揭秘》。

如图 10-8 所示，Unsharp Mask（不锐利化遮色片）指的是一种使图像锐化的功能；3DMM（3D Morphable Model，可变性人脸模型）指的是利用高精度一起扫描多组人脸 3D 数据，生成新的人脸；EBO（Element Buffer Object，索引缓冲对象）指的是在显卡内存中存储顶点位置的索引；VBO（Vertex Buffer Object，顶点缓冲对象）指的是在显卡存储空间中开辟出一块内存缓冲区用来存储信息；Shader 优化指的是优化在屏幕上着色或绘制某些东西的程序；Pipeline 优化指的是多线程优化；DrawCall 合并指的是合并 CPU 调用图形编程接口；FBO（Frame Buffer Object，帧缓冲对象）共享指的是共享存储在显卡内存区块中的图像数据。

（2）零转码系统。

淘宝直播采用 S265 编码器和预处理技术生产高质量的低码率视频，实现端到端原始流的产生和播放；利用 H265 解码，实现兼容以及去除转码环节；网络自适应技术使 90% 以上的网络都可以承载 800kbps 码率。零转码系统解决了不同网络速度、不同播放设备的兼容问题。

（3）低延时技术。

淘宝直播使用基于 RTC 的实时直播系统以及 S265 低延时编码技术，实现了端到端秒级延时，验证了低延时技术的业务价值。此外，淘宝直播的秒级延时采用了 UDP（User Datagram Protocol，用户数据报协议）的流媒体传输协议，WebRTC（Web Real-Time Communication，网络实时通信）的拥堵控制及 FEC（Forward Error Correction，前向纠错）、netEQ（音视频处理中的模块）的拥堵控制算法去除播放器缓冲，并减少防抖缓冲。

淘宝直播除了利用三大核心技术升级技术架构降本增效外，算法智能的个性化推荐以及对 5G 等新技术的应用也为其创造了更大的价值和利润空间。基于用户行为和大数据，运用推荐算法，精准推荐用户可能感兴趣的内容，大大节省了用户时间，缩短其购买决策的路径，提高了交易效率。此外，5G、VR、AR、AI 等新技术将引领电商直播的下一高潮，随着5G技术的快速发展，产品详情得以更加清晰地全方位展示，消费者获取商品信息也更加快速便捷，科技使得360度查看商品成为可能。2020年4月28日，淘宝率先举行全国首场5G直播，创造了70 000斤常州蜜薯的销售量。同时，技术水平的提高能进一步提升观感体验，智能语音会全面讲解商品特点，虚拟场景可高度还原线下购物体验，解决线上购物出现的问题。技术进步为直播行业的发展创造了基础条件，未来也将创造更大的价值。

10.3.4 小结

本节我们通过梳理淘宝直播的发展历程，了解到淘宝直播凭借着自身清晰的定位、有效的营销策略、清楚的变现逻辑以及核心技术、平台算法和技术赋能在直播电商行业中取得了优异的成果。本节可归纳为如下三点：

第一，在发展历程上，淘宝直播从2016年的直播电商萌芽期到2020年的行业爆发红利期完成了从内嵌模块到独立App的开发，通过持续的资本投入，凭借多年运营传统电商的经验，淘宝直播成功打造了完善的直播生态，构建起人、货、场闭环，成为行业“领头羊”。

第二，在商业模式上，淘宝定位清晰，由最初专注于“生活类消费品展示与销售”发展到商品多元化，极大程度地满足了消费者的需求；通过淘宝店铺直播、淘宝达人直播、天猫直播、淘宝全球买手直播四大直播方式以及店铺直播变现、个人主播变现两种盈利模式，淘宝直播有效地发挥了自身的模式优势，创造了极高的商业价值。

第三，在技术模式上，淘宝直播在淘系技术团队联合阿里云的技术支持下，应用端上窄带高清技术、零转码系统、低延时技术三大核心技术升级了自身的技术架构，起到了明显的降本增效作用，引领直播电商行业的技术潮流。此外，淘宝直播通过算法进行个性化智能推荐以及不断探索5G技术的应用，也为其创造了更大的价值和利润空间。

淘宝直播可以极大程度地缩短电商决策路径，增加消费者的信任感，加强互动，这一价值主张仍会在以后的直播中得到彰显。因此，在未来，不少商家都将会将直播带货作为常态化的运营手段。

10.4 拓展阅读

直播电商“人、货、场”的解读和趋势预测

人、货、场能够较好地梳理电商商业模式的体系，直播电商同样适用。直播电商的产业链环节包括平台、用户、主播、MCN机构、供应链、品牌方、内容电商整合营销机构和服务支持8个环节。

在传统的人、货、场逻辑中，三者是一个顺向逻辑；到了直播电商阶段，人、货、场成为反向逻辑，为货、场、人。在直播电商阶段，用户进入这个场景，核心需求就是购物，这时若过多涉及内容，再通过内容的方式去触动用户、影响用户，整体变现的链路过长，用户的整体体验反而不好。在用户有强烈购物欲望的前提下，选品的多样化及优惠福利，才是真正高效引导和影响用户的方式，因此，“货”排在第一位。直播电商的“场”不再是传统店铺的“场”，而是在用户对货有认识的前提下，建立一个媲美线下的、能够唤起用户线下记忆的消费场景。这时，“场”是排在第二位的，而“人”是排在最后的。在货、场、人的逻辑里，人不再是社交流量的引导，更被看重的是具备什么样的社交属性。这样的社交属性和推荐的“货”所在的行业属性、品类属性是否一致显得更为重要。

资料来源：微信公众号“私域电商研究中心”文章《直播电商“人、货、场”的解读和趋势预测》。(有改动)

10.5　思考题

1. 抖音短视频主场仍在一、二线城市，下沉到三、四线等城市会有哪些困难？解决措施有哪些？

2. 淘宝直播如何借助多平台联动扩大直播影响力，从而帮助商家引流？

11　电子商务的数字化转型

【知识框架图】

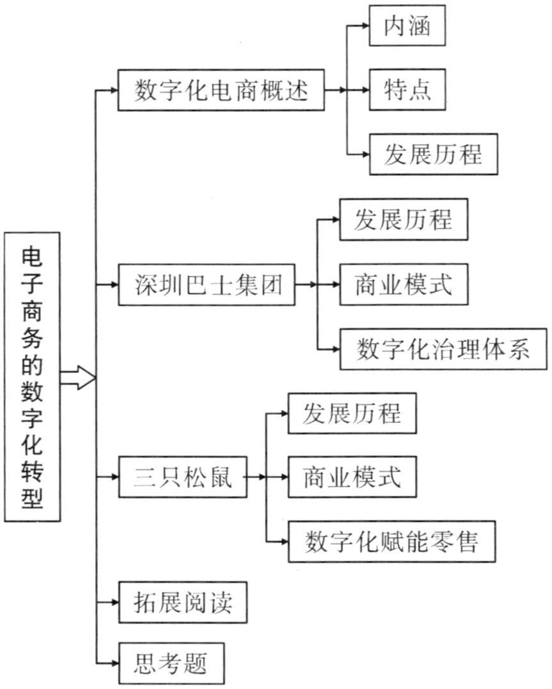

【学习目标】

知识目标：

了解数字经济的发展历程。

掌握数字化电子商务的内涵及其应用场景。

基于深圳巴士集团和三只松鼠理解电子商务数字化转型的模式与特征。

技能目标：

掌握深圳巴士集团的运营模式及数字化治理体系。

掌握三只松鼠数字化转型的商业模式和数字化赋能分析。

情感目标：

了解数字经济时代下电子商务的新形态和新模式，正确理解数字技术对电子商务人、货、场的重构，以及对其内部元素、流程和环节的深度改造。

深入理解电子商务数字化转型的意义与发展模式，总结数字化电子商务未来高质量发展的实践经验。

【先导案例】

越窑青瓷"数字化"登陆国内首家数字艺术电商平台"唯一艺术"

2022年3月25日，由嵇锡贵创作的"越窑青瓷——百朵向阳花开"授权数字藏品，将正式登陆数字艺术电商平台——"唯一艺术"。该件数字藏品由杭州文化产权交易所提供，是杭州文化产权交易所对科技赋能非遗文化领域的一次新尝试。

越窑作品以雍容唯美著称，起源于东汉时期，属青瓷窑系。此件"百朵向阳花开"的创作者嵇锡贵，是我国国家级非物质文化遗产——越窑青瓷烧制技艺代表性传承人、亚太地区手工艺大师、中国工艺美术大师。

数字藏品作为收藏的新品类，以其可溯源性和非同质化的稀缺性，近年受到藏界特别是新生代藏家的热烈追捧。而这一新型的收藏方式，也为非物质文化遗产这一古老文化提供了数字化途径，使其通过高科技改变了传统的消费应用场景，并在链条中得到了消费者更为广泛的认知和传播。

"唯一艺术"创立于2021年，是国内首家数字艺术电商。平台建立以来，已有大量艺术家的作品参与其数字化艺术品交易及展示。2021年8月，平台发起的"全球首届数字艺术创作大赛"获得了海内外艺术家、藏家的积极响应，在业内引起了广泛关注。未来"唯一艺术"将立足数字艺术产业的发展，致力于传播中国文化、增强中国文化影响力，在中国数字艺术产业方面做实做强，提供更加坚实的基础设施保障，并积极探索数字文创的新业态。

资料来源：央视网．越窑青瓷"数字化"登陆国内首家数字艺术电商平台"唯一艺术"［EB/OL］．（2022－03－22）［2022－10－29］．https：//arts.cctv.com/2022/03/22/ARTIx9vTQlAk6jV08rZtwhWe220322.shtml．（有改动）

【拓展思考】

1. 数字电商和传统电商有何区别？
2. 除了案例中提到的数字艺术电商，你还了解哪些数字电商平台？请举例说明。

11.1　数字化电商概述

11.1.1　内涵

数字化电商是指利用互联网、物联网、无线通信等通信技术和数据分析手段，将商务的流程、渠道、营销、运营等数字化、互联网化、智能化。与传统的电子商务不同的是，它不仅将现代信息技术和商务结合，而且注重将数据的价值应用到商业。

提及电商，我们首先想到的是以淘宝、拼多多、京东为代表的电商平台，通过将人们的消费习惯从线下转移到线上，这些电商平台实现了流量的迁移，从而成就了一种基于互联网的零售新模式。这些耳熟能详的电商平台仅仅借助流量迁移的方式就能实现自身对零售行业的改造。在线上和线下存在着巨大的不对等的情况下，这种发展方式是有效的。等到线上和线下的信息鸿沟逐渐弥合后，这种以简单的撮合和对接为主导的发展模式，将会陷入困境。

数字经济时代的来临，特别是数字技术的不断更新迭代，让我们在互联网之外找到了新的突破口，通过数字技术来改变电商的内部元素，我们不仅能找到电商行业发展的新能量，而且可以重新建构新的生产关系，甚至改变零售行业上下游的运行逻辑。借助数字技术，能够实现对电商的内部元素、流程和环节的深度改造，找到存量用户的更多需求和供需两端的新型关系，打破传统电商的时代局限，从而打造一种全新的商业模式。

11.1.2 特点

作为电子商务的新形态新模式，数字化电商通过对人、货、场的重构，以消费需求牵引“短链”供给变革，以“去中间化”提高经济流通效率，畅通商产融合，促进要素融通，赋能消费升级和中小企业转型，构建新的产业服务生态。

（1）数字化电商供应链的应用场景。

①网络协同。

利用数字化技术收集整合顾客的采购需求并同步到信息共享平台。首先，销售商从数字化信息共享平台上收集信息，向下一环节的生产企业发起精准的产品采购需求量（安全库存量和现有库存量）；其次，生产企业通过大数据的资源整合功能，计算出该环节生产产品需要的原材料数量，通过数据同步在数字化信息共享平台上上传生产企业原材料需求量；再次，生产企业利用数字化技术筛选出符合条件的供应商，供应商根据生产企业发布在平台的需求准备材料，待原材料准备妥当后联系生产企业收货；最后生产企业生产顾客的定制化产品。

数字化信息共享平台展示销售商产品的功能、质量和价值情况，这些可以直接反映出销售商的服务水平状况。同时利用数字化技术了解生产企业的收益情况，便于顾客选择更符合自己需求的产品。除此之外，供应商可以计算出项目所需的最小成本，即人力、物力、资金“简而优”原则，并自动匹配最佳路径，即“短而便”，用最少的时间、最短和最便捷的路径实现成本最小化、经济效益最大化的目的。在数字化信息共享平台中，透明化的数据可反映物流的配送质量状况，如配送的时效性、可靠性及责任的可追溯性等。利用数字化信息共享平台还可间接判断该物流企业能否更好地满足顾客的个性化服务需求以及能否及时对顾客的需求作出回应。

②风险防控。

利用数字化技术确定产品针对的需求人群，可以筛选出关联属性，扩大人群范围，结合这类人群平时的购物习惯、购物频率、购物经费等情况，制订销售方案。在这一过程中，利用数字化技术反向捕捉顾客需求，对原产品进行改进升级，也可利用 DIY 吸引顾客。在数字化信息共享平台上发布产品信息说明，提高曝光度，同时可通过各种社交平台、短视频平台以及多媒体等手段扩大销售途径，从而吸引大批适龄用户。基于数字化技术分析产品的受欢迎程度，设定合理的安全库存量，最终吸引大批流量，并将流量变现销售给更多的用户。利用数字化技术共享实时数据，掌握电商供应链各环节安全库存量的实时变化情况，提高市场反应速度、保障敏捷响应功能，掌握准确的库存动态，灵活应对市场消费波动，及时补货。数字化技术的升级，在一定范围内可有效控制风险，实时监测仓库和途中的商品，利用物联网、大数据可及时应对突发状况，提高监测风险与协调应对的能力，促使电商供应链系统稳健发展。

③可持续性。

在电商交易环境下，数字化技术的升级在一定程度上可以有效促进生态系统的可持续、绿色健康发展。数字化升级在一定程度上科学有效地减少了电商供应链各节点的资源浪费、资金浪费等情况。为促进经济的可持续性发展，在生产制造环节，利用数字化技术大范围捕捉可靠有效的信息，有针对性地挖掘对制造商、生产商有益的数据，利用大数据将有效信息自动整合形成一套最佳方案（即利益最大化方案），可以在一定程度上减少资源浪费，简化流程，合理配置，调动电商供应链协同、科学、系统地发展，从而促进绿色可持续发展。在产品交易环节，充分利用多媒体、大数据技术精准推送目标人群，引导顾客选择更心仪、更实惠、更适合的产品。在一定情况下，通过数字化技术的升级，减少不必要的逆向物流，降低交易环节的物流成本，转变传统的营销模式，从而推动电商交易环节的科学、可持续发展。

（2）数字化电商的结构。

数字化电商的结构可以分为三层。最底层的是技术层面，即区块链、数据库等，它们记录产品的生产、分配、流通和消费的过程，计算人在这个链条中产生的价值，进行按劳分配。中层的是数字化电商基础设施，包括智能机器设备、价值共享直播间和社群关系链的运营。最上层的是商业应用，即通过免费模式、价值分享和利益共享推动整个系统的运作。

11.1.3　发展历程

数字及数字化服务是电子商务的核心内涵，数字化社会的发展模式是数字经济，而电子商务是数字经济最主要的组成部分，发展电子商务则是发展数字经济的重要抓手，是数字经济发展的牵引者。数字经济是以物联网、AI、大数据等数字技术为驱动力，重塑经济社会运行机制和治理模式，提升产业数字化水平和运作效率，进而形成的一种新型经济业态，纵观其发展历程，可概括为以下三个阶段：

（1）培育期（1995—2003 年）。

1995 年，中国第一家商业网站——“中国黄页”上线。1997 年，国务院在深圳召开第一次全国信息化工作会议。1998 年，被称为永不落幕的商品交易会的网上“中国商品交易市场”在北京正式开幕。1999—2003 年，携程、8848、中国移动的“移动梦网”的成立，以及网上交易平台淘宝网和第三方支付平台支付宝的诞生等，为数字经济的创新发展奠定了基础。

（2）创新期（2004—2013 年）。

随着互联网产业的蓬勃发展，信息化建设进入新阶段，各大互联网公司接连上市。自

2007 年以来，中国网民数字化民主的意识越来越强烈，2007 年也被称为“公共事务元年”“网络公共事件元年”“网络民意年”。2010 年，国内首家团购网站“满座网”上线，美团、拉手、窝窝、滴答团等团购网站纷纷上线。“3Q 之战”爆发后，中国互联网进入开放时代。2011 年，微信 1.0 测试版正式上线。2012 年，一款基于数据挖掘的信息推荐引擎产品——“今日头条”上线。2013 年，“中纪委监察部网站”应时而生。

（3）引领期（2014 年至今）。

2014 年，以“互联互通，共享共治”为主题的首届互联网大会在乌镇召开，规模大、规格高。随着数字经济上升为国家战略高度，政策以产业规划和指导意见为主，形成了较为明确的产业发展方向和发展目标，同时“数字化转型”也被首次写入五年规划。“十四五规划”纲要提出要加快数字化发展，建设数字中国，这也意味着数字经济已成为我国重要的战略部署和发展方向，更将成为我国经济实现转型、高质量发展的创新驱动力。

11.2 深圳巴士集团

11.2.1 发展历程

深圳巴士集团股份有限公司（以下简称巴士集团）成立于 1975 年，2004 年底，引入香港九龙巴士控股有限公司等国内外战略投资者，成功改制为现今的中外合资的股份制公司。其坚持“以人民为中心，让城市出行更美好”的企业发展理念，为市民乘客提供高质量的城市公交服务。为顺应深圳智慧城市建设需求，巴士集团自 2017 年起加速数字化转型，利用大数据、5G、AI、物联网等新型技术搭建公交数字化平台，以“科技引领、协同共赢、业态创新”为总体思路，从一家传统公交企业逐步实现向城市智慧出行服务提供商的转型。

2017 年，巴士集团与华为合作组建“智慧公交联合创新实验室”，旨在提升城市公共交通领域的智能化应用水平。双方联合开展顶层设计，坚持“上云、赋智、用数”的思路，搭建数字化平台，构建智能业务系统。2018 年，巴士集团提出“一体两翼”的发展战略，抓住电动化、智能化机遇，开始从传统公交向智慧公交转变。2019 年，巴士集团推出全国首个 5G 公交场站——深圳莲花山公交总站，在两条线路——10 路和 14 路投入 50 辆 5G 智慧公交车。2020 年，巴士集团推出“车厢防疫安全距离预警系统”和“公交同乘信息系统”，并深化 5G 公交场景应用，开展 5G 北斗精准巴士、5G 驾驶员健康管理等项目，利用 5G 实现全链条精准管理，助力公交运营管理全面提升。

11.2.2 商业模式

（1）价值主张。

巴士集团以“服务为根、效率为本、持续创新、追求卓越”的核心价值观为主线，形成企业文化体系，以“客户满意、员工满意、政府满意、股东满意”为工作目标，坚持“以人民为中心，让城市出行更美好”的企业发展理念，加强内部管理，进取创新，以提升服务质量、增强企业竞争力为着力点，稳步推进集团各项改革。

（2）运营模式。

巴士集团是一家以公共交通运输为主业，集城市公交、巡游出租、网约出租、城际客运、智慧交通、新能源充电运营、公交场站建设及管理等业务为一体的全牌照、专业化城市公交集团。作为深圳地面公共交通的主力军，巴士集团已经成为全球最大的纯电动公交车、出租车运营企业。截至 2021 年底，运营常规公交线路 326 条，大巴充电站 116 座、充电桩 1 924 个，出租车充电站 16 座、充电桩 1 088 个，运营纯电动公交车、出租车等近 1.3 万台，日均客运量达 116 万人次。

①城市公交。

巴士集团致力于提供契合民众出行需求的服务产品，创新推出旅游巴士、机场快线、接驳巴士等特色服务。在旅游巴士方面，旅游观光巴士“红胖子”已推出红线（人文历史）、蓝线（生态科技）、黄线（城市夜景）、橙线（魅力湾区）四条主题线路，实现一张车票游一座城。在机场快线方面，“陆—海—空”联运模式逐步成型，同时，在 2021 年 4 月 A2 龙华线进驻深圳北站后，空铁联运初步成型。除此之外，巴士集团还承担了比亚迪通勤包车业务，增收路径逐步拓宽。在接驳巴士方面，巴士集团开通“小黄鱼”接驳巴士，其具有高频快速、线路短、周转快、灵活便利等特点，民众招手即停、按铃即下。

②智慧交通。

巴士集团积极贯彻落实“交通强国”战略部署，着力提升城市公交运营服务质量，进一步加强 5G、AI、云计算等先进技术在深圳公交智慧场景中的应用，打造绿色智能化、精细多元化、互联网一体化的智慧示范车队。打造“5G + VR 科技旅游巴士”，实现刷深圳通卡、刷身份证、扫二维码人脸识别等多种智慧支付功能，还有全息空气成像系统。

③新能源充电运营。

深圳于 2009 年开始在国内率先推广使用新能源车辆，最初选择在公共交通领域更新推广，巴士集团始终走在新能源应用的最前列。巴士集团响应国家新能源发展战略，为满足集团公交车充电需求，推进新能源产业发展，设立独资子公司——深圳巴士新能源有限公司。以“深圳蓝”出租车充电站投资建设运营项目为其核心业务，包含电动汽车充电桩、充电站、换电站以及服务场站的投资、建设、运营、服务和维护；基于光伏发电和储能的能源管理；充电大数据业务和充电服务市场应用场景解决方案；整车专业检测、新能源汽车维护与保养整体解决方案；动力电池梯级利用等服务。2021 年新建大巴充电站 6 座、充电桩 66 个，新建出租车充电桩 1 座、充电桩 27 个，收购大巴充电站 1 座、充电桩 7 个。

④公交场站建设及管理。

为了展示深圳市的良好形象，巴士集团持续开展示范公交场站建设，标准化示范场站为员工提供整洁舒适的办公、就餐、休息环境，解决了员工“吃饭难”“休息难”的问题，整体提升了员工的幸福感、归属感和荣誉感。巴士集团在兼顾场站美观和实用的同时，合理利用场站空间，为基层办公提供便利，配置智能调度系统、安防监控系统以及视频会议系统，提高了场站运营管理效率。

11.2.3 数字化治理体系

5G、AI、大数据等技术激发了新一轮的科技革命，巴士集团积极探索数字化转型，抢抓新的发展起航点，与以华为为代表的众多科技单位开展深度合作，实现智能化能力全方位提升，推动企业从传统公交企业蝶变为“安全强管控、营运更智能、创新可期待”的智慧出行服务商，建立以“公交数据模型”为核心的数字化治理体系，整合集团运营台账、车辆综合信息、客流数据等数据资源，对接交通局出行数据、互联网出行数据等数据资源，并通过大数据挖掘、AI算法，完善数字化治理体系，提升安全管控、营运调度、平台及系统建设、精准服务等方面的能力，实现公交运营多维度动态分析与综合管理。

（1）安全管控。

巴士集团综合运用AI和大数据技术，构建全过程智能安全管控平台，实现对“路口超速”“斑马线不礼让行人”等高风险驾驶行为的精准查控。其中，“路口超速”功能能够提前识别交通路口，对临近路口超速的驾驶员及时作出提醒，对路口超速行为自动取证，形成报警记录。“斑马线不礼让行人”功能通过对斑马线精准识别，对行人的位置及运动方向进行有效甄别，按照交通规则及时发出预警，对不礼让行人的行为自动取证，形成报警记录。除此之外，深入运用驾驶员画像系统，充分挖掘主动安全系统信息、违章数据、事故数据、驾驶员档案信息，通过大数据技术找到安全管控的关键领域、关键时段、关键人群，加强管控的针对性，推动经验管理向大数据决策转型。

（2）营运调度。

巴士集团通过汇集海量的运营数据，配合调度算法，生成实时、精准预测，最终形成精准的公交调度计划，实现预测的到站误差在正负2分钟，预测准点到站率达到90%。巴士集团做到了三大智能优化：发车间隔优化，根据客流时间分布、考核指标，优化车辆规模及发车间隔，实现供需匹配；发车计划优化，根据车辆状况排定车辆班次顺序、发车时间，自动计算出各班次预计到达的时间；驾驶员排班优化，根据发车时间计算出最佳的驾驶员数量，最终实现一天一排班的运力精准匹配，3分钟即可生成排班计划。

（3）平台及系统建设。

巴士集团基于统一数据标准，打造各类智慧应用系统，构建数字化应用基础平台。例如，围绕核心业务构建了智能调度系统、服务质量管理系统和安全查控系统等19个生产运输类应用系统；围绕办公管理、人力资源、财务管理以及其他领域建立了21个管理业务系统；围绕企业决策和可视化构建了2个应用系统。实现了公交企业业务数字化全覆盖。

（4）精准服务。

基于精准客流OD分析能力，巴士集团打造与出行需求匹配的公交线网。创新应用AI视频识别技术，实时、精准掌握城市客流OD态势，助力线网优化，助力调度优化，实时生成大站快车调度方案，快速应对高峰期出行需求，为乘坐快车的市民节省约5%的通勤时间，提升了20%的线路运行效率，让公交绿色出行成为民众的首选。

11.2.4 小结

通过本节的学习，我们梳理了巴士集团数字化转型历程，并剖析了巴士集团的价值主张与运营模式。此外，我们还从技术视角出发，进一步分析了巴士集团的数字化治理体系，其借助AI、大数据等技术，建立以“公交数据模型”为核心的数字化治理体系，整合集团运营台账、车辆综合信息、客流数据等数据资源，对接交通局出行数据、互联网出行数据等数据资源。本节知识点可归纳为如下三点：

第一，在数字化转型历程中，巴士集团自2017年起加速数字化转型，利用大数据、5G、AI、物联网等新型技术搭建公交数字化平台，构建智能业务系统。2020年推出“车厢防疫安全距离预警系统”和“公交同乘信息系统”，通过一系列举措，实现从传统公交企业向城市智慧出行服务提供商的转型。

第二，在商业模式上，巴士集团以公共交通运输为主业，集城市公交、巡游出租、网约出租、城际客运、智慧交通、新能源充电运营、公交场站建设及管理等业务为一体。在城市公交方面，推出旅游巴士、机场快线、接驳巴士等特色服务；在智慧交通方面，打造智慧示范车队、“5G + VR科技旅游巴士”、智慧支付、全息空气成像系统等系列智慧场景应用；在新能源充电运营方面，设立独资子公司——深圳巴士新能源有限公司，开展“深圳蓝”出租车充电站投资建设运营等项目。

第三，在数字化治理体系上，巴士集团通过AI、大数据等技术，完善数字化治理体系，提升安全管控、营运调度、平台及系统建设、精准服务等方面的能力，实现公交运营多维度动态分析与综合管理。在安全管控方面，构建全过程智能安全管控平台，实现对“路口超速”“斑马线不礼让行人”等高风险驾驶行为的精准查控；在营运调度方面，通过汇集海量的运营数据，配合调度算法，生成实时、精准预测，最终形成精准的公交调度计划；在平台及系统建设方面，基于统一数据标准，打造各类智慧应用系统，构建数字化应用基础平台；在精准服务方面，基于精准客流OD分析能力，打造与出行需求匹配的公交线网。

11.3　三只松鼠

11.3.1　发展历程

三只松鼠股份有限公司（以下简称三只松鼠）在2012年成立于安徽芜湖，是中国第一家定位于纯互联网食品品牌的企业，现已发展为年销售额百亿元的坚果行业头部企业及上市公司，正加速向数字化供应链平台企业转型。依托品牌、产品、物流及服务优势，三只松鼠先后被新华社和《人民日报》誉为新时代的“改革名片”“下一个国货领头羊”。

2012年6月，三只松鼠在淘宝正式上线，7天时间便完成了1 000单的销售，上线65天取得了天猫坚果日销量排名第一的成绩。2013年，三只松鼠荣获“全国坚果炒货营销十强企业”的称号。2014年，再次获得今日资本、IDG资本两家境外基金第三轮1 627万美元的天使投资，用于三只松鼠智能一体化食品园项目建设。自成立以来，三只松鼠大力发展电商销售渠道，并持续取得了惊人的成绩。2015年，推出“三只松鼠”App，同年，“双十一”销售额突破2.51亿。2016年，三只松鼠就将目光投向线下，开设主打消费体验的自营投食店，之后又布局联盟小店。2019年7月，在深交所创业板正式完成上市。2020年6月，上线聚焦婴童食品的子品牌“小鹿蓝蓝”。2021年10月，三只松鼠正式发布新分销战略，宣布进入“中度分销”时代，全力进军线下主流渠道。2022 年 4 月，三只松鼠宣布转型，并明确了未来十年“聚焦坚果产业，打造多品牌模式，逐步向健康化、数字化、全球化迈进”的战略新方向。

11.3.2 商业模式

三只松鼠构建以数字化驱动的线上旗舰店为主，以松鼠投食店和联盟小店为翼，以社交电商、新分销、松鼠小镇为侧的“一主两翼三侧”立体化销售格局（见图 11－1），实现从线上电商品牌转型为数字化新实体零售企业，通过数字化系统关联食品生产企业与消费者，缩短链路。本节将从产品和服务、市场定位、基础设施、盈利来源四个层面对三只松鼠的商业模式进行具体分析。

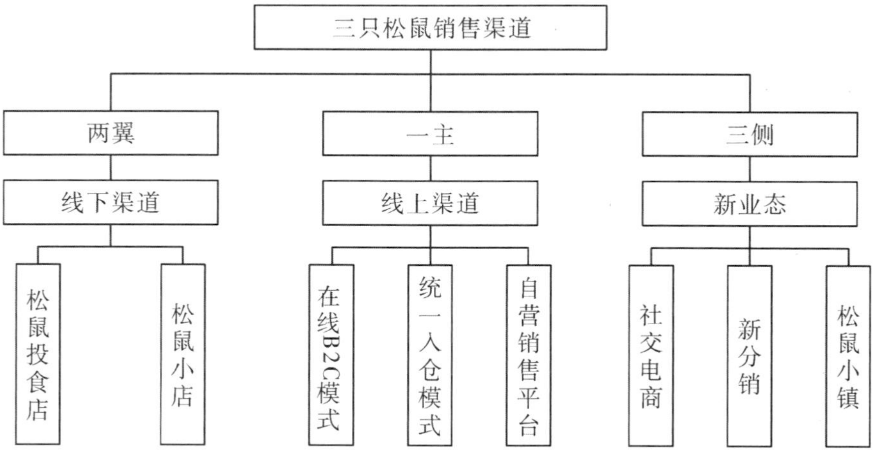

图 11－1　三只松鼠“一主两翼三侧”立体化销售格局

资料来源：张超然. 数字化赋能新零售商业模式优化研究——以三只松鼠为例［J］. 商场现代化，2021（21）：1－3.

（1）产品和服务。

①价值主张。

三只松鼠作为休闲食品的品牌电商，自成立之初就定位于为消费者提供健康优质的休闲食品，坚持“以客户为主人”的企业价值观，肩负“让天下主人爽起来”和“以数字化推动食品产业进步，以 IP 化促进品牌多元发展”的企业使命，从产品品质、客户服务、供给速度等方面不断提升消费体验。目前，已经建立了包括产品研发、采购、检测、分装等的重度垂直的经营模式；致力于产品开发，产品组合覆盖多个品类；布局线上天猫、京东、“三只松鼠”App 等平台以及线下体验店、团购等多元化渠道。

②渠道通路。

三只松鼠布局多元化销售渠道，打造休闲食品一站式购买平台，形成了“一主两翼三侧”的立体销售渠道。三只松鼠最早起源于线上，在线上主要是与第三方平台合作，包括 B2C 模式和统一入仓模式，2015 年推出的“三只松鼠”App，涵盖会员系统、商品管理、价格管理、支付设置、物流管理等多个功能模块。此外，还布局了以零售通、新通路为主的数字化平台类分销。2016 年以来，不断扩展线下业务。一方面，开设线下体验店，打造与消费者“零距离”的产品体验中心，成为线上渠道的有效补充，同时成为线下消费行为为线上引流的重要方式；另一方面，以 KA（Key Account，关键客户）和连锁便利店为核心的区域分销等不断发展，力图实现全国化广泛分销市场的覆盖。

（2）市场定位。

①客户细分。

年青一代是线上购物的主力群体，三只松鼠作为休闲食品品牌电商，最初以 80 后和 90 后作为目标客户。随着行业内其他企业不断开拓新细分赛道创造需求、占领市场，三只松鼠扩宽了目标客户群体，如今形成了面向全年龄段消费者的以坚果为核心的拥有 400 多款零食的产业。除此之外，还有面向婴童的“小鹿蓝蓝”，面向不同品种宠物的“养了个毛孩”。

②客户关系。

结合品牌定位，三只松鼠推行“以客户为主人”的企业文化，通过情感品牌、情感产品和情感服务来打动消费者，提高客户的满意度和忠诚度。在客户服务及客户管理上，三只松鼠设立了云体验销售中心，负责售前及售后管理等工作，加强对客户服务流程持续有效的监督；凭借成熟的数字化客户管理系统，深入分析消费者需求及消费习惯，形成更为立体的用户画像。在客户体验上，创新性地在发货时附送果壳袋、开箱器、湿纸巾等配套物品，注重服务细节。此外，三只松鼠还建立了会员体系，通过购物积分、粉丝福利群等会员活动提升客户黏性。

（3）基础设施。

①核心资源。

三只松鼠实行 IP 化的品牌运营策略，以动漫化的三只松鼠作为品牌形象，在外观设计方面具有很高的品牌辨识度，与此同时，三只松鼠还创造了独具特色的“三只小松鼠”IP——鼠小贱、鼠小美、鼠小酷，并将其人格化，以此增强用户黏性。以 IP 为原点，三只松鼠还衍生出周边、动画片、短视频等多元业态，这成为三只松鼠与消费者之间构建强情感联系的抓手。

②关键业务。

三只松鼠作为轻资产运营的平台型企业，研发是其重要的一环。充分利用大数据分析行业的消费需求，根据消费者的反馈，围绕产品品类、产品营养要素以及产品包装等多个方面进行调整改进，以迎合市场的需求。在研发机构设置方面，成立了食品产业研究院，负责产品的开发与管理、工艺的改进和品质标准化等。除了产品研发之外，三只松鼠还自主研发了 IT 业务支持系统，确保内部整体高效运转。

③重要合作。

三只松鼠作为休闲食品电商企业，在全国规划六大园区，布局了 100 家联盟工厂，实现了与上游原材料供应商、加工厂商、产品研发机构以及下游仓储物流服务商的深度合作，打造供需一体化的伙伴关系。三只松鼠率先启用云中央品控中心，连接供、需两端。三只松鼠打造数字化供应链平台，运用数字化系统串联生产端、检测端、物流端和消费者端。作为国民品牌，三只松鼠在企业发展的同时，联动上游共建联盟工厂以提升产品品质，以消费者为中心持续深耕研发和制造，投身公益，致力乡村振兴，促进共同富裕。

（4）盈利来源。

从产品品类来看，三只松鼠的产品结构以坚果、零食两类为主，其他品类占比较小。从销售渠道来看，三只松鼠成立初期，抓住电商高速发展的机遇以及巨大的互联网用户流量的红利，迅速布局线上主流电商平台，抢占先发优势，实现了快速扩张。线上营收占总营收的比重从 2016 年的 96.82% 到 2018 年的 85.24%，再到 2020 年的 73.84%，呈现逐年下降的态势。这是由于三只松鼠近些年来积极布局线下店，为消费者打造不同的消费场景，从而满足不同的消费需求。

11.3.3 数字化赋能零售

2016 年 9 月，三只松鼠首家线下店开业，也象征着三只松鼠新零售开启新征程。通过数字化赋能，三只松鼠对人、货、场进行重新定义，实现会员制的用户数字化、货架数字化、一物一码的产品数字化以及工作平台的职位数字化。截至 2020 年，三只松鼠的研发投入超过 5 000 万元，拥有 6 个部级平台，现有研发实验室和检测室共 14 个，这些都保证了三只松鼠的新品研发能力和产品品质，以数字化赋能零售，引爆新零售格局。

（1）数字化赋能用户。

在用户数据化环境下，消费者成为设计、生产、销售、服务全流程的一部分，而不再是被动、单一的产品接受者，是合作的生产者。三只松鼠自主研发建立了完善的数据信息系统平台，通过合作渠道零售通收集和分析产品销售及消费者大数据，建立消费者行为信息数据库。通过大数据运算分析细分客户群，管理客户关系以及数字供应链，从原料—工厂—物流—零售—消费者，全部实现数字化。用数字化赋能用户的目的在于以用户为中心，做好用户划分，实现精准营销，提供个性化服务，满足用户期望，提升他们的满意度和忠诚度，为其生命价值全周期管理奠定基础。

（2）数字化赋能货物。

在货物数字化环境下，三只松鼠通过大数据选品，在实现了智能互联和货物定制化策略的同时，有效降低了企业库存风险。三只松鼠打造联盟工厂，以数字技术优化并赋能传统供应链，在原材料选取、储存、运输、流通等重要且关键的环节建立更完善的质量控制和管理体系。除此之外，三只松鼠搭建云品控平台，通过数字化技术把控产品的质量安全，同时从产品的原材料到消费端进行全过程数据监控，建立了一物一码的溯源体系。通过人与货的数据匹配，三只松鼠可以对销售数据、库存数据进行联动分析，识别出产品存在的问题，并及时改进产品和调整价格。“松鼠之家”可以通过一系列数字技术获得商品体验数据，比如根据客户在店内的停留集中区域分析客户进店意图及产品购买意向，根据消费者对产品的市场体验分析其购买意愿及成交概率等。

（3）数字化赋能门店。

松鼠投食店不仅具有传统线下店铺销售和售后的职能，还发挥了体验、引流的作用，为消费者提供沉浸式、一体化的消费体验。从消费者进入松鼠投食店开始，后台大数据系统便开启设置在店内的摄像头，三只松鼠的会员卡系统也会瞬间启动。当消费者走近货架时，后台系统会通过货架摄像头，探知会员的心情、手势以及会员等级，电子标签则自动为消费者定价。通过系统对店内顾客情绪的感知，最终形成一张消费者情绪热力图，当发现消费者情绪较低时，品牌便可以根据用户画像远程发起一场实时促销。此外，三只松鼠通过 AI 技术对门店运营全流程进行数字化追溯，搭建移动商业智能系统，结合三只松鼠云平台的大数据分析能力展开全面分析，方便管理者随时随地关注门店运营情况。

11.3.4　小结

通过本节的学习，我们基于新零售背景下，梳理了三只松鼠的转型发展历程，并从产品和服务、市场定位、基础设施、盈利来源四个层面剖析了其商业模式。此外，我们还从数字赋能的角度出发，进一步分析了三只松鼠对人、货、场的重新定义，其借助 AI、大数据、5G 等数字技术，实现会员制的用户数字化、货架数字化、一物一码的产品数字化以及工作平台的职位数字化。本节知识点可归纳为如下三点：

第一，在发展历程上，自 2012 年成立以来，三只松鼠大力发展电商销售渠道，现已发展为年销售额百亿元的坚果行业头部企业及上市公司，通过开设主打消费体验的自营投食店、布局联盟小店，制定新分销战略等系列举措，逐步向数字化供应链平台企业转型。

第二，在商业模式上，三只松鼠构建以数字化驱动的线上旗舰店为主，以松鼠投食店和联盟小店为翼，以社交电商、新分销、松鼠小镇为侧的“一主两翼三侧”立体化销售格局，实现从线上电商品牌向数字化新实体零售企业转型，通过数字化系统关联食品生产企业与消费者，缩短链路。

第三，在数字赋能上，三只松鼠通过数字技术对人、货、场进行重新定义。在用户层面，研发了数据信息系统平台，通过收集和分析产品销售及消费者大数据，建立消费者行为信息数据库，结合大数据分析细分客户群和管理客户关系；在货物层面，打造联盟工厂，以数字技术优化并赋能传统供应链，搭建云品控平台，通过数字化技术把控产品的质量安全；在门店层面，通过后台大数据系统感知店内顾客情绪，进行自动决策推荐，同时对门店运营全流程进行数字化追溯，搭建移动商业智能系统，以便于管理者关注门店的运营情况。

11.4　拓展阅读

建设数字中国，数字化点亮新生活

“数字”触角日益延伸至神州大地的每一个角落，绘就了一幅生机盎然、欣欣向荣的发展新画卷，深刻改变了中国老百姓的生活。

从舌尖到指尖、从田间到车间、从衣食住行到娱乐消费，数字技术不断拓展着智慧便利生活的边界，展现出为经济赋能、为生活添彩的强大影响力、创造力。

打开导航软件，出行路线一目了然，软件还能实时分析路况、预估出行时间；在电商平台上选购衣物，通过线上试衣功能，可以直观感受衣服搭配是否合适；居家休闲，足不出户便可“云游”博物馆、欣赏珍贵文物……对于许多人而言，这些场景早已成为日常生活的一部分。随着数字中国建设的深入推进，数字技术得到广泛应用，越来越多的人享受到了数字红利。

万物互联，点亮数字生活。习近平总书记强调：“当今世界，信息技术创新日新月异，数字化、网络化、智能化深入发展，在推动经济社会发展、促进国家治理体系和治理能力现代化、满足人民日益增长的美好生活需要方面发挥着越来越重要的作用。”党的十八大以来，以习近平同志为核心的党中央系统谋划、统筹推进数字中国建设，取得了显著成就。数字经济规模从2012年的11万亿元增长到2021年的45.5万亿元，数字产业化基础更加坚实，产业数字化步伐持续加快。

2012—2021年，我国互联网普及率从42.1%提升到73%，所有地级市全面建成光网城市，行政村、脱贫村通宽带率达100%；截至2022年7月底，我国5G移动电话用户达到4.75亿户，已建成全球规模最大的5G网络。得益于数字基础设施实现跨越发展，分享经济、网络零售、移动支付等新业态、新模式、新技术不断涌现，数字中国建设的丰硕成果覆盖社会生活的方方面面。如今，在城市社区，扫码点餐、刷脸支付给市民带来新体验，智慧停车、人脸识别进出小区、垃圾智能分类回收等便利市民的日常生活。在广袤乡村，借助电商直播，陕西柞水木耳、山西大同黄花等农产品走出大山，依托数字化技术，传统农业加速向智慧农业转变，更多乡亲挑上“金扁担”。

随着数字便民、利民、惠民服务加快普及，以线上化、远程化为代表的新型服务模式日益普遍。在海南，有18个市县医院、340家乡镇卫生院和2 700家村卫生室部署了5G远程医疗设备，患者的看病时间平均缩短了3~5个小时，就医效率提升了30%。在福建福州鼓岭旅游度假区，5G网络覆盖全景区，5G可视化综合管理平台、民宿监管系统等“5G+智慧旅游”项目应用落地，助力旅游度假区客流量提升13%。在江西抚州，一根网线连起城市和农村课堂，让村里的孩子也能享受优质的教育资源。今天的中国，建成了全球规模最大的线上教育平台和全国统一的医保信息平台，远程医疗覆盖超过全国90%的县区。回望这几年，数字技术为解决城乡、区域间优质社会服务资源配置不均衡问题提供了重要助力。

在中国国家博物馆“百年巨变——雕塑作品展”上，一件名为“5G时代”的雕塑作品给许多参观者留下了深刻印象。作品塑造的形象是两位农村老人开心地坐在村头的石磙上，高高地举起手机，与远在他乡的亲人视频通话。雕塑表现的是数字生活的具体瞬间，表达的是让更多人享有更好的数字生活的美好期待。加快数字中国建设，激发数字经济活力，增强数字政府效能，优化数字社会环境，构建数字合作格局，筑牢数字安全屏障，数字技术必能更好地造福社会，人民群众也必能在信息化发展中有更多获得感、幸福感、安全感。

资料来源：建设数字中国，数字化点亮新生活（人民观点）[N]. 人民日报，2022-09-08（05）.（有改动）

11.5 思考题

1. 结合本章的案例，探讨数字化转型能够为传统电商带来哪些改变，并分析其未来发展方向和趋势。

2. 除了数字化电商的涌现，数字技术还为哪些行业和领域带来了变化？请结合案例说明。

参考文献

[1] 曹俊浩，陈宏民，石彼得. 基于双边市场理论的 B2B 垄断平台自网络外部性分类及其强度研究 [J]. 上海交通大学学报，2010，44 (12).

[2] 胡岗岚，卢向华，黄丽华. 电子商务生态系统及其协调机制研究：以阿里巴巴集团为例 [J]. 软科学，2009，23 (9).

[3] 陈金明. B2C 电子商务物流供应链研究——以 H 企业为例 [J]. 物流技术，2016，35 (8).

[4] 王宝义. 中国电子商务网络零售产业演进、竞争态势及发展趋势 [J]. 中国流通经济，2017，31 (4).

[5] 王宝义，邱兆林. 新零售迭代创新的理论分析与原型观照 [J]. 当代经济管理，2020，42 (8).

[6] 单良. 盒马鲜生"新零售"商业模式创新及对策建议——基于 Osterwalder 模型 [J]. 商业经济研究，2019 (13).

[7] 郑建辉. 网易考拉自营海购平台的现状分析及路径选择 [J]. 现代商贸工业，2018，39 (32).

[8] 于文武. 基于区块链的跨境电商商业模式优化探析 [J]. 商业经济研究，2021 (5).

[9] 杨路明，巫宁，等. 现代旅游电子商务教程 [M]. 北京：电子工业出版社，2004.

[10] 周春林，梁中，袁丁，等. 旅游管理信息系统 [M]. 北京：科学出版社，2006.

[11] 慕静，东海芳，刘莉. 电商驱动农产品品牌价值创造的机制——基于京东生鲜的扎根理论分析 [J]. 中国流通经济，2021，35 (1).

[12] 韩佳明，郑冰. 农村电商研究综述 [J]. 电子商务，2020 (6).

[13] 陈荣达，余乐安，金骋路. 中国互联网金融的发展历程、发展模式与未来挑战 [J]. 数量经济技术经济研究，2020，37 (1).

[14] 谷佳伟，李瑞芳，孙艳，等. 我国互联网医疗高质量发展实现路径与重点策略研究 [J]. 中国医院，2022，26 (6).

[15] 于保荣，杨瑾，宫习飞，等. 中国互联网医疗的发展历程、商业模式及宏观影响因素 [J]. 山东大学学报 (医学版)，2019，57 (8).

[16] 蒋收获，谢洪彬，贝文，等. 互联网医疗发展现况与展望 [J]. 上海预防医学，2021，33 (8).

[17] 人人都是产品经理. 互联网医疗运营 (一)：工作概览 [EB/OL]. (2020 - 12 -

04)［2022－12－14］. https：//www. woshipm. com/operate/4288670. html.

［18］艾瑞. 2020年中国互联网＋医疗行业研究报告［R/OL］.（2020－09－03）［2022－12－14］. https：//report. iresearch. cn/report_ pdf. aspx？ id＝3645.

［19］王志灵. 阿里健康的盈利模式研究［D］. 郑州：中原工学院，2019.

［20］徐蕾，赵悦. 互联网＋医疗行业影响因素及盈利模式研究——以“平安好医生”为例［J］. 经济研究导刊，2021（20）.

［21］潘建林，汪彬，董晓晨. 基于SICAS消费者行为模型的社交电商模式及比较研究［J］. 企业经济，2020（10）.

［22］蒋建国，陈小雨. 网络“种草”：社交营销、消费诱导与审美疲劳［J］. 学习与实践，2019（12）.

［23］钟涛. 直播电商的发展要素、动力及成长持续性分析［J］. 商业经济研究，2020（18）.

［24］裴学亮，邓辉梅. 基于淘宝直播的电子商务平台直播电商价值共创行为过程研究［J］. 管理学报，2020，17（11）.

［25］郭全中. 传统媒体布局直播电商研究［J］. 青年记者，2020（19）.

［26］栾玉佳. 数字化技术赋能电商供应链智能化升级研究［J］. 商展经济，2022（16）.

［27］李甜甜，黄聿舟，裴旭东. 大数据能力驱动电商企业数字化转型分析［J］. 合作经济与科技，2022（13）.

［28］吴丹. 数字化视角下自营式电商转型升级机理及策略研究［J］. 商业经济研究，2021（24）.

［29］张超然. 数字化赋能新零售商业模式优化研究——以三只松鼠为例［J］. 商场现代化，2021（21）.

［30］王小平，刘佳，韦巍巍. 数字经济时代新实体零售业成长的微观机制研究——基于“良品铺子”和“三只松鼠”双案例分析［J］. 价格理论与实践，2022（4）.

［31］奚伟，荣芳. 从价值链角度分析B2B和B2C电子商务模式——兼谈我国企业的电子商务发展策略［J］. 清华大学学报（哲学社会科学版），2000（4）.

［32］傅翠晓，黄丽华. 我国B2B电子商务服务模式的分类探讨［J］. 中国科技论坛，2010（10）.

［33］孟韬，王维. B2B社区中企业参与与社区营销绩效——基于阿里巴巴商友圈的研究［J］. 管理评论，2019，31（6）.

［34］黄海龙. 基于以电商平台为核心的互联网金融研究［J］. 上海金融，2013（8）.

［35］OLIVEIRA P. An empirical investigation of the antecedents and consequences of B2B e-service capability［D］. Chapel Hill：The university of North Carolina，2004.

［36］LANKOVA S，DAVIES L，ARCHER-BROWN C，et al. A comparison of social media marketing between B2B，B2C and mixed business models［J］. Industrial marketing management，2019（81）.

［37］BRAVO R，HEM L E，PINA J M. From online to offline through brand extensions and alliances［J］. International journal of e-business research，2012，8（1）.

[38] YU Y, HUO B, ZHANG Z J. Impact of information technology on supply chain integration and company performance: evidence from cross-border e-commerce companies in China [J]. Journal of enterprise information management, 2021, 34 (1).

[39] ZHANG T Q. Paths for upgrade and transformation of e-commerce of China's fresh agricultural products based on whole industry supply chain [J]. Asian agricultural research, 2017, 9 (8).

[40] ANDOLFATTO D. Assessing the impact of central bank digital currency on private banks [J]. The economic journal, 2021, 131 (634).

[41] DONG J C, YIN L J, LIU X T, et al. Impact of internet finance on the performance of commercial banks in China [J]. International review of financial analysis, 2020 (72).

[42] MOLINILLO S, ANAYA-SÁNCHEZ R, LIÉBANA-CABANILLAS P. Analyzing the effect of social support and community factors on customer engagement and its impact on loyalty behaviors toward social commerce websites [J]. Computers in human behavior, 2020 (108).

[43] ANWAR S T. Alibaba: entrepreneurial growth and global expansion in B2B/B2C markets [J]. Journal of international entrepreneurship, 2017, 15 (4).